权威·前沿·原创

皮书系列为
"十二五""十三五"国家重点图书出版规划项目

BLUE BOOK

智库成果出版与传播平台

数字娱乐产业蓝皮书

BLUE BOOK OF DIGITAL ENTERTAINMENT INDUSTRY

中国游戏产业发展报告（2020）

ANNUAL REPORT ON THE DEVELOPMENT OF CHINA'S GAME INDUSTRY(2020)

主　编／孙立军
执行主编／刘跃军

社会科学文献出版社
SOCIAL SCIENCES ACADEMIC PRESS (CHINA)

图书在版编目(CIP)数据

中国游戏产业发展报告.2020/孙立军主编.--北京：社会科学文献出版社，2021.1
（数字娱乐产业蓝皮书）
ISBN 978-7-5201-7776-4

Ⅰ.①中… Ⅱ.①孙… Ⅲ.①网络游戏-产业发展-研究报告-中国-2020 Ⅳ.①G898.3

中国版本图书馆CIP数据核字（2021）第014792号

数字娱乐产业蓝皮书
中国游戏产业发展报告（2020）

主　　编 / 孙立军
执行主编 / 刘跃军

出 版 人 / 王利民
责任编辑 / 范　迎
文稿编辑 / 薄子桓　李　璐　李惠惠

出　　版 / 社会科学文献出版社·人文分社（010）59367215
　　　　　 地址：北京市北三环中路甲29号院华龙大厦　邮编：100029
　　　　　 网址：www.ssap.com.cn

发　　行 / 市场营销中心（010）59367081　59367083
印　　装 / 天津千鹤文化传播有限公司

规　　格 / 开　本：787mm×1092mm　1/16
　　　　　 印　张：14.5　字　数：213千字

版　　次 / 2021年1月第1版　2021年1月第1次印刷
书　　号 / ISBN 978-7-5201-7776-4
定　　价 / 148.00元

本书如有印装质量问题，请与读者服务中心（010-59367028）联系

▲ 版权所有 翻印必究

本书由以下单位支持

北京电影学院未来影像高精尖创新中心
沉浸式交互动漫文化和旅游部重点实验室
北京电影学院中国动画研究院
中国高校虚拟现实产学研联盟
北京电影学院动画学院
汇众益智（北京）教育科技有限公司

《中国游戏产业发展报告（2020）》
编委会

（按姓氏笔画排序）

于　洋　Talking Data 数据分析总监
王一川　北京大学艺术学院院长
王兆其　中国科学院计算技术研究所太仓分所所长
王亦飞　鲁迅美术学院传媒动画学院院长
王宏昆　山东艺术学院传媒学院副院长
牛兴侦　北京电影学院现代创意媒体学院传媒管理系副教授
卢　斌　北京电影学院现代创意媒体学院传媒管理系主任
向　勇　北京大学文化产业研究院副院长
刘梦雅　北京电影学院讲师
刘跃军　北京电影学院动画学院游戏设计系主任
安志龙　河北美术学院数字媒体系主任
许仁杰　装甲兵工程学院模拟训练中心副教授
孙立军　北京电影学院副校长
孙武钢　汇众教育 CEO
严宝平　南京艺术学院游戏系主任
苏大椿　重庆工程学院传媒艺术学院院长
杨　林　广东财经大学艺术学院教师
李　刚　山西传媒学院游戏系主任
李剑平　北京电影学院动画学院院长

李晓彬	北京电影学院动画学院教授
肖永亮	北京师范大学京师文化创意产业研究院院长
沈旭坤	北京航空航天大学虚拟现实技术与系统国家重点实验室副主任
张兆弓	中央美术学院游戏教研室主任
陈佑松	四川师范大学影视与传媒学院副院长
陈　坤	广州航海学院艺术设计学院副教授
陈京炜	中国传媒大学数字艺术与动画学院副院长
陈瓒蔚	广州美术学院动画系主任
邵　兵	吉林艺术学院数字娱乐系主任
罗　军	北京师范大学中国文化国际传播研究院副院长
罗林江	吉林动画学院副校长
周　昆	浙江大学计算机辅助设计与图形学国家重点实验室主任
周宗凯	四川美术学院影视动画学院副院长
庚钟银	辽宁大学广播影视学院院长
钟　鼎	广州美术学院教师
姜仁峰	河北美术学院动画学院院长
倪　镔	中国美术学院网游系副主任
徐迎庆	清华大学美术学院信息艺术设计系主任
翁冬冬	北京理工大学光电学院光电信息技术与颜色工程研究所研究员
黄心渊	中国传媒大学动画与数字艺术学院院长
黄　勇	北京电影学院动画学院副院长
崔保国	清华大学文创研究院副院长
梁迪宇	广州美术学院教师
程德文	北京理工大学光电学院副教授
廖祥忠	中国传媒大学校长

北京电影学院科研经费专项资助出版
本成果系新媒体动画技术北京市重点实验室科研成果

主要编撰者简介

孙立军 北京电影学院副校长,北京电影学院中国动画研究院院长,教授,博士生导师。1983年毕业于河北工艺美术学校。1984~1988年于北京电影学院学习动画专业。1991年于香港先涛数码公司学习计算机三维动画。1988年7月任教于北京电影学院美术系动画专业。1995~1997年担任北京京迪计算机图形图像有限公司总经理兼艺术总监。2000~2002年担任北京电影学院动画学院副院长。2002~2007年担任北京电影学院动画学院院长。2007~2012年任北京电影学院党委副书记、北京电影学院纪律检查委员会书记、北京电影学院动画学院院长、北京电影学院动画艺术研究所所长。兼任中国美术家协会动漫艺术委员会主任、中国电影家协会动画电影工作委员会会长。享受国务院政府特殊津贴。一直致力于中国原创动漫、游戏作品的创作与研究,以及行业人才的培养。创作的《小兵张嘎》《兔侠传奇》等多部动画电影获得华表奖、金鸡奖、"五个一工程"奖、第十二届全国美术作品展览铜奖等多个国内外重要奖项,曾参展"国风——中国当代艺术国际巡展"。

刘跃军 博士,副教授,硕士研究生导师,北京电影学院动画学院游戏设计系主任,兼任电脑动画教研室主任,沉浸式交互动漫文化和旅游部重点实验室执行副主任,中国高校虚拟现实设计联盟秘书长,中国高校游戏设计联盟秘书长,中国大学生游戏设计大赛、虚拟现实设计大赛"金辰奖"秘书长。《中国游戏产业发展报告》执行主编、《中国虚拟现实产业发展报告》执行主编,教育部ITAT教育工程游戏专业特聘研究员。中国出版政府奖特聘评委,北京市文化和旅游局、北京市人力资源和社会保障局动漫游戏专业职称评定小组游戏组主任评委。作品《敦煌飞天VR》获得2018世界VR产业大会创新金奖。主要研究方向为VR电影、游戏、影视制作及特效、CG动画。

摘　要

《中国游戏产业发展报告（2020）》是由北京电影学院牵头，中国高校游戏设计产学研联盟联合编写的一本全面分析中国游戏产业发展现状、问题与趋势的专业研究报告。本报告整合分析了2019～2020年中国游戏与电子竞技产业发展情况、产业科技、产业政策、产业人才等诸多宏观问题，同时对游戏产品、中国文化题材游戏内容及游戏美术风格、游戏玩法及类型等诸多具体问题进行了翔实的分析和研究。本报告全面研究了中国游戏产业发展现状，深入挖掘了当前中国游戏与电子竞技产业发展所面临的问题，分析探讨了产业发展的趋势。

关键词： 游戏产业　移动游戏　职业教育　游戏题材

目 录

Ⅰ 总报告

B.1 2019~2020年中国游戏与电子竞技产业发展报告………… 刘跃军 / 001

Ⅱ 产业篇

B.2 2019~2020年VR游戏技术及行业应用发展报告
　　　　　　　　　　　　　　　　　　　　　　　龙姝羽　刘跃军 / 035
B.3 2019年中国手机游戏发展报告……………………………… 刘梦雅 / 063
B.4 2019年中国独立游戏产品发展报告………………………… 李　茂 / 071
B.5 2019年移动游戏AR、LBS等特殊技术应用发展报告
　　　　　　　　　　　　　　　　　　　　　　　王啸歌　刘跃军 / 084

Ⅲ 教育篇

B.6 2019~2020年中国高校游戏设计及相关专业发展报告
　　　　　　　　　　　　　　　　　　　　　　　　　　　张泊平 / 099
B.7 2019年中国游戏设计职业教育及培训发展报告
　　　　　　　　　　　　　　　　　　　　　　　袁懿磊　周　璇 / 113

Ⅳ 内容篇

B.8 2019～2020年中国文化题材游戏产品发展报告
　　…………………………………………… 孙　舟　刘跃军 / 122
B.9 2019～2020年中国与欧美游戏类型比较研究…………… 师　涛 / 142
B.10 2019～2020年游戏美术风格发展报告
　　………………………… 孙祥雨　邓亚平　刘洪琛　李晓彬 / 160
B.11 2019～2020年游戏题材研究报告
　　………………………………… 田坤宁　刘洪琛　李晓彬 / 176
B.12 中国与日韩科幻游戏浅析 ……………………………… 肖淇元 / 194

Abstract ……………………………………………………………… / 203
Contents …………………………………………………………… / 204

总报告

General Report

B.1

2019~2020年中国游戏与电子竞技产业发展报告

刘跃军*

摘 要：	本文着眼于2019~2020年全球游戏与电子竞技产业环境下的中国游戏与电子竞技产业发展，梳理分析中国游戏与电子竞技产业发展现状与趋势，发掘行业亮点，探索行业问题。具体分析产业总体格局及生态各环节关键节点，包括中国游戏产业总体规模及发展趋势，自主研发能力，海外销售收入，中国电子竞技产业总体规模及发展趋势，电子竞技产业生态及关键环节发展现状，电子竞技代表性赛事、俱乐部、内容与直播。深入分析中国手机游戏、电脑客户

---

* 刘跃军，博士，副教授，北京电影学院动画学院游戏设计系主任，沉浸式交互动漫文化和旅游部重点实验室执行副主任，主要研究方向为VR电影、游戏、影视制作及特效、CG动画。

端游戏和网页游戏发展现状与趋势。深入探索中国游戏与电子竞技产业发展状况及存在的问题，结合行业发展总体规律，探索产业发展过程中潜在的机遇，并提出必要的建议。

关键词： 游戏产业　电子竞技　手机游戏

一　2019~2020年中国游戏产业发展概况

（一）2019年全球游戏发展概况

1. 全球游戏产业规模持续扩大

随着数字信息技术的快速发展和移动游戏终端的广泛普及，全球游戏产业规模持续扩大。2020年1月，全球知名市场研究机构SuperData发布《2019年全球游戏市场年终报告》，其中数据显示：2019年全球游戏行业总收入达到1201亿美元（约合人民币8407亿元），较2018年增长4%。其中数字游戏收入1094亿美元，手机游戏收入644亿美元，PC客户端游戏收入296亿美元。PC客户端游戏中PC免费游戏收入211亿美元，PC内购消费游戏收入52亿美元，PC付费游戏收入33亿美元。主机游戏收入154亿美元，其中主机付费游戏收入138亿美元，主机免费游戏收入16亿美元。图1显示的是2019年全球数字游戏收入及市场细分情况。

2. 多款中国游戏产品跻身全球收入前十榜单

中国游戏研发运营能力持续提升，多款中国游戏产品跻身全球收入前十榜单。在2019年全球收入最高的游戏产品排名中，有三款中国游戏厂商自主研发的产品进入前10位，分别是排名第3位的《王者荣耀》、排名第4位

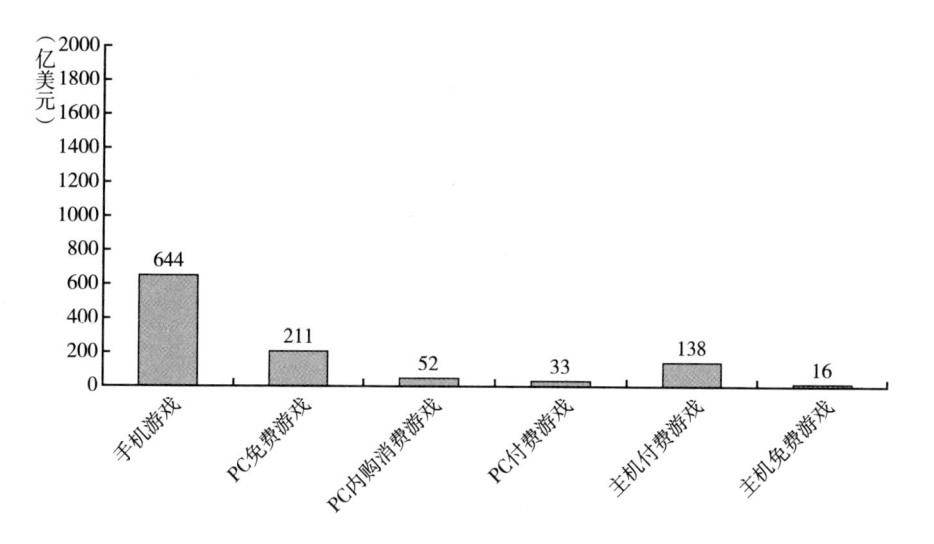

```
(亿
美
元)  2000
      1800
      1600
      1400
      1200
      1000
       800   644
       600
       400         211
       200                52      33     138
         0                                       16
             手机    PC免费  PC内购  PC付费  主机付费  主机免费
             游戏    游戏    消费游戏 游戏    游戏    游戏
```

图1　2019年全球数字游戏收入及市场细分情况

资料来源：《2019年全球游戏市场年终报告》，SuperData，2020。

的《英雄联盟》和排名第9位的《和平精英》。这三款游戏的运营或控股方都为中国的腾讯公司。

（二）2019~2020年中国游戏产业发展总规模

中国游戏产业规模持续扩大，且增长速度引领全球。2019年，中国游戏产业本土销售收入2308.80亿元，较2018年增加164.4亿元，增长率为7.7%。图2显示的是2015~2019年中国游戏市场销售收入与增长率情况。2019年，中国游戏用户规模达到6.4亿人，较2018年增长2.5%。[1]

2020年，中国游戏产业逆势发展，且增速远超2019年同期。2020年6月，中国网络游戏用户规模达6.6亿人，比2019年增加2000万人。如图3所示，[2] 2020年1~6月，中国游戏市场销售收入1394.93亿元，比2019年

---

[1] 中国音数协游戏工委（GPC）、国际数据公司（IDC）：《2019年中国游戏产业报告》，2020。
[2] 中国音数协游戏工委（GPC）：《2020年1~6月中国游戏产业报告》，2020。

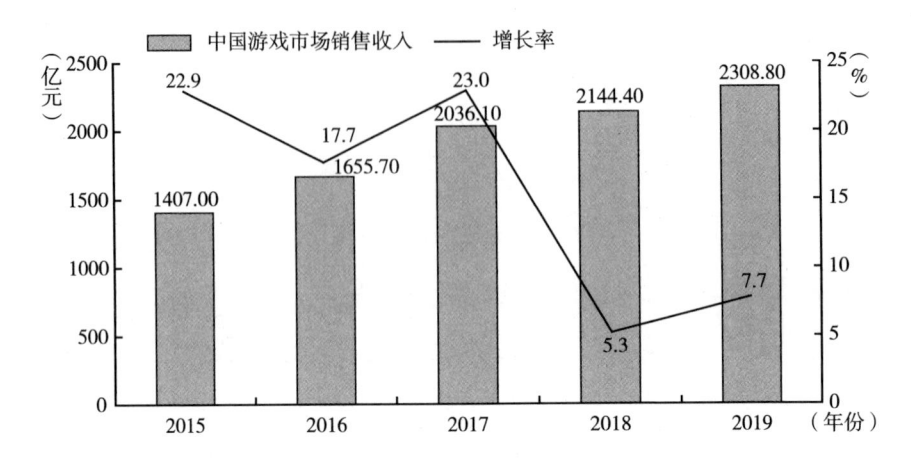

图2　2015～2019年中国游戏市场销售收入与增长率

资料来源：中国音数协游戏工委（GPC）、国际数据公司（IDC），《2019年中国游戏产业报告》，2020。

同期增长22.34%。若保持该发展趋势，到2020年底，中国游戏市场销售收入将达到2824.58亿元。

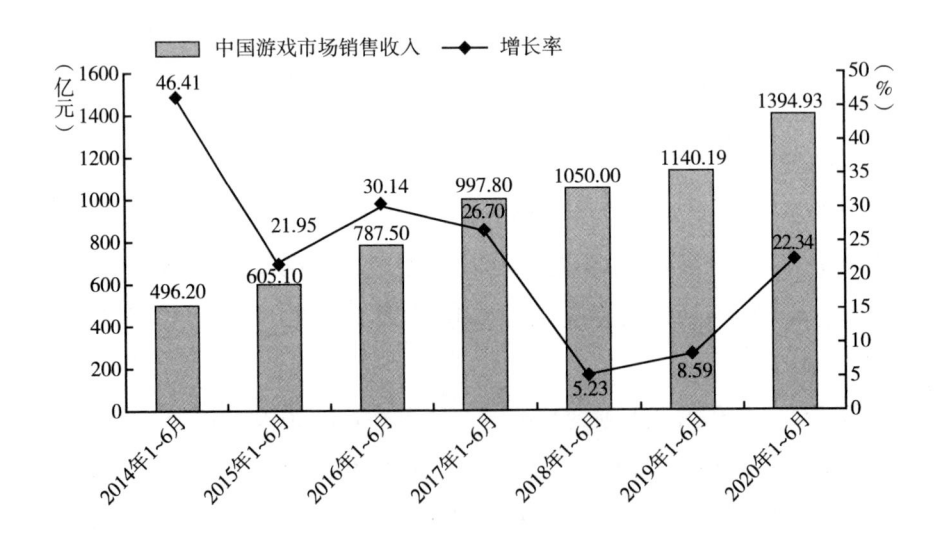

图3　中国游戏市场销售收入与增长率

资料来源：中国音数协游戏工委（GPC）、国际数据公司（IDC），《2019年中国游戏产业报告》，2020。

(三) 2020年1~6月中国自主研发游戏国内市场销售收入情况

中国自主研发游戏国内市场销售收入持续增加。如图4所示，2020年1~6月，中国自主研发游戏国内市场销售收入为1201.40亿元，而2019年同期收入为921.43亿元，同比增加279.97亿元，增长率达30.38%。

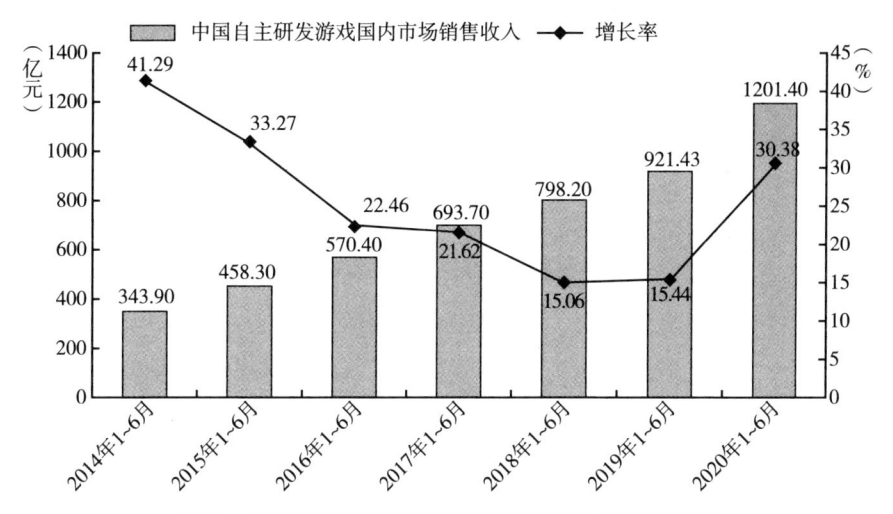

图4 中国自主研发游戏国内市场销售收入与增长率

资料来源：中国音数协游戏工委（GPC）、国际数据公司（IDC），《2019年中国游戏产业报告》，2020。

(四) 2020年1~6月中国自主研发游戏海外市场销售收入情况

随着中国游戏产业的发展壮大，本土市场竞争日趋激烈，部分企业积极拓展海外市场，并取得不菲成绩。2020年，中国自主研发游戏海外市场销售收入保持高速发展态势。如图5所示，2020年1~6月，中国自主研发游戏海外市场销售收入为75.89亿美元（约合人民币533.62亿元），而2019年1~6月海外市场销售收入为55.67亿美元，同比增长36.32%。

如果持续保持该发展势头，2020年中国自主研发游戏海外市场销售收入有望达到1259.34亿元。加上中国本土游戏产值2824.58亿元，中国游戏产业国内外生产总产值将达到4083.92亿元。

中国自主研发游戏在国外发展势头强劲，重点市场分布于美国、日

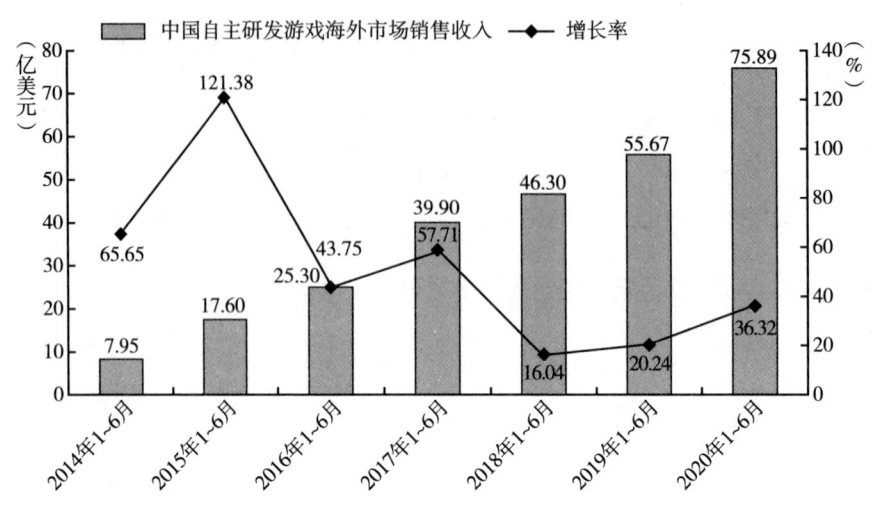

图5 中国自主研发游戏海外市场销售收入与增长率

资料来源：中国音数协游戏工委（GPC）、国际数据公司（IDC），《2019年中国游戏产业报告》，2020。

本、韩国。2020年1～6月中国自主研发游戏海外市场销售收入增速为36.32%，高于国内增速（30.38%）。从图6可以看到中国自主研发游戏

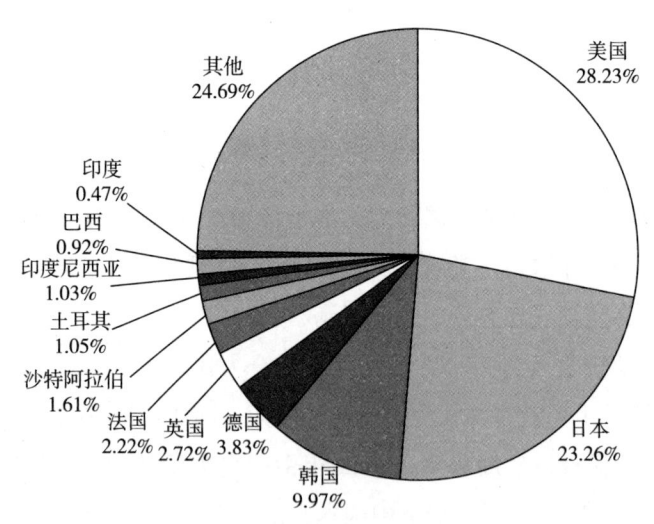

图6 2020年1～6月中国自主研发游戏海外出口创汇收入地区分布

资料来源：中国音数协游戏工委（GPC）、国际数据公司（IDC），《2019年中国游戏产业报告》，2020。

海外出口创汇收入地区分布情况，中国自研游戏产品出海市场主要集中于美国、日本和韩国，其中美国占比28.23%，日本占比23.26%，韩国占比9.97%。其后是德国、英国、法国、沙特阿拉伯。此外，策略类、射击类和角色扮演类游戏是中国自研出海最受欢迎的3种游戏类型。

二 2019~2020年中国电子竞技产业发展概况

2019~2020年，中国电子竞技产业保持持续高速发展势头，2020年1~6月中国电子竞技游戏市场增长率达54.69%，电子竞技游戏市场销售收入为719.36亿元。电子竞技生态市场占比持续增加，产值持续增长，产值约751.98亿元。与此同时，中国电子竞技用户规模持续增长，截至2020年6月，中国电子竞技用户规模达4.8亿人左右。

（一）中国电子竞技游戏市场持续快速发展

如图7所示，2020年1~6月，中国电子竞技游戏市场销售收入为719.36亿元，2019年同期仅为465.03亿元，同比增长54.69%。若保持该增长势头，2020年中国电子竞技游戏市场销售收入有望达到1832.14亿元。

图7 中国电子竞技游戏市场销售收入及增长率

资料来源：中国音数协游戏工委（GPC）、国际数据公司（IDC），《2019年中国游戏产业报告》，2020。

（二）中国电子竞技生态市场规模持续扩大

随着中国电子竞技产业的持续发展，电竞生态市场呈现持续高速发展态势。研究显示，在中国细分电竞市场规模占比中，2020年电竞生态市场占比达到29.1%，约为751.98亿元。到2021年，电竞生态市场占比将达到33.5%。图8显示的是2017～2021年中国细分电竞市场规模占比情况，其中，2020年移动端电竞游戏市场占比为46.1%，客户端电竞游戏市场占比为29.1%，电竞生态市场占比为24.8%。

（三）中国电子竞技用户持续增加

用户是电子竞技产业发展的基础，近年来，中国电子竞技用户规模持续增长，2020年1～6月中国电子竞技用户规模达到4.8396亿人，比2019年同期增长9.94%。图9显示的是2018～2020年1～6月中国电子竞技用户规模及增长率情况。

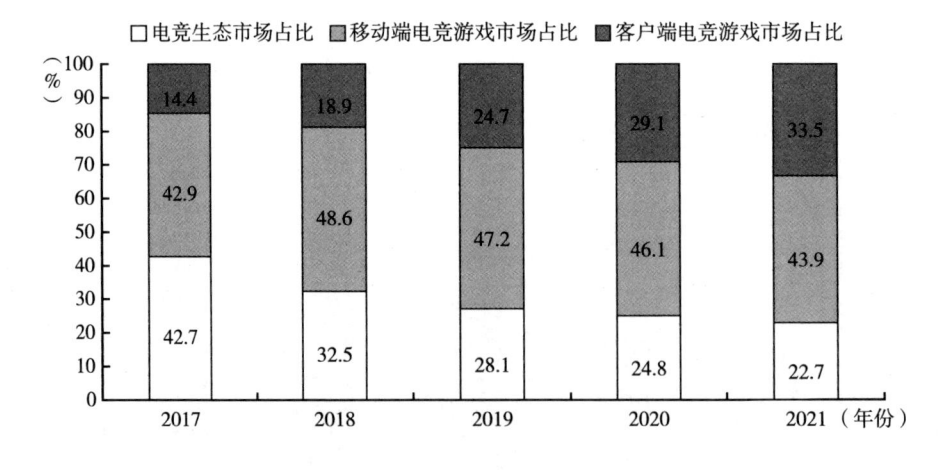

年份	电竞生态市场占比	移动端电竞游戏市场占比	客户端电竞游戏市场占比
2017	42.7	42.9	14.4
2018	32.5	48.6	18.9
2019	28.1	47.2	24.7
2020	24.8	46.1	29.1
2021	22.7	43.9	33.5

图8　2017～2021年中国细分电竞市场规模占比

资料来源：艾瑞咨询，《中国电竞行业研究报告2020年》，2020。

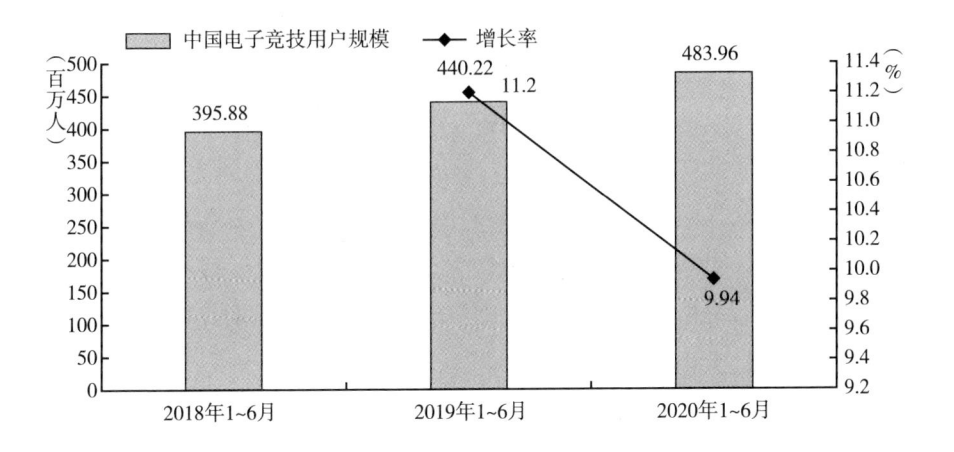

图9 2018~2020年1~6月中国电子竞技用户规模及增长率

资料来源：中国音数协游戏工委（GPC）、国际数据公司（IDC），《2019年中国游戏产业报告》，2020。

三 2019~2020年电子竞技产业链、生态及关键环节发展现状

（一）2019-2020年电子竞技产业链

1. 两种不同的电子竞技产业链

电子竞技的基础是游戏，若没有可用于竞技的游戏就不存在电子竞技这个行业。游戏开发及运营商开发、运营游戏，让更多的游戏玩家参与并消费，实现从中盈利的目的。只有运营基础好，游戏用户多且适合团队或个人竞技的游戏产品才具有真正的发展空间。基于这样的条件，游戏赛事运营商与游戏运营商合作开展线下电竞赛事，电竞战队参与赛事，直播平台进行赛事直播，这种真正意义上的电子竞技产业链才得以形成。因此，电子竞技本质上有两条并行的产业链。一条是以增加游戏玩家数量或提升游戏玩家活跃度为目标的常规线上电子竞技产业链。这条产业链本质上是游戏运营商的一

种运营方式，通常是在游戏运营过程中，内部持续存在相对封闭的游戏玩家竞争、排位模式，运营该产业链的目的是提升游戏玩家的活跃度，强化游戏的黏性，让更多的玩家能够长期存在于游戏内部生态中并保持活跃。第二条是以线下游戏赛事运营为中心的电子竞技产业链，这种以线下赛事运营为中心的产业链才是我们大多数人所认识的电子竞技产业链。

图10显示的是游戏与电子竞技整合的产业链。其中上半部分灰色背景虚线框中的内容是游戏运营商以提升游戏玩家活跃度或增加游戏玩家数量为目标的游戏运营内部电子竞技产业链。下半部分白色背景虚线框中的内容是以线下游戏赛事运营为中心的游戏运营外部电子竞技产业链。

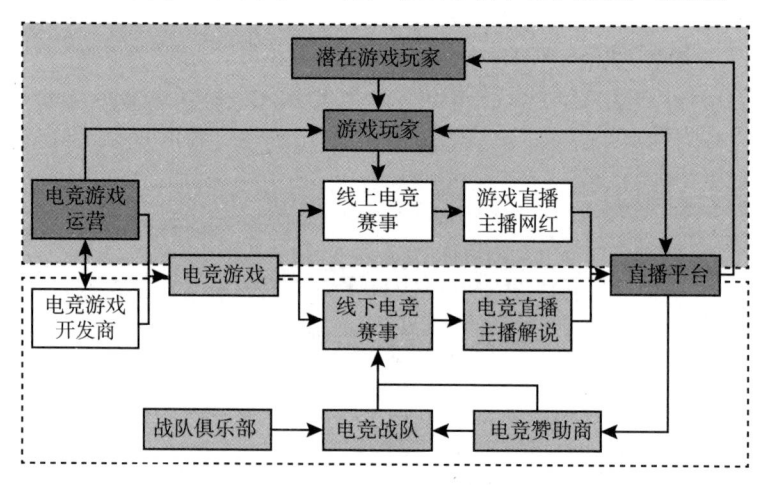

图10 游戏与电子竞技整合的产业链

下面我们将对这两种产业链进行独立分析，以便更清晰地读解它们的内在结构与运营方式。

2. 以线上游戏运营为中心的电子竞技产业链

图11显示的是游戏运营商以增加游戏用户数量或提升用户活跃度为目标的线上电子竞技产业链。该产业链通常以游戏运营商为主导，在游戏内部进行，针对游戏用户的行为习惯及消费方式，组织阶段性的游戏赛事活动。该环节通常是大型网络游戏产值规模最大的环节。前文所述的电子竞技游戏市场销售收入主要就是指这部分收入。2020年该领域产值在整

个电竞市场产值占比高达70.9%。从本质上来讲，这种电子竞技产业链各关键环节和受益方都是相对封闭的，其主要受益方为游戏运营商和开发商。

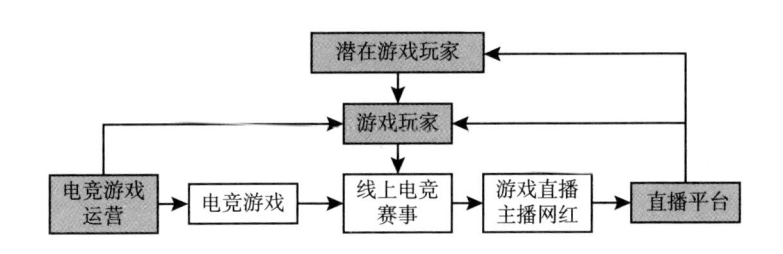

图11 游戏运营商以增加游戏用户数量或提升用户活跃度为目标的线上电子竞技产业链

3. 以线下赛事运营为中心的电子竞技产业链

图12显示的是以线下赛事运营为中心的电子竞技产业链，事实上，这才是我们通常所指的电子竞技产业链。相比以游戏开发商、运营商为核心的内部产业链市场产值，这条外部电竞产业链市场产值仅占电竞市场总体产值的29.1%。电子竞技产业链的产业核心推动者是电竞赛事运营商，仅从赛事收益来讲，电竞赛事运营商也是最大的受益者。但需要说明的是，即便是这种相对纯粹的电子竞技，其背后最大的受益者依然是游戏运营商。因为电竞赛事传播本质是为更广泛、深入地宣传游戏产品和游戏过程，进而吸引更多的人了解该游戏甚至成为该游戏的玩家。

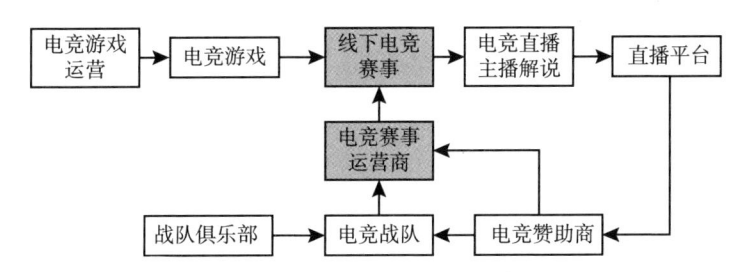

图12 以线下赛事运营为中心的电子竞技产业链

（二）2019~2020年中国电子竞技产业生态与图谱

1. 2019~2020年中国电子竞技产业生态

电子竞技产业生态是指电子竞技产业核心的主导者及周边的参与者，简言之就是可能与之产生关联的所有单位。图13显示的是2020年中国的电子竞技产业生态。这就是以线下赛事运营为中心的电子竞技产业链的扩展与衍生。该产业生态包含了电竞内容授权、赛事执行、赛事参与、内容制作、内容传播、监管部门以及电竞衍生。这是一个以赛事执行为核心的产业生态，其他所有单位基本都围绕赛事执行展开工作，因此赛事执行单位相对获得更多收益。但是，如果我们更为整体地分析这个产业生态可以发现，不管电子竞技赛事如何执行，最终是将电竞内容输出给更多的游戏用户，推动用户对电竞游戏进行更多的消费，进而为游戏运营商带来更多的收益。

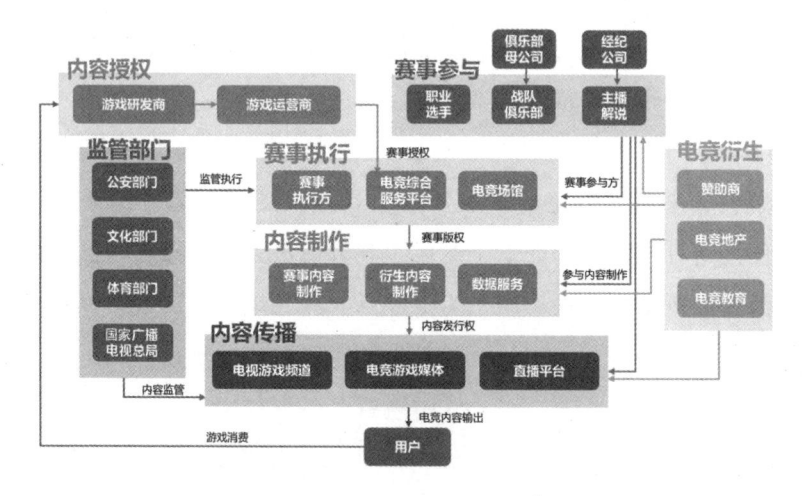

图13　2020年中国的电子竞技产业生态

资料来源：艾瑞咨询，《2019年中国游戏产业报告》，2020。

2. 2019~2020年中国电子竞技产业图谱

通过分析电子竞技产业生态，我们能够了解到电子竞技产业的核心功能模块：内容授权、赛事内容、赛事执行和赛事传播。这些核心功能模块锁定了电子竞技产业的核心参与者，由此可以制作出包含电子竞技产业各关键功能模块参与单位的产业图谱。图 14 显示的是 2020 年中国电子竞技产业图谱。

图 14　2020 年中国电子竞技产业图谱

资料来源：艾瑞咨询，《2019 年中国游戏产业报告》，2020。

（三）全球电子竞技赛事、战队及奖金

1. 2019 年全球最受欢迎的电子竞技赛事

2020 年 2 月 8 日，国际知名电子竞技研究机构 Esports Charts 发布了 2019 年全球主流电子竞技赛事的观众观看时长，进而得出最受欢迎的电子竞技赛事，如图 15 所示。数据显示，2019 年全球观看时长最多的电子竞技赛事是《英雄联盟》，观看总时长为 4.787 亿小时；其次是《反恐精英》2.843 亿小时；排第 3 位的是《刀塔 2》2.822 亿小时；最后是《守望先锋》0.814 亿小时和《王者荣耀国际版》0.722 亿小时。

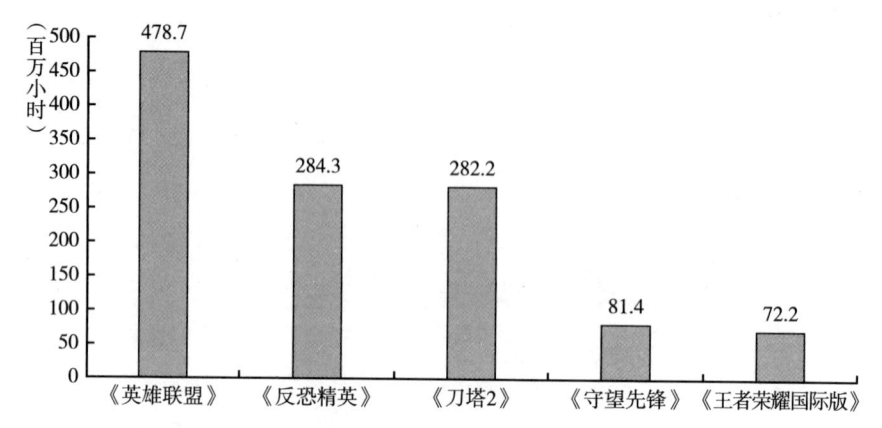

```
(百万小时) 500 ┤ 478.7
        450 ┤ ┌──┐
        400 ┤ │  │
        350 ┤ │  │
        300 ┤ │  │      284.3    282.2
        250 ┤ │  │     ┌──┐     ┌──┐
        200 ┤ │  │     │  │     │  │
        150 ┤ │  │     │  │     │  │
        100 ┤ │  │     │  │     │  │      81.4     72.2
         50 ┤ │  │     │  │     │  │     ┌──┐     ┌──┐
          0 └─┴──┴─────┴──┴─────┴──┴─────┴──┴─────┴──┴─
          《英雄联盟》 《反恐精英》 《刀塔2》 《守望先锋》《王者荣耀国际版》
```

图 15　2019 年全球最受欢迎的电子竞技赛事排行榜

资料来源：Esports Charts。

2. 2019 年全球最受欢迎的电子竞技战队

图 16 显示的是 2019 年全球最受欢迎的电子竞技战队排行榜。从中可以看到，2019 年观看时长最多的电子竞技战队排名前 3 名是：Team Liquid、G2 Esports 和 Fnatic。排名第 4~10 位的分别是 T1、Astralis、Natus Vincere、Evil Geniuses、Team Vitality、Virtus Pro 和 Ninjas in Pyjamas。

排第 1 名的 Team Liquid（简称 TL）是一支国际电子竞技职业组织，2000 年在荷兰建立。2012 年在北美成立了《刀塔 2》战队，在第七届《刀塔 2》国际邀请赛中夺得冠军并获得了当时电子竞技历史上最高的奖金 7227 万。2015 年 Team Liquid 进军《英雄联盟》，此后获得 4 次北美最高级别联赛的冠军。

排第 2 名的 G2 Esports（简称 G2），2013 年由前职业选手 Ocelote 创建。该俱乐部涵盖《英雄联盟》、《反恐精英》、《炉石传说》、《彩虹六号：围攻》和《任天堂明星大乱斗》等多个电子竞技项目。G2 Esports《英雄联盟》战队获得 2016~2017 年欧洲 LEC 春、夏季赛的四连冠。2019 年 5 月 19 日，获得 2019《英雄联盟》季中赛冠军。

3. 2019 年全球电子竞技赛事奖金金额排行榜

全球知名电子竞技研究机构 Esports Observer 研究数据显示，2019 年全

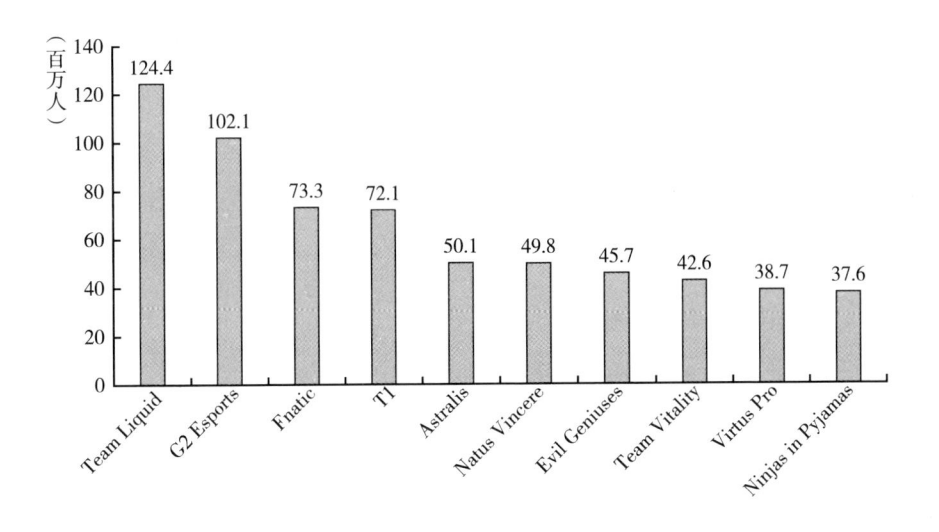

图16　2019年全球最受欢迎的电子竞技战队排行榜

资料来源：Esports Charts，《2019最受欢迎的电子竞技战队》。

球电子竞技赛事奖金金额前3名是《堡垒之夜》6442万美元（约合人民币4.509亿元）、《刀塔2》4670万美元，以及《反恐精英》2110万美元。图17显示的是2019年全球电子竞技赛事奖金金额排行榜。

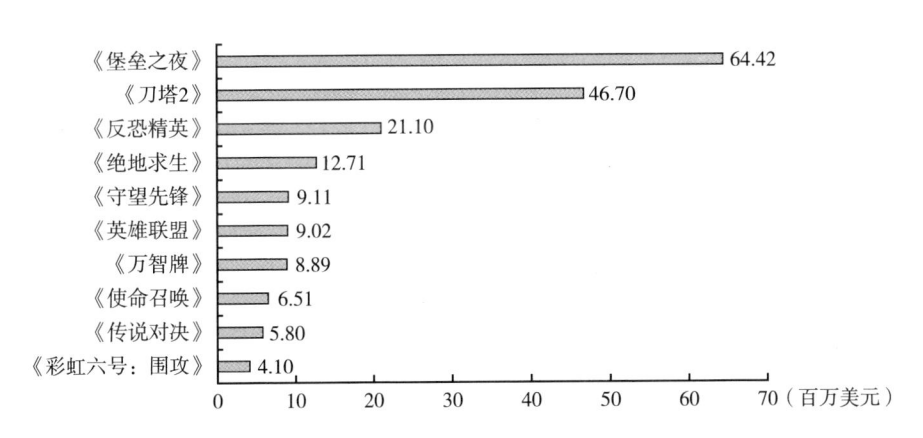

图17　2019年全球电子竞技赛事奖金金额排行榜

资料来源：Esports Observer。

排名第4~10位的分别是《绝地求生》1271万美元、《守望先锋》911万美元、《英雄联盟》902万美元、《万智牌》889万美元、《使命召唤》651万美元、《传说对决》580万美元,以及《彩虹六号:围攻》410万美元。

(四)2019~2020年中国电子竞技代表性赛事、俱乐部、内容与直播

1. 中国电竞代表性赛事——LPL

LPL全称League of Legends Pro League,中文名称为《英雄联盟》职业联赛。LPL是中国最高级别的《英雄联盟》职业比赛,也是中国战队通往每年季中冠军赛和全球总决赛的唯一渠道。LPL由每年的春季赛和夏季赛组成,春季赛和夏季赛又各自包含常规赛与季后赛两部分。在常规赛过程中积分排名前8的战队可以晋级季后赛,进而角逐赛季总冠军及高额的赛事奖金。

LPL从中国选拔出多个优质战队,他们在国际赛事上获得不菲成绩。2018年11月3日,IG战队在S8全球总决赛中夺得冠军,这是LPL选手赢得的第一个S赛冠军。2019年11月10日,FPX战队在S9全球总决赛中夺得冠军,也是LPL选手赢得的第二个S赛冠军。2020年5月31日,LPL队伍FPX和TES同时进入2020季中杯决赛,这是有史以来两个LPL战队会师国际赛事总决赛。

2. 中国电竞代表性战队(电子竞技俱乐部)——IG和FPX

IG,全名Invictus Gaming,由王思聪于2011年8月创建,后收购了快要解散的CCM战队,组建IG电竞俱乐部。IG由《英雄联盟》《刀塔2》《星际争霸Ⅱ》等多个分部组成。其中,《英雄联盟》分部获得2011年WCG中国区总决赛冠军、2013年IEM新加坡站冠军、2016年全国电子竞技大赛冠军、2018年《英雄联盟》全球总决赛冠军、2018年德玛西亚杯冠军以及2019年LPL春季赛冠军。《刀塔2》分部获得第二届《刀塔2》国际邀请赛冠军、WCG 2012世界总决赛冠军以及2017年DAC亚洲邀请赛冠军等。《穿越火线》分部获得WCG中国区总冠军、WCG世界总冠军以及第一届CFS国际联赛冠军等。《星际争霸Ⅱ》分部获得了2017年黄金职业联赛第一赛季和第三赛季冠

军、2017年黄金总决赛亚军以及2018年黄金职业联赛第二赛季冠军。

FPX，全名Fun Plus Phoenix，中文名称趣加电子竞技俱乐部，成立于2017年。FPX下属有《英雄联盟》分部、*CS GO*分部等。《英雄联盟》分部于2019年获得LPL夏季赛冠军和2019年全球总决赛冠军。《绝地求生》分部于2018年赢得快手PUBG公开赛冠军、PPL熊猫吃鸡联赛殿军以及PUBG好汉杯周季军。

3. 中国电子竞技内容生态

电子竞技内容生态是指电子竞技中的游戏内容及类别。对于电子竞技行业来讲，LPL电子竞技赛事是中国规模最大的赛事，但除了这种大规模赛事，还有其他很多中小型赛事，正是大大小小的电子竞技赛事构成了丰富的电子竞技内容生态。电子竞技内容生态就是指在这些赛事中各种不同的游戏内容。图18显示的是2020年中国电子竞技内容生态，从中可以看到基于《英雄联盟》《刀塔2》《阴阳师》的多品类电子竞技游戏内容。

图18 2020年中国电子竞技内容生态

资料来源：艾瑞咨询，《2019年中国游戏产业报告》，2020。

4. 中国电子竞技直播平台及重要赛事版权

直播渠道及直播赛事内容是电子竞技生态中极为核心的环节，这就如同中央电视台体育频道和奥运会转播权之间的关系，直接决定了赛事直播的受众覆盖以及赛事直播版权等相关核心问题。电子竞技赛事播放版权一直是高价值产品。在国际电子竞技行业，动视暴雪旗下赛事版权位居榜首，YouTube平台以3年1.6亿美元从Twitch（原两年9000万美元）手中夺得版权。中国LPL英雄联盟职业联赛直播版权也是各大平台争夺的目标，Bilibili直播以8

亿元价格获得英雄联盟总决赛3年独家版权，企鹅电竞以6000万元价格购买LPL赛事S档版权，虎牙直播拥有《英雄联盟》四大赛区直播版权。图19显示了2020年中国直播平台与重要电子竞技赛事版权内容。

直播平台		2020年重要赛事版权
	虎牙直播	《英雄联盟》LCK（韩国）、LCS（北美）、LEC（欧洲）赛事独家版权，《英雄联盟》LPL赛事A档版权，《王者荣耀》KPL赛事版权
	斗鱼直播	《英雄联盟》LPL赛事A档版权 《王者荣耀》KPL赛事版权
	企鹅电竞	《英雄联盟》LPL赛事S档版权，6000万元 《王者荣耀》KPL赛事版权
	快手直播	《英雄联盟》LPL赛事B档版权 《王者荣耀》KPL赛事版权
	Bilibili直播	2020~2022年《英雄联盟》全球总决赛独家版权，8亿元 《王者荣耀》KPL赛事版权

图19　2020年中国直播平台与重要电子竞技赛事版权

资料来源：艾瑞咨询，《2019年中国游戏产业报告》，2020。

5. 中国电子竞技用户的关注点

图20显示的是2020年中国电子竞技用户关注俱乐部及内容类型，从中可以看到中国电子竞技用户对于电子竞技赛事活动和选手游戏直播的关注度都非常高，电子竞技赛事活动关注度为50.9%，选手游戏直播关注度为50.7%。

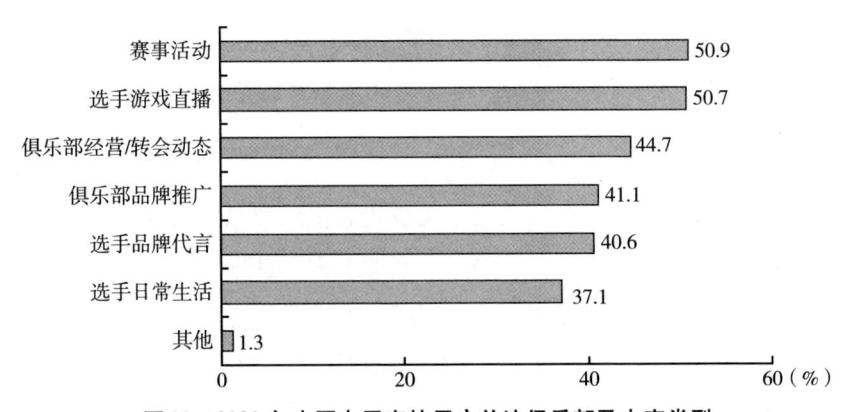

类型	占比（%）
赛事活动	50.9
选手游戏直播	50.7
俱乐部经营/转会动态	44.7
俱乐部品牌推广	41.1
选手品牌代言	40.6
选手日常生活	37.1
其他	1.3

图20　2020年中国电子竞技用户关注俱乐部及内容类型

资料来源：艾瑞咨询，《2019年中国游戏产业报告》，2020。

四 2019~2020年中国手机游戏发展状况

中国手机游戏保持持续快速发展态势，2020年1~6月，中国手机游戏仅本土市场产值达到1046.73亿元。海外市场收入达到75.89亿美元（约合人民币533.62亿元），中国自主研发的手机游戏产品在全球收入排行榜中位居第一、第二名。

（一）2019~2020年中国手机游戏整体规模

1. 2019~2020年中国手机游戏市场规模

2020年1~6月，中国手机游戏市场销售收入达到1046.73亿元，比2019年同期增加276亿元，增长35.81%。若保持该发展速度，到2020年底，手游市场销售收入将达到2468.19亿元。

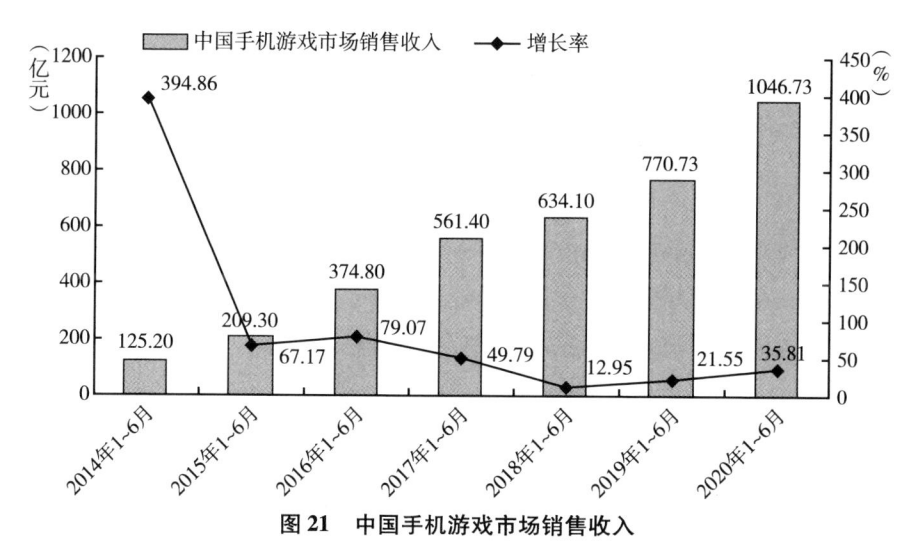

图21 中国手机游戏市场销售收入

资料来源：中国音数协游戏工委（GPC）、国际数据公司（IDC），《2019年中国游戏产业报告》，2020。

2. 2020年中国手机游戏产值远超客户端游戏和网页游戏

2020年中国游戏市场手机游戏产值持续增长，占比超过3/4，客户端游戏、网页游戏及其他类型游戏占比持续下滑。图22显示的是2020年1~6月中国手机游戏、客户端游戏、网页游戏及其他类型游戏产值占比。可以看到手机游戏产值占比高达75.04%，而客户端游戏占比下滑到20.18%，网页游戏产值持续下降，占比仅为2.87%，其他类型游戏占比仅为1.91%。

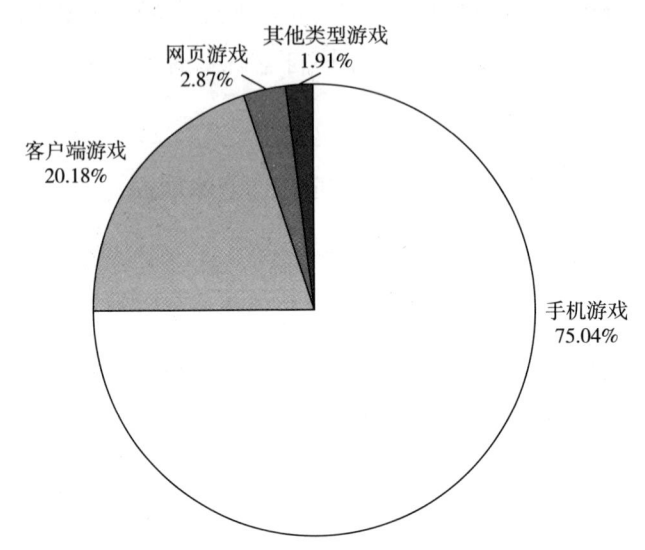

图22 2020年1~6月中国手机游戏、客户端游戏、网页游戏及其他类型游戏产值占比

资料来源：中国音数协游戏工委（GPC）、国际数据公司（IDC），《2019年中国游戏产业报告》，2020。

（二）2019~2020年中国手机游戏细分领域——发行商、产品及游戏类型

1. 2020年7月中国手机游戏发行商收入排行榜

2020年7月，中国手机游戏发行商在全球App Store和Google Play两大主流移动平台统计的收入榜单中，前30名收入达18.3亿美元（约合人民币128.1亿元），占全球手机游戏总收入的27%。其中排前3名的是腾讯、网易和莉莉丝。图23显示的是2020年7月中国手机游戏发行商收入排行榜前30位的情况。

1	腾讯 Tencent		16	有爱互娱 C4games
2	网易 NetEase		17	三七互娱 37 Games
3	莉莉丝 Lilith Games		18	乐元素 Happy Elements
4	趣加 FunPlus		19	沐瞳科技 Moonton
5	灵犀互娱 Lingxi Games		20	友谊时光 FriendTimes
6	游族网络 YOOZOO		21	心动网络 X.D.Global
7	完美世界 Perfect World		22	紫龙游戏 Zlong Games
8	友塔游戏 Yotta Games		23	米哈游 miHoYo
9	天盟数码 IGG		24	时空幻境 Firecraft
10	龙创悦动 Long Tech		25	掌趣科技 OurPalm
11	悠星网络 Yostar		26	哔哩哔哩 bilibili
12	4399游戏 4399 Games		27	创酷互动 CHUANG COOL
13	壳木游戏 CamelGames		28	巴别时代 Babeltime
14	博乐科技 Bole Games		29	智明星通 ELEX
15	青瓷游戏 QingCi Games		30	龙腾简合 ONEMT

图23　2020年7月中国手机游戏发行商收入排行榜前30位

资料来源：Sensor Tower。

2. 2020年7月中国手机游戏产品收入排行榜

2020年7月，在全球App Store和Google Play两大主流移动平台统计的中国手机游戏收入榜单中，腾讯公司运营的《王者荣耀》、《和平精英》以及灵犀互娱运营的《三国志·战略版》分别获得第一、第二和第三名。排名第4~10位的是《梦幻西游》、《三国志幻想大陆》、《最强蜗牛》、《新神魔大陆》、《荒野乱斗》、《率土之滨》以及《阴阳师》。

图24显示的是2020年7月中国手游收入Top 20榜单（产品及发行商）。在Top 20榜单中，腾讯和网易各有5款游戏上榜，灵犀互娱有两款三国题材游戏上榜，并分列第3名和第5名。

#	游戏	发行商	#	游戏	发行商
1	《王者荣耀》	腾讯	11	《浮生为卿歌》	玩友时代
2	《和平精英》	腾讯	12	《放开那三国3》	巴别时代
3	《三国志·战略版》	灵犀互娱	13	《剑与远征》	莉莉丝
4	《梦幻西游》	网易	14	《崩坏3》	米哈游
5	《三国志幻想大陆》	灵犀互娱	15	《梦幻西游网页版》	网易
6	《最强蜗牛》	青瓷游戏	16	《大话西游》	网易
7	《新神魔大陆》	完美世界	17	《神武4》	多益网络
8	《荒野乱斗》	Supercell & 腾讯 & 游族	18	《QQ炫舞》	腾讯
9	《率土之滨》	网易	19	《QQ飞车》	腾讯
10	《阴阳师》	网易	20	《火影忍者》	腾讯

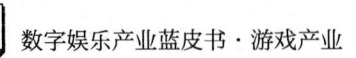

图 24　2020 年 7 月中国手游收入 Top 20 榜单（产品及发行商）

资料来源：Sensor Tower。

3. 2020年1~6月中国手机游戏类型分布

2020 年 1~6 月，收入排名前 100 位的中国手机游戏中，最高的是角色扮演类游戏，占比为 19.81%。其次是射击类游戏，占比为 16.71%。第 3 名的是多人在线战术竞技类游戏（MOBA），占比为 14.63%。图 25 显示的是 2020 年 1~6 月中国手机游戏收入前 100 位游戏类型分布。从中可以看到角色扮演类游戏是当前手机游戏中所占份额最多的类型，该游戏类型的游戏数量与收入均呈现突出优势。

（三）2019~2020年中国手机游戏海外创汇及国际影响力

中国游戏产品的海外影响力持续增强，海外创汇能力持续提升。2020 年 1~6 月，中国自主研发游戏海外市场销售收入达到 75.89 亿美元（约合人民币 533.62 亿元），比 2019 年同期增长 36.32%。2020 年中国自主研发游戏海外市场销售收入有望达到 1259.34 亿元。这些海外创汇的游戏产品基本都是手机游戏产品。

1. 2020年6月中国手机游戏出口创汇收入排行榜

图26显示的是2020年6月中国手机游戏出口创汇收入排行榜前30名（海外App Store和Google Play）。前3名是《绝地求生手游》、《万国觉醒》和《使命召唤手游》。

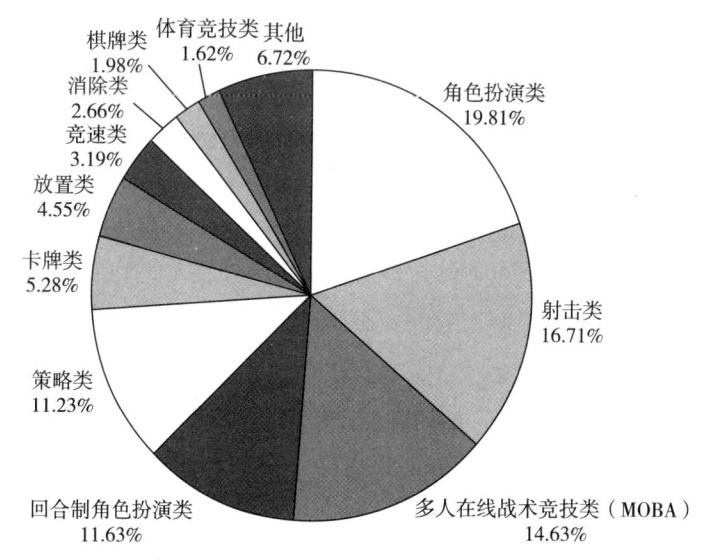

图25 2020年1~6月中国手机游戏收入前100位游戏类型分布

- 角色扮演类 19.81%
- 射击类 16.71%
- 多人在线战术竞技类（MOBA） 14.63%
- 回合制角色扮演类 11.63%
- 策略类 11.23%
- 卡牌类 5.28%
- 放置类 4.55%
- 竞速类 3.19%
- 消除类 2.66%
- 棋牌类 1.98%
- 体育竞技类 1.62%
- 其他 6.72%

资料来源：中国音数协游戏工委（GPC）、国际数据公司（IDC），《2019年中国游戏产业报告》，2020。

2020年6月，腾讯《绝地求生手游》海外收入7900万美元（约合人民币5.53亿元）。自2018年4月开启应用内购至今，《绝地求生手游》在海外App Store和Google Play累计营收14.8亿美元（约合人民币103.6亿元）。

作为海外收入最高的战术竞技手游，《绝地求生手游》平均下载付费为2.4美元。莉莉丝SLG大作《万国觉醒》2020年6月海外收入7800万美元，上市至今海外总收入近10亿美元。《万国觉醒》是目前唯一能与《绝地求生手游》匹敌的国产手游。随着国服上线，这款风靡海外的手游或将给国产SLG创下前所未有的收入纪录。

FunPlus（趣加游戏）研发的末日生存类游戏 *State of Survival*（《生存之

1	《绝地求生手游》 腾讯		16	《明日方舟》 鹰角网络 & 悠星网络 & 心动网络
2	《万国觉醒》 莉莉丝		17	《Age of Z》 CamelGames
3	《使命召唤手游》 腾讯 & 动视暴雪		18	《奇妙庄园》 时空幻境
4	《荒野行动》 网易		19	《明日之后》 网易 & 心动网络
5	《黑道风云》 麦塔网络		20	Cash Frenzy™ Casino 博乐科技
6	State of Survival FunPlus		21	《少年三国志2》 游族网络
7	《王国纪元》 IGG		22	《偶像梦幻祭!! Music》 乐元素
8	《放置少女》 有爱互娱		23	《第五人格》 网易 & 心动网络
9	《龙族幻想》 祖龙娱乐 & 腾讯		24	《风之大陆》 紫龙游戏 & NEOCRAFT
10	《剑与远征》 莉莉丝		25	Be The King 创酷互动
11	《奇迹之剑》 4399		26	Chapters:Interactive Stories 中文在线
12	《无尽对决》 沐瞳科技		27	《战火与秩序》 CamelGames
13	《阿瓦隆之王》 FunPlus		28	《碧蓝航线》 悠星网络
14	《火枪纪元》 FunPlus		29	《王者荣耀》 腾讯
15	《守望黎明》 龙创悦动		30	《苏丹的游戏》 梦加网络

图26 2020年6月中国手游国外收入榜前30名（海外App Store + Google Play）

资料来源：Sensor Tower。

国》）于2019年8月上市以来，收入一路上涨，6月环比增长16.5%，位列榜单第6名。

有爱互娱运营的三国题材美少女RPG手游《放置少女》凭借其优秀品质在日本赢得不菲业绩。2020年6月《放置少女》收入环比上涨18%，同比上涨156%，上市3年总收入近4亿美元。《放置少女》满足了日本玩家对轻松操作和收集玩法的追求，在本土IP林立的日本市场获得认可。《放置少女》在2020年6月中国手游国外收入榜中排第8位。

中文在线凭借Chapters：Interactive Stories跻身海外叙事互动品类游戏发行商第一阵营，该产品月流水超过1400万美元，位列2020年6月中国手游国外收入榜第 26 名。Chapters：Interactive Stories 是一款典型的"玛丽苏"类游戏，该游戏用户多为女性。这类游戏最大的特点是丰富的剧情选择，不同的故事线可以引发不同的故事结局，剧情设计和对应的画面制作是该类作品成功的关键。由于中文在线有其深厚且广泛的小说及编剧背景，Chapters：Interactive Stories 中包含了大量关于霸道总裁、奇幻吸血鬼等大众题材的小说情节，支持各种丰富的游戏剧情走向。丰富的内容是该作获得女性用户青睐的重要原因。此外，该作在海外的成功也证实了"玛丽苏"类游戏在海外市场有巨大的发展空间。

2. 中国手机游戏产品在全球范围的收入榜单中位居前两名

表 1 显示的是 2020 年 7 月全球手游收入排行榜前 10 名，从中可以看到第 1 名和第 2 名都是由腾讯公司开发运营的，分别是《绝地求生手游》与《王者荣耀》。

表 1　2020 年 7 月全球手游收入榜前 10 名

排名	手机游戏产品	开发商
1	《绝地求生手游》	腾讯
2	《王者荣耀》	腾讯
3	《怪物弹珠》	Mixi
4	《精灵宝可梦 GO》	任天堂
5	《罗布乐思》	Roblox
6	《命运 - 冠位指定》	Sony
7	《七龙珠爆裂激战》	Bandai Namco Games
8	《硬币大师》	Moon Active
9	《天堂 M》	NCSoft
10	《梦幻家园》	Playrix

资料来源：Sensor Tower。

2020 年 7 月，腾讯的《绝地求生手游》在全球收入 2.08 亿美元（约合人民币 14.56 亿元），相比 2019 年 7 月增长 10.8%，位列全球手游收入榜首。在该作全球收益中，中国玩家贡献了 56.6%，美国、沙特阿拉伯玩家分别贡献了 10.0% 和 5.6%。与此同时，腾讯运营的手游《王者荣耀》，2020 年 7 月收入超过1.92亿美元，比2019年同期增长34.8%，位列榜单第2名。

此外，榜单中排名第3~5位的游戏分别为Mixi的《怪物弹珠》、任天堂的《精灵宝可梦GO》，以及Roblox的《罗布乐思》。

五 2019~2020年中国客户端游戏和网页游戏发展状况

（一）2019~2020年中国客户端游戏发展状况

2019~2020年中国客户端游戏总体规模呈现下降趋势，2020年1~6月产值相比2019年同期下降10.13%。

1. 2019~2020年中国客户端游戏总体规模与发展趋势

图27显示的是中国客户端游戏市场销售收入及增长率情况。2019年1~6月中国客户端游戏市场销售收入为313.27亿元，2020年1~6月中国客户端游戏市场销售收入为281.54亿元，同比下降10.13%。

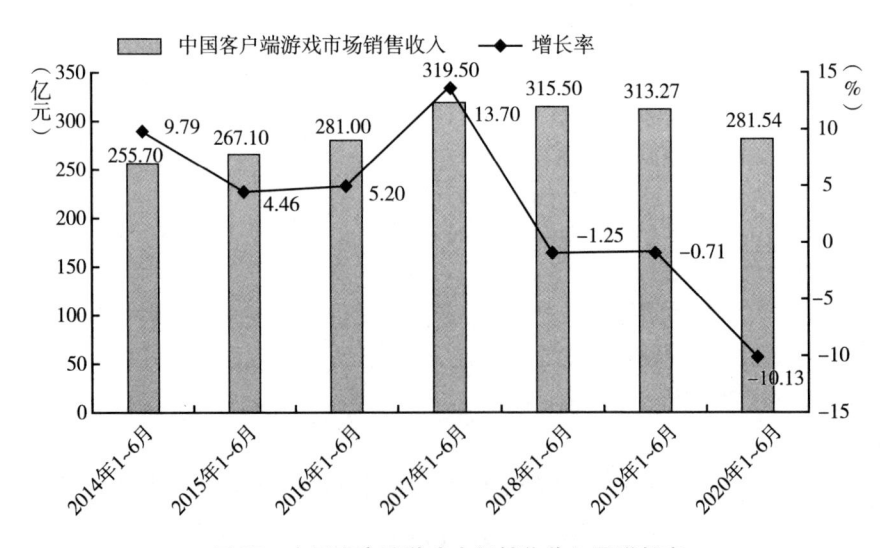

图27 中国客户端游戏市场销售收入及增长率

资料来源：中国音数协游戏工委（GPC）、国际数据公司（IDC），《2019年中国游戏产业报告》，2020。

中国客户端游戏市场总体规模自 2017 年到达顶峰，经 2018 年、2019 年缓慢下滑后，在 2020 年呈现大幅下跌，1~6 月跌幅高达 10.13%。从 2017~2020 年的发展趋势来看，中国客户端游戏市场总体呈现萎缩态势，且随着手机游戏发展趋势的加快，下滑的速度也在加快。

2. 2019~2020 年中国客户端游戏十大品牌

相对手机游戏产品研发运营来讲，客户端游戏的研发投入量级和运营要求都更高。在中国，无论是研发团队数量还是上市产品数量，客户端游戏都远远少于手机游戏。在产品更新度上相比手机游戏差距也较大，中国手机游戏每周出产近百款，而客户端游戏数年都不一定会有一款高质量新品出现，甚至不少都是十几年前的产品。比如《地下城与勇士》，发行日期为 2005 年 8 月，国服公测时间为 2008 年 6 月 19 日，发行至今已 15 年；《梦幻西游》于 2003 年 7 月公测，2003 年 12 月 8 日开服，公测至今已 17 年。加之近年来手机游戏数量快速增长，吸引了越来越多的游戏用户，在用户相对有限的环境下，客户端游戏的用户就相对减少，产业产值下滑，新品研发资金的投入愈加减少。与上万款手机游戏相比，中国目前还在深度运营的客户端游戏数量不多，较大规模投入的运营客户端游戏仅数十款。在有限的客户端游戏产品中，中国品牌网评选出 2019~2020 年中国客户端游戏十大品牌，如表 2 所示。

表 2 2019~2020 年中国客户端游戏十大品牌

客户端游戏产品	开发商	运营商
《英雄联盟》	美国拳头游戏（Riot Games）	腾讯
《穿越火线》	韩国 Smile Gate	腾讯
《地下城与勇士》	韩国 NEOPLE	腾讯
《魔兽世界》	美国暴雪娱乐	网易
《梦幻西游》	中国网易	网易
《炉石传说》	美国暴雪娱乐	网易
《刀塔 2》	美国 Valve	完美世界

续表

客户端游戏产品	开发商	运营商
《绝地求生》	韩国 Blue hole	腾讯
《反恐精英:全球攻势》	美国 Valve 与 Hidden Path Entertainment	腾讯
《剑网3》	中国金山软件	金山

资料来源：中国品牌网。

从中可以看到，在十大客户端游戏产品中，8 款产品都是国外研发的，其中，5 款为美国产品，3 款为韩国产品，中国自主研发产品仅有两款——网易研发的《梦幻西游》和金山软件研发的《剑网3》。

3. 中国客户端游戏在全球排名靠后的劣势明显

表 3 显示的是 2020 年 7 月全球客户端游戏收入 Top 10 与开发商。

表3　2020 年 7 月全球客户端游戏收入 Top 10 与开发商

排名	客户端游戏产品	开发商
1	《英雄联盟》	美国拳头游戏（Riot Games）
2	《穿越火线》	韩国 Smile Gate
3	《地下城与勇士》	韩国 NEOPLE
4	《梦幻西游 OL》	中国网易
5	《佤罗兰》	美国 Riot Games
6	《罗布乐思》	美国 Roblox
7	《坦克世界》	白俄罗斯 War gaming
8	《魔兽世界》	美国暴雪娱乐
9	《反恐精英:全球攻势》	美国 Valve 与 Hidden Path Entertainment
10	《堡垒之夜》	美国 Epic Games

资料来源：中国品牌网。

从中可以看到，在全球客户端游戏收入 Top 10 的名单中有 6 款是由美国游戏开发商开发，2 款由韩国开发，1 款由白俄罗斯开发，中国仅有网易开发的《梦幻西游OL》排名第4。不难看出，相比中国手机游戏的国际影响力与产值逐年提升，客户端游戏的劣势明显。

（二）2019~2020年中国网页游戏发展规模与趋势

1. 中国网页游戏发展规模与趋势

图28显示的是中国网页游戏市场销售收入与增长率情况，从中可以看到，2019年1~6月中国网页游戏市场销售收入为50.93亿元，2020年1~6月为40.02亿元，同比减少21.43%。2015年至2020年，中国网页游戏整体呈现持续稳定下降态势，整体市场持续萎缩。

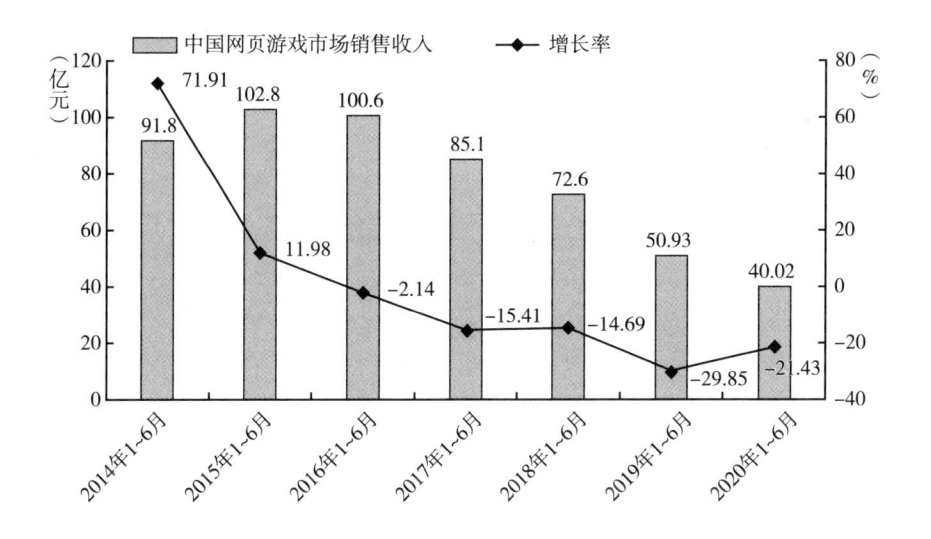

图28　中国网页游戏市场销售收入与增长率

资料来源：中国音数协游戏工委（GPC）、国际数据公司（IDC），《2019年中国游戏产业报告》，2020。

2. 2020年8月百度游戏页游排名

表4显示的是2020年8月百度游戏页游排名。其中，排名前5的网页游戏分别是《三国杀Online》、《弹弹堂3》、《大天使之剑》、《仙侠记》和《三国杀十周年》，从中可以看到网页游戏主流为三国题材或仙侠等古装题材，游戏题材和游戏类型却未出现新颖的形态。

表4 2020年8月百度游戏页游排名

排名	网页游戏产品	游戏类型
1	《三国杀Online》	休闲竞技
2	《弹弹堂3》	休闲竞技
3	《大天使之剑》	角色扮演
4	《仙侠记》	角色扮演
5	《三国杀十周年》	休闲竞技
6	《三国之志2》	角色扮演
7	《战曲》	角色扮演
8	《传奇霸业》	角色扮演
9	《天书世界》	角色扮演
10	《唐门六道》	角色扮演

资料来源：百度游戏官网。

六 中国游戏与电子竞技产业发展的机遇、挑战与建议

（一）中国游戏与电子竞技产业发展的机遇

1. 中国本土手机游戏发展势头依然强劲，发展机遇大

自2012年中国手机游戏发展以来，中国本土手机游戏一直保持持续增长势头，中国本土市场发展势头依然强劲，发展机遇大。手机游戏规模持续扩大，2013~2020年，中国手机游戏产值持续增长，2018年、2019年、2020年增长率持续提升，2020年1~6月更是高达35.81%。

2. 中国手机游戏海外市场迎来高速发展期，机遇凸显

2020年1~6月，中国自主研发游戏海外市场销售收入75.89亿美元（约合人民币533.62亿元），比2019年同期海外收入增长36.32%。2020年全年收入有望达到1259.34亿元。《绝地求生手游》与《王者荣耀》排名全球手游收入榜单前两名，海外收入超100亿元。《万国觉醒》收入超10亿美元。中国手机游戏海外市场迎来高速发展期，机遇凸显。

3. 5G 云技术、虚拟现实等新技术带来新的发展机遇

科技是第一生产力，5G 云技术、虚拟现实技术正在带动新一轮信息科技的发展，游戏作为领头羊也面临前所未有的大好时机。新技术第一轮机遇是人口红利，在华为与中国移动、中国联通以及中国电信的联合推动下，中国 5G 基建与终端技术已遥遥领先全球，到 2020 年底约有 1 亿 5G 用户，此后将逐年快速增长。能够首先在 5G 云游戏、5G 云虚拟现实游戏领域布局并投产的企业将赢得首批人口红利。

4. 随着中国政治、经济、文化在全球影响力的持续提升，中国文化题材游戏产品开始获得国际市场认可并呈现欢迎态势

2020 年 8 月，中国一家名为 Game Science（游戏科学）的工作室发布了一段时长 13 分钟的原创游戏 *Black Myth-Wu Kong*（《黑神话 – 悟空》）视频内容。由于该作品拥有高质量的 3A 级游戏画质、流畅的游戏过程以及西方玩家前所未见的神奇角色和玩法，让无数的西方游戏主播大呼过瘾。不到 10 天，视频转播、点击数百万次。此外，近年来中国题材的游戏作品在全球最大的客户端游戏 Steam 平台频频登上榜单。不难看出，随着中国经济、文化、科技在全球的影响力持续提升，中国文化题材的高质量游戏产品开始获得国际市场认可并呈现欢迎态势。使用前沿科技挖掘中国传统文化向世界展现高质量中国文化题材游戏为中国游戏产品带来新的发展契机。

5. 广义的电子竞技和游戏带来更广泛的发展机遇

需要说明的是，当前主流的电子竞技和游戏，通常是以愉悦用户和受众为目标的狭义的电子竞技和游戏。事实上，更为广义的电子竞技和游戏拥有更为广阔的市场和发展空间。比如以军事训练为目标的电子竞技和游戏，以技能培训为目标的电子竞技和游戏，以教育、科普为目标的电子竞技和游戏等。游戏的本质是人机电子交互，交互的内容可以是纯娱乐性的，也可以是功能性的。使用国际前沿的游戏交互技术、5G 云技术、虚拟现实技术，完全可以为军事训练、技能培训、教育、科普等更为广阔领域发展带来积极的推动，其市场发展空间也远超狭义的电子竞技和游戏。广义的电子竞技和游戏带来更广泛的发展机遇。

（二）中国游戏与电子竞技产业发展挑战

1. 中国游戏与电子竞技产业发展面临核心技术挑战

虽然我国游戏产业发展良好，甚至在手机游戏领域已经领先全球。但当前中国企业进行游戏开发所使用的核心技术多是国外引进。游戏与电子竞技产业发展面临核心技术短缺问题。

2. 中小企业的生存与发展面临极大挑战

在我国游戏产业发展日益壮大的同时，利益过度集中的情况日益凸显，中小企业的生存与发展面临极大挑战。正如中国音数协游戏工委秘书长唐贾军在 2020 年国际游戏商务大会上指出中小游戏企业"出海成热点、痛点是垄断，面临头部企业挑战、人才缺乏"。其中，垄断和面临头部企业挑战是当前的主要问题。此外，拥有垄断优势的头部企业，面对小企业赖以生存的优质产品，如果出现不正当竞争，则是万万不应该的。

3. 创新型游戏产品与创新型游戏人才不足

游戏是典型的文化创意产品，而创新是文化创意产品的核心价值所在。与国际领先同行相比，当前我国创新型游戏产品相对比较缺乏，创新型游戏人才短缺。培养具有国际视野的创新型游戏设计人才是解决当前游戏创新问题的重要途径。

4. 高质量电子竞技游戏内容自主产权短缺

面对欣欣向荣的电子竞技产业，一个令人尴尬的问题日益显现：为什么在中国电子竞技和国际电子竞技赛事中，竞赛使用的大多是国外的游戏产品？激烈的电子竞技赛场、数十亿的中国观众点击，这不都是为国外产品做嫁衣吗？研发具有自主产权的高质量电子竞技游戏产品并推广到电子竞技赛场中，解决游戏内容自主产权短缺问题，非常有必要。

（三）中国游戏与电子竞技产业发展建议

1. 中国游戏与电子竞技产业持续发展需要掌握核心技术

受个别自我优先国家非理性竞争的影响，不掌握核心技术就会被"卡脖子"的问题日益凸显。中国游戏与电子竞技产业的持续发展，绕不开核心技术问题，大力开发拥有自主知识产权的游戏引擎技术、操作系统、游戏芯片等成为当务之急。中国游戏与电子竞技产业持续发展需要掌握核心技术支持。

2. 助力中小企业生存发展能够为产业持续进步带来创新活力

当前，游戏与电子竞技产业的龙头企业渠道优势、资源优势、数据优势以及人才优势遥遥领先，但受制于相对单一的企业文化与发展目标。中国游戏与电子竞技产业的持续发展需要具有大量创新精神的中小企业的补充与完善，助力中小企业生存发展能够为产业持续进步带来创新活力。

3. 国家与产业发展呼唤游戏设计专业建设与人才培养

企业创新是升级换代持续发展的重要动力。创新是游戏研发与电子竞技产业的核心价值所在。推动高层次创新型游戏设计专业、电子竞技专业人才培养能够为企业输入创新血液，为企业升级换代、持续发展提供强劲动力。当前，我国创新型游戏产品较为缺乏，创新型游戏人才极为短缺。培养具有国际视野的创新型游戏设计人才是解决当前游戏创新问题的重要方法。此外，我国游戏产业存在企业被商业利益诱导，社会责任、历史使命缺失，中国文化与梦想缺失等问题。高校能够担当起培养有社会责任感，有历史使命感，有中华文化追求，充满正能量的游戏专业设计人才的重要使命。培养有理想有信念的人才将为我国游戏和电子竞技产业的持续发展注入中华文化、精神与中国梦想的内在动力。但是，我国教育部专业目录里目前尚无游戏设计专业，部分开设的相关专业通常挂靠在动画专业、数字媒体等专业下的游戏设计方向，这不能不说是一个遗憾。相对而言，职业教育在游戏设计人才的培养方面贡献突出，代表性机构如汇众教育，其在2004年至今的16年里培训了近10万名游戏设计人才输送到企业。

4. 推动5G云、虚拟现实等新技术在游戏与电子竞技产业的应用

当前，5G云技术、虚拟现实技术正在推动新一轮信息产业的发展，电子竞技与游戏作为科技和文化的排头兵，正面临一次前所未有的大变革。基于新一代5G云技术、虚拟现实技术的全新游戏产业新形态正在形成，中国

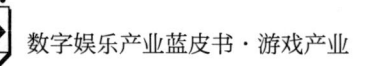

5G基建与终端普及带来的新一波红利正在酝酿，推动5G云、虚拟现实等新技术在游戏与电子竞技产业的应用非常有必要。

5. 建议推动广义电子竞技和游戏产业的发展

当前，我国以娱乐受众为目标的狭义游戏与电子竞技产业已经带来了超过3000亿元的产值。而广义电子竞技和游戏产业不管在应用价值方面还是产值空间方面都有更为广阔的空间，以军事训练为目标的电子竞技和游戏，以技能培训为目标的电子竞技和游戏，如以教育、科普为目标的电子竞技和游戏等，使用国际前沿的游戏交互技术、5G云技术、虚拟现实技术，能够有效提升军事训练、技能培训、教育学习的效率。将原本在狭义游戏中消磨时间转变为具有实际意义的训练和学习，还能够扩展出更为庞大的产业价值。推动广义电子竞技和游戏产业的发展意义重大。

产业篇
Industry

B.2 2019~2020年VR游戏技术及行业应用发展报告

龙姝羽 刘跃军*

摘　要： 2019~2020年，VR技术的逐步成熟推动VR产业生态链逐步完善，VR游戏成为VR内容变现最为突出的一种形态。随着越来越多的企业对VR游戏的开发进行投资，VR游戏的质量获得极大提升并带来了巨额回报。VR游戏主要依赖两大关键技术：VR硬件技术和VR软件技术。VR硬件技术侧重VR头显终端的人机体验效果，而VR软件技术侧重呈现更优秀的游戏内容。根据VR运算平台和体验方式差异，VR硬件分为基于PC计算的VR和基于移动运算的VR两种，可称为PC端VR

---

* 龙姝羽，北京电影学院动画学院虚拟现实设计专业硕士研究生；刘跃军，博士，副教授，北京电影学院动画学院游戏设计系主任，沉浸式交互动漫文化和旅游部重点实验室执行副主任，主要研究方向为VR电影、游戏、影视制作及特效、CG动画。

和VR一体机。本文对VR硬件技术、VR软件技术以及5G+云VR游戏技术的行业应用情况进行了深入的探讨。

关键词： VR游戏　硬件技术　软件技术　5G+云VR

一　2019~2020年VR游戏技术及行业应用概况

2019年，VR游戏呈现出高速发展势头，成为虚拟现实内容产业中产值增长最为突出的领域。研究数据显示（见图1），2019年VR游戏行业占比中国虚拟现实行业应用领域36.8%，占据首位。[①] VR游戏作为游戏行业中的一大类别，给游戏行业带来了新鲜活力。近年来游戏市场火爆，3D环境作为游戏行业主流，虚拟现实技术的沉浸式特点与游戏用户的需求契合，给予游戏行业更多新的可能性。

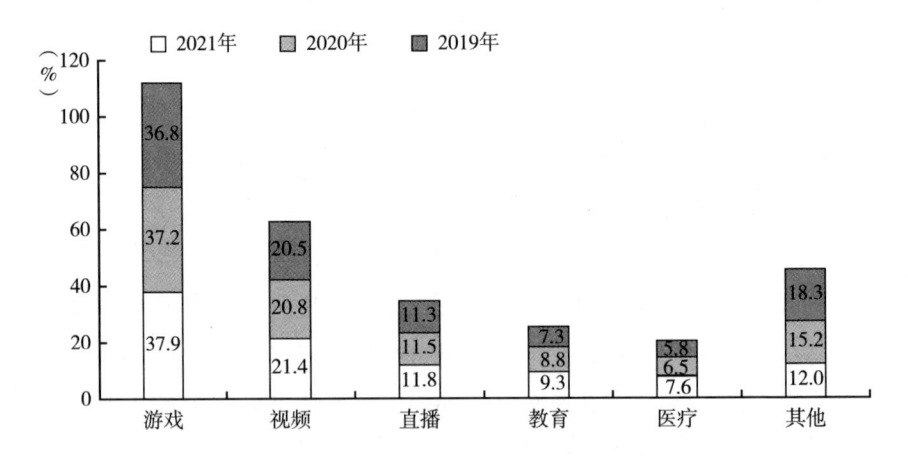

图1　2019~2021年中国虚拟现实行业应用领域占比及预测情况

资料来源：前瞻产业研究院。

[①] 前瞻产业研究院整理，《2020年中国虚拟现实行业市场现状及发展前景分析、未来设备出货量将突破千万台》，2020。

（一）VR游戏的界定

VR游戏，即利用虚拟现实技术模拟出游戏世界，带上VR游戏硬件设备，使得玩家进入等比例虚拟游戏世界，接收全景游戏情境。配合环境音效、手部交互、感官模拟，自由地与空间内的事物进行互动，赋予游戏玩家更多带入感。VR游戏具有沉浸式强、交互性高、逼真度高等基本特点，虚拟现实技术使得游戏从平面真正走向立体。

（二）VR游戏的技术范畴

VR游戏主要依赖于两大关键技术：VR硬件技术及VR软件技术，VR硬件技术侧重VR头显终端的人机体验效果，而VR软件技术更侧重呈现更优秀的游戏内容。VR硬件作为VR游戏体验的载体和基础，是模拟感官的媒介，性能受VR头戴显示技术、定位追踪技术、体验控制技术等VR硬件技术水平影响。VR软件技术以VR游戏引擎为技术核心，以建模、贴图等软件作为相关辅助技术。VR软件技术水平决定VR游戏内容质量，VR游戏内容则是VR游戏体验的内核及灵魂。

（三）2019~2020年VR游戏行业发展情况

2019年，全球VR游戏收入相较2018年有明显起色，增幅达41%。中国2019年VR游戏营收达26.7亿元，同比2018年增长49.2%（见图2），中国VR游戏用户规模为830万人，同比2018年增长22%。[1] 截至2019年底，共有106款VR游戏的单收入超过100万美元。排前7名的游戏收入每款均已超过1000万美元。[2] 对比Steam平台每月硬件数据调查统计可看出用户数呈现逐步增长趋势。2019~2020年，涌现了一批以Oculus Quest、《半衰期：艾利克斯》为代表的高质量、高口碑的VR游戏硬件及VR游戏内

---

[1] 中国音数协游戏工委（GPC）、国际数据公司（IDC）：《2019年中国游戏产业报告》，2020。
[2] 游戏陀螺：《超百款VR游戏收入达100万美元，拐点已至!》，www.youxituoluo.com，最后访问日期：2020年11月25日。

容，其共同推动 VR 游戏行业发展，对此后文将进行详细分析。2019~2020年，VR 游戏行业获得巨额收益，也使得更多企业将注意力和资金投入 VR 游戏技术，形成良性循环。

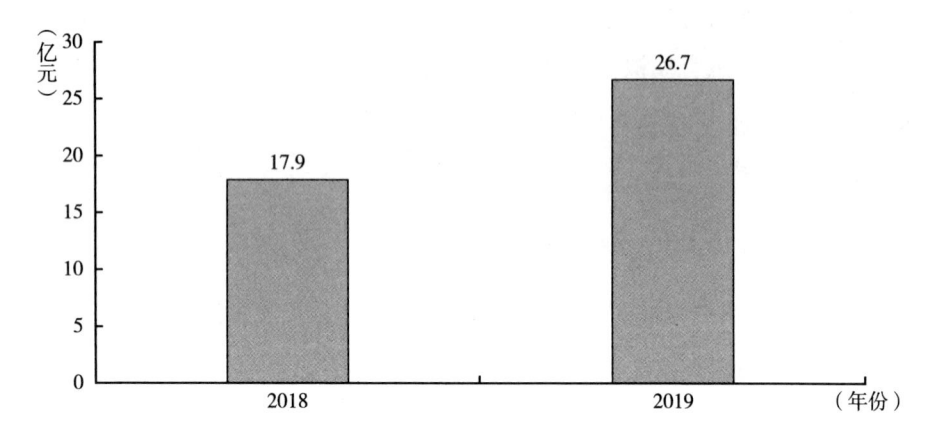

图 2　中国 VR 游戏市场、实际销售收入

资料来源：中国音数协游戏工委（GPC）、国际数据公司（IDC）《2019 年中国游戏产业报告》，2020。

二　2019~2020 年 VR 游戏硬件技术发展及行业应用

VR 游戏沉浸感和交互性的关键在于 VR 游戏硬件的性能，其将直接影响玩家的体验感。优质的 VR 硬件不仅可获得玩家青睐以帮助企业带来巨大收益，还可直接带动 VR 游戏内容销售。例如以 Oculus Quest 为代表的独立 VR 硬件发布带动 VR 市场，自 2019 年 5 月发布后，该设备在 2019 年第二季度销量达 20.8 万套，这些独立 VR 硬件占据 2019 年 VR 硬件市场销售总额的 49%。[①] 截至 2020 年 1 月，用户仅在 Oculus Quest 平台上进行游戏内容及相关产品的消费已超过 1 亿美元。并且 VR 游戏玩家注重 VR 硬件性能，即使是售价高达 999 美元的 Valve Index，此前在美国及加拿大仍然供不应

[①] SuperData：《2019 年数字游戏和互动媒体产业报告》，2019。

求。VR 游戏硬件技术成为 VR 游戏技术的重中之重与 VR 游戏行业核心竞争力之一。

（一）VR 游戏硬件发展概况

终端设备出货量数据是衡量虚拟现实产业发展状况的重要指标之一，VR 游戏硬件作为用户体验的基础，是 VR 游戏中必不可少的一环。据各大机构统计，2019 年全球虚拟现实硬件市场规模在 80 亿美元左右（见图 3），[①] VR 硬件出货量达 570 万台。目前，虚拟现实设备正处于迈向成熟的阶段，数据预测到 2023 年中国 VR 头显设备出货量有望达到 1050.1 万台。[②]

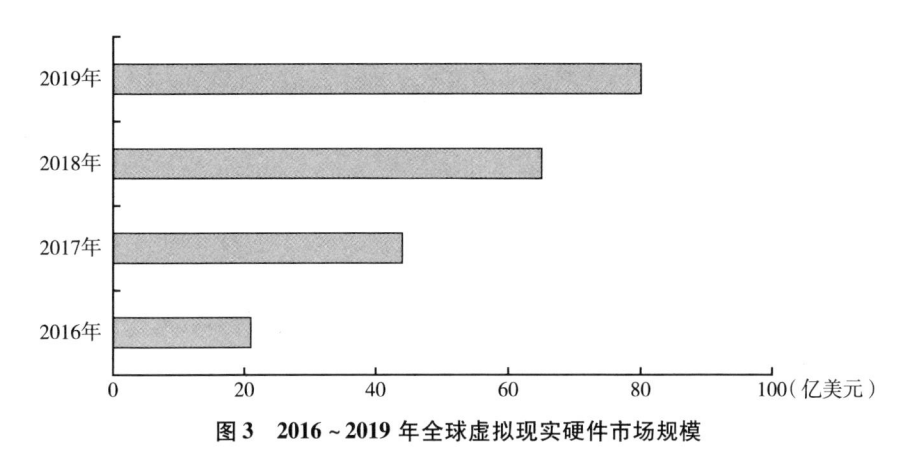

图 3　2016~2019 年全球虚拟现实硬件市场规模

资料来源：全球虚拟现实协会、观研天下《2020 年中国 VR 游戏行业分析报告——市场深度调研与发展战略规划》，2020。

1. VR 游戏硬件进入快速发展阶段

2019 年虚拟现实终端设备更加多样，迭代加速。原有设备企业如微软、Facebook、HTC 等均发布新品，且以华为、小米、Vivo 为代表的中国手机终端厂商也加入进来开始研发自主设备。据有关数据，2019 年发布上市的 VR

[①] 中国报告网：《2020 年全球 VR 行业销售逐年提升，市场规模不断扩大》，www.market.chinabaogao.com，最后访问日期：2020 年 11 月 25 日。

[②] IDC：《中国 VR/AR 市场季度跟踪报告》，www.vrpinea.com，最后访问日期：2020 年 11 月 25 日。

设备将近 30 款,其中包括 14 款 PC 端 VR,11 款 VR 一体机,3 款短焦类 VR 头显。① 新产设备进一步丰富 VR 硬件市场,为 VR 游戏用户提供更多选择。VR 硬件市场竞争日益激烈,研发厂商为提高自身竞争力,不断对 VR 硬件技术进行更新迭代,推动 VR 游戏硬件进入快速发展阶段。

2. VR 游戏硬件的基本特征

完整的 VR 系统可分为 4 个部分:头戴式显示设备、主机系统、追踪系统、控制器。VR 游戏硬件一般由 VR 头显设备、VR 交互设备、VR 外接设备组成。头显设备一般由显示屏、镜片、摄像机、处理器等组成。VR 硬件封闭人对外界的视觉、听觉,以显示屏向人们提供左右眼图像,使人产生身临其境的体验感。追踪系统一般包括内置传感器、陀螺仪和磁力计,起到捕捉用户动作的作用。控制器通常以手持设备的形式出现,通过它追踪用户动作和手势来进行输入。

3. VR 游戏硬件类别及发展情况

自 2019 年起 VR 盒子逐渐淡出市场,故本篇文章不再对其做探讨。据 VR 运算平台和体验方式的不同,VR 硬件分为基于 PC 计算的 VR 和基于移动运算的 VR 两种,可简称为 PC 端 VR 和 VR 一体机。如表 1 所示,PC 端 VR 以 HTC Vive Pro Eye 为代表,需要连接一台高性能的 PC,以 Oculus Quest 为代表的 VR 一体机如同手机一样自带计算系统,可完全摆脱外置设备。

表 1 VR 设备分类

分类	PC 端 VR	VR 一体机
优点	沉浸体验好	沉浸体验较好、轻便,不受空间和其他设备约束,独立运行
缺点	价格昂贵,受缆线及设备约束,对 PC 配置要求较高	价格较高,运算能力不足,技术尚不完全成熟
代表产品	Oculus Rifts、Valve Index、HTC Vive Pro Eye	Pico Neo 2、Oculus Quest

① VR 陀螺:《2020 年 VR 市场分析——硬件篇》,https://mp.weixin.qq.com/s/HCN_KXCYTVWM3629rrxcwA,最后访问日期:2020 年 11 月 25 日。

通过对2019年全球各类VR设备出货量的分析，我们可以发现，PC端VR出货量为90万台，VR一体机从2018年的120万台增长为2019年的280万台（见图4），占整个VR硬件出货量的49%。① 除此之外，2019年VR一体机平台的游戏收入达到1.71亿美元，远超PC端VR游戏8600万美元的收入。② 虽然后续如《半衰期：艾利克斯》等游戏的出现使得PC端VR销量再次攀升，但预计将不会再超过VR一体机。整机开发厂商增加，优质的VR一体机性能甚至可以媲美PC端VR，其轻量级、无绳化等优势获得VR玩家青睐，VR一体机成为未来主流趋势已逐步确定。

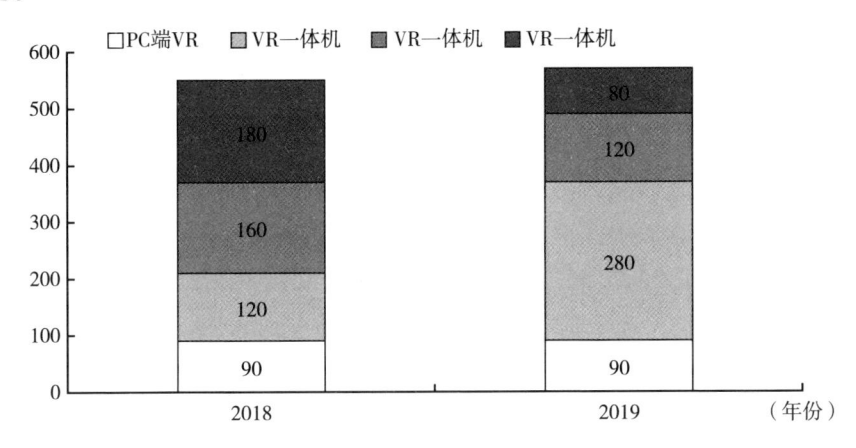

图4 2018~2019年全球各类VR设备出货量

资料来源：SuperData。

（二）2019~2020年VR游戏硬件技术发展及行业应用情况

VR游戏硬件技术主要包括VR头戴近眼显示技术、定位追踪技术、

---

① SuperData：《2019年网络游戏和互动媒体回顾》，https://www.superdataresearch.com，最后访问日期：2020年11月25日。
② 国金证券股份有限公司：《传媒行业云VR游戏专题分析报告：云VR，VR大规模普及的"正确打开方式"》，https://www.doc88.com/p-87387075593939.html，最后访问日期：2020年11月25日。

体验控制技术等。VR游戏硬件技术主要影响视觉效果及交互沉浸感两大性能指标。视场角及追踪度对分析VR硬件技术有重要意义，追踪度越精准，沉浸感越强；视场角越大，视野越开阔。从整体看，VR技术目前暂处于部分沉浸阶段。VR设备清晰度均得到改善，超高ppi显示屏成为主要显示技术突破点，屏幕分辨率大部分提升至4K，达到深度沉浸水平。部分VR硬件配备眼动追踪和注视点渲染，降低了性能消耗，增加了交互方式。Inside-Out逐步代替Outside-In成为主流追踪位置技术，摄像头数量上升，追踪范围增大。虽部分硬件加入手势识别技术，手柄控制仍然是目前主流，6DOF交互取代3DOF成为发展趋势并逐步优化（见表2）。

表2　VR游戏硬件技术不同层级沉浸感

技术体系	技术指标	初级沉浸	部分沉浸	深度沉浸	完全沉浸
近眼显示技术	单眼屏幕分辨率	接近1K	1.5K~2K	3K~4K	≥8K
	视野	90~100度	100~120度	140度左右	200度
	角分辨率	≤15ppi	15~20ppi	30ppi左右	60ppi左右（人眼极限）
	可变焦显示	否	否	是	是
感知交互技术	追踪定位	Outside-In	Inside-Out		
	眼动交互	/	/	眼球追踪	
	声音交互	/	沉浸声	个性化沉浸声	
	触觉交互	/	触觉反馈	精细化触觉反馈	
	移动交互	/	虚拟移动	高性能虚拟移动	
渲染处理技术	渲染计算	2K/60FPS	4K/90FPS	8K/120FPS	16K/240FPS
	渲染优化	/	/	注视点渲染	

1. 2019~2020年基于PC的代表性VR游戏硬件技术分析

2019年，国内外基于PC的VR游戏硬件技术均做出了突破。以Oculus和HTC为代表的VR硬件大厂均推出了全新的PC端VR，游戏巨头Valve同样推出了自家首台VR头显，小派公司在视场角及屏幕分辨率上取得领先。在此,我们选择 HTC Vive Pro Eye、Valve Index、Oculus Rift S、HTC Vive cosmos、Pimax 5K Plus 等 5 款具有代表性的基于 PC 的 VR 游戏硬件进行技术分析,其定位和售价同样影响到所配置的 VR 硬件技术。

(1) Oculus Rift S

Oculus Rift S 于 2019 年 GDC 大会上发布,由 Oculus 联合联想公司设计开发,是 Oculus Rift 的升级款。Oculus Rift S 的定位追踪方式由原 Oculus Rift 的 Outside-In 改为 Inside-Out,无须外置传感器,且追踪更为精准,机身配备 5 颗摄像头,可在未来支持手动追踪。采用 Fast-LCD 显示屏,单眼分辨率提升至 1280×1440,刷新率为 80Hz,视野达 110 度(见表 3)。内容方面,Rift S 可以兼容 Rift 的内容。最主要的是 Rift S 作为一款用于 PC 平台的游戏工具,售价仅为 399 美元,亲民的价格及较低的安装使用门槛使更多人感受 VR 的快感。由于 Oculus 欠缺开发、销售电子产品的经验,实际上这款产品的舒适度很低,对于女性用户尤为明显。2019 年第 4 季度,Oculus Rift S 销量为 7.1 万台,一直处于供不应求的状态。

表 3 Oculus Rift S 主要参数

分类	数据
分辨率(单眼)	1280×1440
刷新率	80Hz
视野	110 度
追踪	6DOF
重量	544g

(2) Valve Index

Valve Index 是由游戏公司 Valve 开发设计,并于 2019 年发布的一款为高端玩家服务的发烧级 VR 游戏设备。游戏公司 Valve 作为 VR 界的先锋,开创了一套复杂且可用于多款头显的跟踪系统,运行着最受广大 VR 游戏玩家欢迎的 Steam VR 平台。长期以来，它并不直接生产 VR 头显产品，不过随着 Valve Index 的诞生，这种情况发生改变。Valve Index 配备两个 RGB LCD 屏幕，单眼分辨率为 1440×1600，刷新率达 120Hz，对 PC 配置要求更高，视野达 130 度，更具有沉浸性，并支持视距调节，视觉效果优秀且平滑（见表 4）。Index 配套的控制手柄具备 87 个传感器，可追踪用户手指动作，为新型交互模式打开了大门，且具备极佳的触觉反馈，可以兼容 Vive 和 Rift 上的多种游戏。但 Index 仍采用外置"灯塔"跟踪系统，玩家的活动受到一定约束。Index 的扬声器无按压感且声音逼真，这在长时间的 VR 会话中也会令人感到非常舒适。Valve Index 头显售价 499 美元，搭配手柄和基站的套装售价 999 美元。该款硬件设备虽然价格高昂，但是仍然得到玩家青睐，自上架以来快速售罄，重新上架后，在 1 小时内又再次售罄。2019 年，Valve Index 的销量为 14.9 万台。

表 4 Valve Index 主要参数

分类	数据
分辨率（单眼）	1440×1600
刷新率	120Hz
视野	130 度
追踪	6DOF

(3) HTC Vive Pro Eye、HTC Vive cosms

HTC Vive Pro Eye 是 HTC 于 2020 CES 大会上发布的内置眼球追踪模组的新一代 VR 头显，这也是其在推出 Vive 之后进行的首次重大升级。该款设备的一大特点是眼动追踪可收集丰富数据的焦点热图和注意力流，便于优化性能且得到及时反馈，增加交互可能性，摆脱传统设备对手柄的依赖性。注视点渲染技术的加入降低了硬件性能损耗，使其贴合人眼习惯，使得图像清晰，VR 体验感增强。如表 5 所示，HTC Vive Pro Eye 采用双 OLED 显示器，单眼屏幕分辨率为 1440×1600，刷新率为 90Hz，视野达 110 度，耳机体验感被大幅度提升，可以满足更多商业场景的需求，是一款典型的 TOB 产品。另外，Vive Pro Eye 利用 Steam

VR 2.0 跟踪技术，可支持多用户大空间的自如体验，最大可实现 10 米 × 10 米的空间定位。2020 年 3 月，在售高端 VR 设备 Vive Pro Eye 专业版套装的售价由 13888 元下调至 12588 元，主要满足高端企业用户需求，在 VR 游戏方面应用不广。

表 5 HTC Vive Pro Eye 主要参数

分类	数据
分辨率（单眼）	1440 × 1600
刷新率	90Hz
视野	110 度
追踪	6DOF

HTC Vive cosms 与 HTC Vive Pro Eye 一同亮相于 2020 CES 大会。与 HTC Vive Pro Eye 不同，其原版售价为 5899 元，它是一款消费级 VR 设备，拥有精英套装、XR 版、基础版以及原版等 4 个版本。采用 RGB LCD 显示屏，清晰度相较 Vive 提高 40%，分辨率为 1440 × 1700，超过 Pro eye，视野为 110 度，刷新率为 90Hz。头显搭载 6 个摄像头，支持 Inside-Out 追踪，可追踪范围水平方向达 310 度，垂直方向达 210 度。精英版同时支持两种定位模式，兼容定位基站。手柄拥有光学追踪的 6DOF 及手势功能，配备光环设计和特殊纹理，以视觉识别定位结合 AI 算法，成本低且精度高（见表 6）。HTC Vive cosms 具备可拆卸模块化设计，设计人性化，它是第一款使用 Vive Reality System（Vive 沉浸式系统）的设备，但是基于价格和性能，其竞争力较弱。

表 6 HTC Vive cosms 主要参数

分类	数据
分辨率（单眼）	1440 × 1700
刷新率	90Hz
视野	110 度
追踪	6DOF
重量	651g

(4) Pimax 5K Plus

Pimax 5K Plus 是由上海厂商小派公司于 2019 年发布的一款硬件，由于小派公司是资源有限的厂商，其集中将精力放在画面视野和速度改善方面。如表 7 所示，该款产品采用定制低延迟屏幕，单眼分辨率为 1440×2560，据称延迟为 15ms，单眼刷新率为 90Hz，Pimax 5K Plus 采用菲涅尔镜片，拥有高达 200 度的视野，接近人的真实视野，瞳距调节范围为 55～75mm，像素高也意味着玩家需要配备强大硬件的 PC 来保证流畅度。该款头显价格高达 700 美元（未计算基站和控制器成本），其更适合商家用户。

表 7　Pimax 5K Plus 主要参数

分类	数据
分辨率（单眼）	1440×2560
刷新率	90Hz
视野	200 度
追踪	6DOF
重量	499g

2. VR 一体机游戏代表性硬件技术分析

据上文我们可以了解到，VR 一体机游戏硬件是未来趋势，部分设备性能甚至可以媲美 PC 端 VR。其硬件技术迭代主要体现在清晰度的提升，屏幕分辨率大部分已升级到 4K，此外定位功能提升也是比较明显的趋势，4K+6DOF 将成为未来主流，使用 Inside-Out 追踪定位技术，价格呈现亲民趋势，开发者也追求轻便性。但 2019 年发布或者上市的旗舰级 VR 一体机产品主要采用高通骁龙 835 芯片方案，技术水平落后于同期手机芯片。在此我们选择具有国内外代表性的两款 VR 一体机硬件进行技术分析。

(1) Oculus Quest

Oculus Quest 是 Oculus 公司于 2019 年春季正式发售的一款独立 VR 头戴设备，被称为 Oculus Go 的"接班人"。Quest 搭载骁龙 835 处理器，采用

OLED 显示面板，单眼分辨率为 1440×1600，刷新率为 72Hz，视野达 100度，屏幕图像清晰而丰富多彩。Oculus Quest 利用头盔前方四角分布的 4 个摄像头及侧面超广角传感器进行 Inside-Out 空间定位技术，支持 6DOF 自由度追踪，运动追踪十分出色，适用于各种尺寸的空间，同时拥有出色的"guardian"安全系统，用户可在房间中"绘制"边界线及避开电视或家具，无须担心自己位置（见表 8）。64GB 版本售价为 399 美元，128GB 版本售价为 499 美元，作为消费级 VR 设备，其高性价比为用户带来福音，截至 2020年 5 月已售出约 100 万套硬件。

表 8　Oculus Quest 主要参数

分类	数据
分辨率（单眼）	1440×1600
刷新率	72Hz
视野	100 度
追踪	6DOF
重量	571g

（2）Pico Neo 2 及 Pico Neo 2 eye

Pico Neo 2 及 Pico Neo 2 eye 是由北京小鸟看看科技有限公司在 2020 年发布的全新头显，首次亮相于 2020 CES 大会，并获得展会创新奖。如表 9 所示，Pico Neo 2 搭载高通骁龙 845 处理器，采用 5.5 寸 TFT 屏幕，屏幕分辨率达到 4K，刷新率为 75Hz，视野达 101 度，拥有两个双鱼眼前置摄像头。Neo 2 eye 相较于 Neo 2 内置了 Tobii 眼动追踪，可通过动态注视点渲染来提高图形质量和降低性能负载。Pico Neo 2 eye 配备 6DOF 及 Inside-Out 追踪定位技术，支持大范围移动，围绕精度、延时、稳定性等方面做了很大的优化提升。此两款设备加入先进的重定位算法，更稳定地匹配真实位移与 VR 位移。在手柄硬件方面，通过基于全新电磁方案来提高手柄的跟踪刷新率，延时更低，对复杂环境的抗干扰能力加强。棒状手柄造型握持手感及操纵感优于 Quest 手柄。在内容方面，玩家可以通过 Wi-Fi 串联的方式畅玩 Steam VR 游戏。Neo 2 的美国售价为 699 美元，低于 Neo 1 的 749 美元，Neo 2 eye 售价为 899 美元。据测评，Neo 2 的性能高于 Oculus Quest，这也意味着中国虚拟现实硬件产品的发展进入一个新的阶段。由于 Oculus Quest 受限于网络环境，Pico Neo 2 是目前国内替代 Oculus Quest 的最佳选项，更适合国内玩家。

表9　Pico Neo 2 主要参数

分类	数据
屏幕分辨率	2160×3840
刷新率	75Hz
视野	101度
追踪	6DOF
重量	340g

2019~2020年，PC端VR及VR一体机在硬件技术都有了较大进步，PC端VR主要面向高端VR游戏玩家，VR一体机主要面向一般玩家。4K和6DOF自由度在硬件上的普及促使VR游戏的自由度和画面质量体验加强，VR一体机在质量上基本可以媲美PC端VR，且其高性价比及便携性也赢得用户青睐。但VR一体机运算芯片方案仍需加强，在重度VR游戏体验方面，PC端VR略胜一筹。目前，以Oculus Quest为代表的VR一体机可以通过串联方式体验PC端的VR游戏。2019年最大的变化是多家企业推出了短焦类VR硬件产品，使其可连接PC及手机，虽然暂时只适合轻量级游戏和视频内容，但这是企业在5G场景下的全新尝试。随着5G+云VR游戏技术的投入及发展，将降低硬件的运算要求以及硬件技术门槛，推动二者走向融合并逐步轻量化，VR硬件甚至可能成为如耳机般的配件，方便玩家携带和使用。

三 2019~2020年VR游戏软件技术发展及行业应用情况

VR游戏构想性强与逼真度高的关键在于VR游戏内容设计和制作技术，VR游戏内容设计和制作技术水平作为VR游戏的上游技术决定了VR游戏内容和质量。据统计，VR游戏销售端的高价游戏销量远超中低价游戏，VR游戏玩家更重视游戏质量并对其内容具有高要求与高期待。对2016~2020年Steam VR游戏畅销榜单上线时间分布分析（见图5），我们得知优质的VR游戏生命周期比较长。优质内容是激发VR游戏市场前进的动力，优质内容的出现能够实现VR游戏内容带动VR设备需求增长的正向循环。以Valve自研标杆产品《半衰期：艾利克斯》为例，它不但重新焕发VR游戏市场活力，更直接带动Valve Index的市场份额攀升。因此，VR游戏技术开发升级及技术人员水平对于VR游戏行业至关重要。

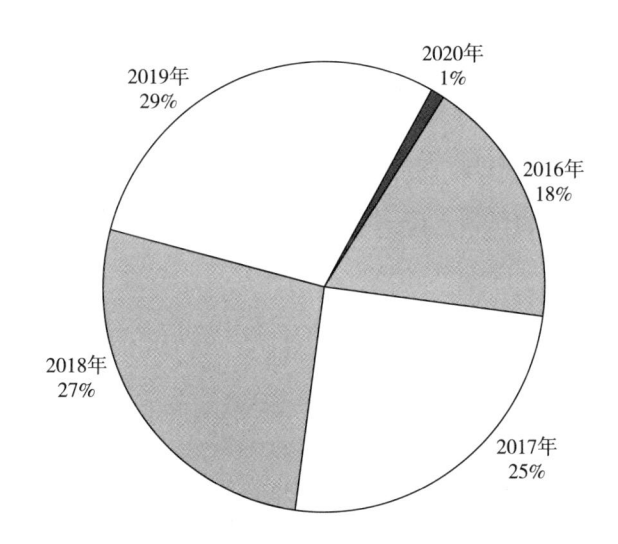

图5 2016~2020年Steam VR游戏畅销榜单上线时间分布

资料来源：通过Steam、VR陀螺、国金证券研究所官方数据整理。

（一）VR 游戏软件技术概述

本文中我们所说的 VR 游戏软件技术主要用于 VR 游戏内容设计，从而将 VR 游戏概念变成现实。VR 游戏软件技术的核心是 VR 游戏引擎，即通过引擎对各种数据，如二维数据、三维数据、材质纹理数据、音视频数据、文字数据、动画数据进行算法驱动，可实现在虚拟世界中呈现物理世界的各种关系，并通过实时数据仿真还原，以达到提高效率、改变产业结构的目的。在运用 VR 游戏引擎之前，需要利用 maya、3DS max、Substance Painter、ZBrush 等辅助美术资源工具进行前期工作，如进行游戏场景设置、基础模型制作、模型面数优化、贴图绘制等。游戏引擎决定最终效果，辅助美术资源工具决定项目基础质量。

（二）2019~2020年 VR 游戏软件技术发展及行业应用分析

1. VR 游戏引擎

在 VR 游戏行业里，存在商业引擎和自研引擎，其中 Unity 3D、Unreal Engine 4（下文均以 UE4 表述）、Cry Engine 5 占据绝大部分市场份额。国内相关产品有 Cocos 3D、无限 2.0、Cengine 和 UniG 等。从图 6 可知，2019 年 VR 游戏内容开发团队中个人工作室及独立工作室共占据 Steam VR 游戏畅销榜单开发团队的 66%。3A 级游戏工作室大多拥有引擎技术积累，例如 Valve 公司自主研发的起源 2 引擎，协助开发《半衰期：艾利克斯》这样的大作。Unity 3D 和 UE4 相对个人和独立工作室应用范围广，故在此选择 Unity 3D 及 UE4 进行软件技术分析。

（1）Unity 3D

Unity 3D 是一个由 Unity Technologies 开发的让玩家轻松创建诸如三维视频游戏、建筑可视化、实时三维动画等类型互动内容的多平台综合型游戏开发工具，是一个全面整合的专业游戏引擎。Unity 3D 目标群体主要是移动端平台和中小型团队，对编程要求相对较低，上手快，学习成本低，有 C#编程基础就能操作 Unity 3D 平台。经 Unity 3D 开发后的内容能快速发布到跨

个人工作室
19%

PC或主机游戏厂商
（20人以上）
34%

独立工作室（1~20人）
47%

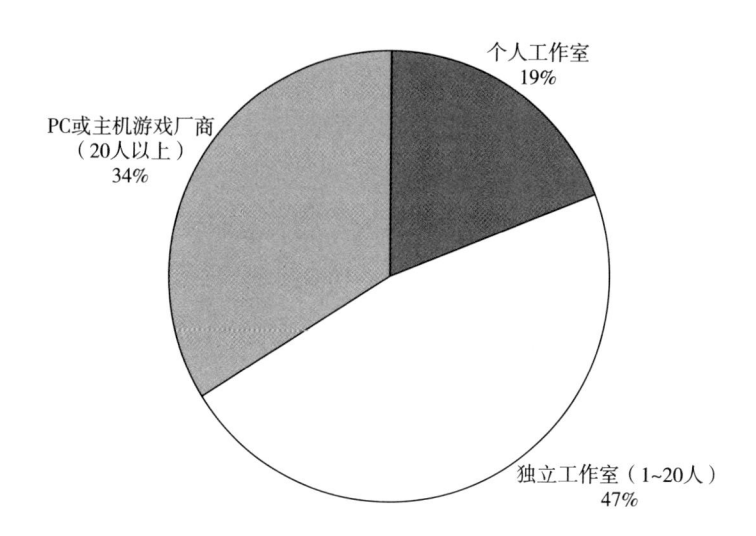

图6　2019年Steam VR游戏畅销榜单开发团队分布

资料来源：通过Steam、VR陀螺、国金证券研究所官方数据整理。

平台系统上，对于市场上大多数主流VR设备都可以原生支持。

Unity 3D每年都会迭代更新，以进行优化和完善。2020年Unity正式发布Unity 2019 LTS长期支持版，改进了编辑器、团队工作流、编辑工具等，为开发团队提供了更灵活、更稳定的创作平台。Shader Graph、Visual Effect Graph、高清渲染管线等最新技术也被收录，可创造业内顶级视觉效果，并已经支持VR。Unity Learn Premiun也将持续对用户免费开放，包括VR开发技巧。

（2）UE4

UE4由美国Epic公司研发，是目前世界授权范围最广的游戏引擎之一，占有全球商用游戏引擎80%的市场份额。UE4采用了目前最新的即时光迹追踪、HDR光照、虚拟位移等新技术，而且能够每秒实时进行两亿个多边形运算，性能是传统Unreal Engine的100倍，通过特定显卡匹配，可以实时运算出电影CG等级的画面，效能极高。UE4具有真实感强、开放性强的特点，拥有C ++基础的工程师更容易做出顶尖效果的游戏，更适合大型项目及VR游戏。

UE4 具备强大的开发能力和开源策略，开发潜力大，吸引了大量 VR 游戏开发者的目光。目前，大量以 UE4 开发的 VR 游戏已经登陆各大平台，而 VR 爱好者的普遍评价都是 UE4 引擎游戏在游戏画面和沉浸体验方面要优于 Unity 3D 游戏。UE4 画面效果完全达到 3A 级游戏水准，光照和物理渲染即便在缩水的状况下也在一定程度上超过 Unity 3D。UE4 的蓝图系统、强大的材质编辑器能降低开发者的时间成本，各种官方插件齐全，无须自编第三方插件并担心接口兼容问题。更重要的是针对虚拟现实游戏，UE4 为手柄、VR 控制器提供了良好支持，而 UE4 提供的各种游戏模板也使得制作更为快速。

UE4 同样一直在进行迭代优化，在最新的版本中，加入游戏和可视化开发领域的内容创建与编辑，线性媒体工具性能得到改良，Niagara 视效和 Chaos 物理系统提供高质量、高性能动态模拟，简化输出渲染工作。UE4 由 Epic 支持，具有强大素材库，可在 Epic 官网下载，2019 年 Epic 收购 Quixel 公司，其所有素材对 UE 完全免费，成为开发者的福音。2020 年 5 月，Epic 公司宣布 UE 更新到第 5 代。根据介绍，UE5 主要引入渲染技术 Nanite 及动态全局光照技术 Lumen，这将提升 VR 游戏开发的便利性。2020 年 7 月，索尼宣布向 Epic Games 投资 2.5 亿美元，获得 1.4% 股权。UE5 的即将问世将开启 VR 游戏全新时代，也将给个人和独立工作室带来开发大型游戏并与大型工作室竞争的可能性。

2. 相关辅助软件

在进入游戏引擎并进行操作前，开发者需要进行大量的准备工作，准备过程中涉及大量的相关美术辅助软件，这些软件的性能以及使用者对其熟悉的程度将直接影响在游戏引擎里的效果，这是十分基础且关键的一环。

（1）建模软件

基础模型的制作一般采用 3DS max、maya 等，再利用 ZBrush 软件进行细化。maya 是 Autodesk 公司旗下的著名三维建模和动画软件，在多边形建模的模块中，其新的运算法则提高了性能，在角色建立和动画方面具有张力和优势。3DS max 是 Discreet 公司（现被 Autodesk 公司收购）开发的基于 PC 系统的三维动画渲染和制作软件，可以利用很少的面数表现出理想效果，最大优势在于节约资源，适合进行道具、城市场景建模。ZBrush 是由 Pixologic 公司发布的一款跨时代数字雕刻和绘画软件，ZBrush 能够雕刻边数高达 10 亿的多边形模型，在基础模型上进行细化，十分便捷。

（2）贴图软件

模型创建优化后，需要进行灯光、材质、纹理的贴图制作。贴图十分关键，可以弥补基础模型的不足，并影响模型最终呈现效果。通过对基础模型进行正确 UV 展开，然后在现二维软件及三维软件中绘制，如 Substance Painter、SD mari 等，均为功能强大的 3D 纹理贴图软件并且其研发公司对性能的进一步优化，使得其素材库包含了大量的画笔与材质、制作模板，用户可以设计出符合要求的图形纹理模型。软件具有智能选材功能，用户在使用涂料时，系统会自动为用户匹配相应的材料。结合如 PhotoShop 等二维软件制作，将得到更好效果和艺术风格，熟练地运用贴图软件可以节省大量的制作时间。

与过去 VR 游戏内容粗糙、技术达标难相比，2019~2020 年的 VR 游戏有了质的飞跃，新的游戏内容丰富而细腻。开发公司均在不断加大投入进行 VR 游戏引擎及相关辅助软件更新，对缺点进行改进，扩大影响力，开放学习平台，给予学习者机会。随着开发者社区的拓展及软件自研能力的加强，VR 游戏软件技术水平将大幅度提升。VR 游戏软件技术标准的建立，在为企业及工作室带来压力的同时也将推动软件技术发展。

四 2019~2020年VR游戏前沿技术研发的代表性产品分析

2019~2020 年，一系列游戏公司利用前沿成熟的 VR 游戏软件技术，以高标准开发出匹配现有 VR 游戏硬件技术的高质量、高口碑、高规格的 VR 游戏，为 VR 游戏软件技术树立新的标杆，并且促进 VR 游戏硬件技术的探索、发展，以便更好地提升玩家体验感和沉浸感。同时，一批 VR 游戏硬件公司通过 VR 游戏硬件前沿技术，开发出性能优异的 VR 硬件，使得一些热门 VR 游戏再次大获成功。截至 2020 年 8 月 7 日，主流 VR 内容平台共有 10011 款游戏和应用。全球规模最大的 PC 端 VR 内容发行平台 Steam VR 共有 5179 款 VR 游戏，其中 4299 款为 VR 独占游戏；Oculus Quest 平台共有 189 款游戏；PS VR 共有 633 款内容；Viveport 平台共有游戏 1564 款。① 自 2020 年 4 月以来，Steam 平台 VR 头显活跃用户占比一直处于较高水平，7 月用户占比为 1.93%，再创历史新高。由于一系列优质 VR 游戏及头显设备的推动，VR 用户数量和活跃度呈现稳步增长的状态。本部分以《半衰期：艾利克斯》及 Oculus Quest 为例进行案例分析。

（一）软件技术的代表性产品《半衰期：艾利克斯》分析

《半衰期：艾利克斯》（*Half-life : Alyx*）是 Valve 公司于 2020 年 3 月于 Steam VR 游戏平台上发布的重磅旗舰 VR 冒险类游戏。一经推出即引发业界热议，打开行业空间，堪称面向未来 VR 游戏的转折点，代表目前业界最前沿 VR 游戏软件技术。根据统计，游戏发布 24 小时内浏览量达到 1000 万次，发布 3 天销售量超过 40 万份，推动了 Valve Index 硬件设备的销售。Steam 社区好评率达 98.3%，游戏界权威机构 IGN 甚至给出 10 分的满分超高评价。该款 VR 游戏专为 VR 设计，故事设定发生于《半条命》与《半条命2》之间，玩家以第一人称扮演艾利克斯与邪恶的外星种族联合军进行较量，使玩家获得前所未有的沉浸式体验。

此游戏剧情超过 10 小时，整体游戏时间在 20 小时以上，场景十分丰富，解决了此前 VR 游戏因低成本制作所导致的低等模型复杂度与体验感不佳等问题。《半衰期：艾利克斯》为行业树立了 VR 游戏软件技术的标杆，展现出高沉浸感、高水准游戏所具有的丰富音画细节、优质物理属性、符合

---

① VR 陀螺：《2020 年 7 月份 VR/AR 行业月报》，http://mp.weixin.qq.com/s/pqZbHT8HIdEOLQOmzmkvtg，最后访问日期：2020 年 11 月 25 日。

现实的操作逻辑等特点。

1. 视觉效果

《半衰期：艾利克斯》的美术团队十分优秀，VR游戏世界的大小、比例、规模符合规律，趋于完美。首先，无论是紧凑的内饰还是开阔的室外区域，每一处场景都充满了大量细节。贴图基于真实物理材质，可以接受近距离审查，模型精度优异。例如游戏中显示重力手套源代码的CRT显示器，上面甚至有包括双RGB的输入孔。其次，人物模型也是基于Valve公司之前的成就来打造游戏人物真实面部表情，当玩家与VR游戏人物眼睛对视时，如同和真人对话，这极大提升了玩家的沉浸感、真实感以及玩家与游戏角色之间的关联性。同时，强大的渲染质量与光照效果亦名列前茅，为保持游戏高帧率画面流畅，地图上大部分的动态光照是经过预设计算的，其可以自然反映光照下场景的次表面散射。例如，当玩家把手部对着光照处时可以清晰看到上面细节；在较暗场景下，光照和投影可以很好地展现，手上的手电筒可以良好地投出环境阴影。

2. 交互体验

《半衰期：艾利克斯》具备贴近真实事物的物理属性以及符合现实的操作逻辑，其探索、解密的游戏设计紧凑并且完成度高。虽然解密方式比较固定，玩家体验的自由度相对降低，但是不容易出现错误和怪异现象。适当的挑战让玩家有机会利用物理系统解决。在视角和移动上，游戏支持传送、瞬移、持续、手动持续4种移动方式，给不同的玩家和设备提供了更多选择，对容易晕眩的玩家十分友好。游戏互动玩法上，其与传统射击游戏区分开来，传统射击游戏一般为瞄准、发射、换弹的一键自动流程。而在《半衰期：艾利克斯》中，玩家需要像对待真枪一样，利用身体的移动、意识及环境来完成一系列动作。瞄准时运用只睁一只眼的技巧，射击时稳住重心，弹药用光后从肩膀处拿出新的弹夹进行上膛，强化游戏带来的紧张刺激感，调动玩家对于换弹的思考方式。同样，玩家的加血流程也变得丰富、具体化。玩家配备反重力手套，由于场景中几乎所有的物品都可以交互，玩家可以拿起和操作任意的近距离物体，利用反重力手套轻挥手腕将远距离物体拉近并使之悬浮空中，这一设计机制满足了玩家互动需求。这些具体化的交互方式带来的体验超过传统手柄游戏体验。

3. 物理属性

《半衰期：艾利克斯》强调物理互动，如流动的红酒、滚动的油桶、可以砸碎和清理的玻璃、阻碍子弹的石柱掩体等。受出色的物理碰撞影响，游戏玩法也有所改变，例如面对只有听力的敌人时，玩家需要避免发出声音，这时猎头蟹会在上空推倒玻璃瓶，玩家要迅速做出反应，在半空中抓住，防止瓶子打碎，这对硬件以及玩家反应速度都是一个挑战。在这种粒度级别下与每个物体交互对于整体体验来说十分关键，它们的存在使得场景更为真实。在游戏场景当中隐藏彩蛋式细节，为体验带来了别样趣味。例如可以弹奏的钢琴、叠多米诺骨牌的书籍、拿马克笔可以在窗户或者白板上写字、绘画等。据外媒 Gamerant 报道，一位美国中学的数学老师利用《半衰期：艾利克斯》的黑板进行教学，足可以证明其画面质量以及操作精度。

《半衰期：艾利克斯》的成功为 VR 游戏行业带来了无限的想象空间，为 VR 游戏软件技术树立了标准，也预示着软件技术带动硬件技术发展及硬件销量的可行性。玩家对 VR 游戏质量要求的攀升以及对重度型游戏的喜爱均可推动 VR 游戏技术发展。3A 级工作室积累大量的引擎经验进行自研产品匹配及优化，在玩法和视觉上进一步探索，将创造更高质量的 VR 游戏。即将发布的 UE5 亦为独立工作室或者个人工作室开发大型游戏增添可能性。

（二）硬件技术研发的代表性产品 Oculus Quest 分析

VR 软件技术的成功推动 VR 硬件的大卖，VR 硬件技术的突破同样推动 VR 游戏的销售热潮。Oculus Quest 为 2019 年的 VR 游戏市场做出了巨大贡献。截至 2020 年 1 月，用户仅在 Oculus Quest 平台上购买的游戏内容及相关产品总价已超过 1 亿美元，其高性价比使得以《节奏空间》及《燥热 VR》为代表的一系列"老牌"游戏在登陆后迎来新一轮热潮，且大获成功。

1. Oculus Quest 推动新一波 VR 游戏内容销售热潮

2019 年，Oculus Quest 正式发布并出售，《节奏空间》及《燥热 VR》作为其首发游戏登陆，平价头显促使潜在玩家尝试。在 Oculus Quest 发布前，玩家只能通过串流 PC 端版本的方式在 VR 一体机上玩《节奏空间》，Oculus Quest 最先支持《节奏空间》及其所有官方内容和音乐，这也使《节奏空间》获得 Oculus Quest 2019 年最畅销游戏的称号，迄今为止其在所有平台上的总收入在 2000 万 ~ 3000 万美元。在《燥热 VR》开发过程中，开发团队花费 3 年时间与 Oculus Quest 适配，新加入的手势追踪也将完美匹配《燥热 VR》的游戏方式，为用户提供良好沉浸感、紧张感，同时 Rift 版本不支持 Oculus Quest 也在一定程度上"逼迫"高端玩家再次购买。在 2019 年推出 Oculus Quest 版本第一天内，销量较最初的 Rift 版本增长了 300%。截至 2020 年 5 月，《燥热 VR》在所有 VR 平台上的总销量已经超过 200 万份，《燥热 VR》的第一个"100 万份"用了将近两年半的时间才实现，而得益于 Oculus Quest，第二个"100 万份"则是用了不到一年半的时间就实现，与去年同期相比销量至少增长了 195%。

2. Oculus Quest 获得成功的性能优势

《节奏空间》的玩家置身于精致的游戏场景中，伴随音乐节奏变化，在躲避光强和炸弹的同时，利用光剑挥砍红蓝节奏方块。《燥热 VR》的最大特点是可操控子弹的时间。玩家前进时，游戏才会开始计时；玩家静止时，可以看到低速前进的子弹的运行轨迹，以判断接下来的前进路径，方便玩家抢夺武器、躲避子弹。两者均要求玩家全身大幅度运动。Oculus Quest 运用了 6DOF 追踪技术，拥有 4 个超广角摄像头的 Inside-Out 追踪系统，可以追踪到玩家头部以及身体在空间当中的移动，作为一体机设备，玩家不受缆绳、PC、基站的束缚，可以自由闪躲，恰好满足玩家诉求。在基于 PC 版本的《节奏空间》中，玩家需要快速切割扑面而来的直线方块群，在 VR 一体机游戏版本中，方块群有的以螺旋线路前进，且 Oculus 宣布将推出《Beliver》和《Thunder》两首音乐的 360 度版本，以音乐变化作为引导，判断方块方向，玩家身体需要做出快速反应，躲避障碍，在旋转、移动的同时用光剑进行切割，给玩家带来全新体验。

《节奏空间》对于玩家挥砍角度、精度、手速、加速度跟踪识别要求较高，VR控制器的追踪极限与一致性对其至关重要。此前Valve公司为了该款游戏更新了Steam VR追踪代码，用于提升手柄追踪效果以匹配玩家手速。《节奏空间》被业界称作检验VR硬件设备追踪性能的极佳标准，可在短时间内衡量VR一体机性能。在Oculus Quest中体验该游戏"Expert+"难度同样流畅，手柄切割震动触感反馈良好。2020年手部追踪登陆Oculus Quest，将为玩家带来更优质的游戏体验。Oculus Quest搭载内向外追踪系统，其追踪覆盖范围依赖于Oculus Quest的4个超广角摄像头，追踪范围广，适配任何比例空间，追踪输入逻辑依然和其他版本相同。当在手臂短暂遮挡手柄控制器时，系统会自动进行预判，不会影响游戏反馈。摄像头拥有直通模式，用户可以在不摘下VR头显的情况下，在游戏空间看到现实世界，可以去做一些简单事情，保证了体验感。

VR游戏内容在新硬件技术上的新一轮热潮预示着VR一体机对VR游戏内容销售的推动以及对用户的吸引力增强，VR一体机更适合进行VR游戏时的操作体验，玩家对操作自由的需求在VR一体机上得到满足。随着5G+云VR游戏技术的发展，VR一体机运算性能、延时及跟踪速率将能够完全媲美甚至取代PC端VR，两者相互融合，共同推动VR游戏发展。

五　中国VR游戏技术发展的挑战与机遇

（一）中国VR游戏技术发展的挑战

1. VR游戏硬件技术研发公司较少、技术不够领先

中国VR硬件主要针对的是商家领域，新短焦VR设备只能运行轻量级VR游戏，开发VR游戏硬件的企业较少，动能不足。大型知名科技企业在开发VR硬件的同时也在投资其他产品，针对性不强，更多是学习国外VR游戏硬件技术，不能良好匹配国内VR游戏开发者需求。在现有技术基础上，进行优化创新、多阶段探索，以及各技术之间适配需要不断实验。当硬件技术逐步增强，进一步的开发难度会倍增，并且科学技术研发需要大量的资金，投入成本巨大。

2. VR游戏软件自研动能不足、技术水平有限

就目前而言，VR游戏产品的开发者大部分是PC游戏或者主机游戏开发者，但这两类开发者在国内都属于极少数，热门的手游开发者占比仍然较高。开发重度级VR游戏，所需开发团队人数较多，技术要求高，且VR游戏软件技术涉及领域广泛，学习周期较长，VR游戏和传统游戏在开发逻辑上存在差别。现有VR游戏开发者大多依赖于海外VR游戏软件技术，虽然中国有自主开发引擎，但是使用率和普及率低。以VR引擎为例，国外引擎经过多年的发展，拥有庞大的开发者社区，资源丰富。但是较为流行的VR引擎均为开源软件，一旦技术被限制，将对国内VR游戏者造成巨大打击。开发者更换VR引擎需要耗费较大时间精力。中国VR游戏开发者的建议和意见的传达也将是一个漫长的过程。

（二）中国VR游戏技术发展的机遇

1. 5G+云VR游戏

2019~2020年，5G发展迅速，云VR概念落地，预计到2023年5G+云VR游戏市场规模将达到25亿美元。据目前VR硬件销售趋势，我们可以看出，VR一体机设备成为主流，玩家更青睐于便携性高且性能良好的VR硬件设备。5G+云VR将游戏运行、渲染的工作放置云端进行，VR硬件将只作为解码、传递的媒介，这也将降低VR游戏硬件技术的门槛，甚至符合一般用户心理，使VR硬件设备成为像耳机一样的"配件"。5G传递速度极快，不会对VR游戏产生较大延迟，运行位于云端，这也将减少开发者的顾虑，即无须考虑内容过大或者VR硬件性能不足所带来的问题。这可以催生出更优质的VR游戏，提升VR游戏软件技术。

2. 现象级VR游戏出现，VR游戏市场已经走向成熟

现象级VR游戏《半衰期：艾利克斯》的销售表现和优质体验，为

VR游戏技术树立了一个标杆，也为玩家建立了评判标准。它将为中国玩家及开发者创造出更多VR游戏技术行业的想象空间。在此基础上进行更高质量的VR游戏开发，势必会将技术推向更成熟的阶段，使得游戏行业产业链进行价值重塑。2019年，中国71所高校开设虚拟现实专业以及Epic与中国高校合作办学，将为未来VR游戏市场输入技术性人才，提升中国VR软件技术。

3. UE5、Oculus Quest 2等为VR游戏发展提供强劲的支持

Epic团队于2020年上半年发布UE5宣传片。UE5主要引入渲染技术Nanite及动态全局光照技术，无须考虑模型面数，甚至可以运用影视级别模型。这将提升VR游戏开发的便利性，开启VR游戏全新时代。并且Oculus团队正在研发的新一代Quest，可能于2021年发布，将会比现款Oculus Quest体积小10%~15%，重量也会更轻，因此佩戴更为舒适。其刷新率至少达到90Hz，纳入用于调整瞳孔间距离的物理调整机制，帮助用户调整显示器，使其适配自己的眼睛并避免头晕头痛。同时Oculus团队也在研发全新的控制器，将会提高玩家握持舒适感，并修复当前控制器的问题。

六 结语

2019~2020年，VR游戏技术发展步入平稳阶段。VR游戏硬件技术在近眼显示技术、渲染处理技术、交互感知技术上均有突破。大部分VR游戏硬件分辨率已达到4K及以上，手势追踪、眼动追踪技术加入，双6DOF定位功能提升，注视点渲染技术应用降低硬件消耗。VR游戏硬件技术提升促使以Oculus Quest、Valve Index为代表的一系列优秀VR硬件研发成功，并且使得《节奏空间》《燥热VR》等高质量VR游戏再次获得关注。PC端VR游戏硬件主攻高端玩家，VR一体机设备面向一般用户，高性能的VR一体机设备也将成为未来主流。VR游戏内容研发团队对VR游戏软件技术的利用进入成熟阶段，研发出如《半衰期：艾利克斯》这样的3A级VR游

戏，为 VR 游戏行业树立标杆，同时也促进 VR 游戏内容质量攀升。同样，VR 软件开发团队对 VR 软件性能进行优化完善，推动 VR 游戏发展。VR 硬件及 VR 游戏内容均为投资者和企业带来巨额回馈，这也意味着未来会有更多的资源和技术涌入 VR 游戏行业，为开启 VR 游戏行业新世界助力。

综观国内外 VR 游戏硬件及软件技术的发展现状，结合当前中国 VR 游戏产业发展所面临的问题，我们提出以下几点建议。

首先，鉴于 VR 游戏极其巨大的发展前景，建议相关机构给予足够的重视以有效地把握先机。中国具有庞大的游戏市场，VR 游戏技术发展逐渐成熟，产业发展空间大。随着 5G 网络的逐步布局，虚拟现实行业将成为 5G 技术的最大受益者以及运营商盈利的主要来源。目前，中国 5G 领先全球，VR 游戏是良好机遇，需要中国政府和企业足够重视。

其次，鉴于国际不可预期的技术管制及相关因素，建议相关机构重视 VR 游戏硬件和软件核心技术的研发，以防止"卡脖子"的情况发生。中国企业及开发团队依靠国外的 VR 游戏技术，从国家战略层面看，不利于我国未来 VR 游戏行业的发展。我国应当把握核心技术，培养前瞻性思维。硬件技术方面，科技公司及企业已经逐步从整机代工向核心元器件技术的各个环节渗透，需要针对 VR 游戏硬件技术进行研发创新以填补空缺；软件技术方面，VR 引擎作为核心软件，国外第三方引擎仍然占市场主导地位，虽然引擎开发需要消耗巨大的精力和资源，但自主研发 VR 引擎可保护中国 VR 游戏开发者的利益以及良好应对产业变化，对底层硬件及上层软件可以进行定向优化以发挥中国优势，引领技术指向。当然，国外在 VR 软件技术发展方面具有充足经验和丰富资源，这需要国内厂商在该领域进行较长时间的追赶和学习。

再次，VR 游戏是典型的创意产业，严重依赖创意人才的培养，建议相关机构重视 VR 游戏设计创意人才的培养，以行业核心竞争力推动 VR 游戏繁荣。鼓励有能力、有热情、有想法的团队进行创业，并且以成果产品向投资者进行回馈从而吸引更多资金和建立自信心，建立良性循环。

最后，鉴于中国 VR 游戏技术发展与国际水平存在差距，建议不同企业在自研和向国外学习的过程中,与本土其他企业合作。增强自身能力,发挥各自长项,打造属于中国的一条完整产业链,发挥大国力量,推动 VR 游戏共同发展。

参考文献

VR 陀螺:《2020 年上半年 VR/AR 行业投融资报告》,http://mp.weixin.qq.com/s/pqZbHT8HIdEOLQOmzmkvtg,最后访问日期:2020 年 11 月 25 日。

中国经济时报:《虚拟现实产业前景向好　但仍须突破瓶颈制约》,http://www.sohu.com/a/349970563_115495,最后访问日期:2020 年 11 月 25 日。

中信建投证券研究发展部:《行业深度报告——VR/AR,敢问路在何方?》,2019。

东方财富证券研究所:《VR/AR 行业深度研究》,2019。

青岛星鲨虚拟现实技术研究院:《虚拟/增强现实内容制作白皮书(2020)》,2020。

信达证券:《5G 应用之 VR 游戏行业深度报告》,2020。

赛迪智库电子信息研究所、虚拟现实产业联盟:《虚拟现实产业发展白皮书(2019年)》,2019。

B.3
2019年中国手机游戏发展报告

刘梦雅*

摘　要： 游戏作为第九艺术发展至今势头依然强劲。近年来，随着互联网技术和移动硬件设备的不断普及与快速更迭，手机游戏作为电子游戏的重要分支，市场占比与市场渗透率不断提升，已经成为游戏产业中最为重要的部分。2019年，中国移动端游戏依然保持稳定发展态势，但是在良好发展势头的背后所隐藏的部分问题依然严峻。本文从2019年中国手机游戏发展入手，通过使用数据研究、归纳、案例观察与综合分析等方法，剖析2019年中国手机游戏发展态势，探究其在发展过程中面临的市场发展不甚均衡、展现文化自信的游戏精品少、优秀人才培养力度不够等不足，并提出了个人的思考策略。

关键词： 手机游戏　原创性　精品化　文化自信

一　2019年中国手机游戏发展态势

（一）手机游戏市场收入稳步提升

21世纪初，随着智能手机的快速普及，用户对于其呈现的数字内容

---

* 刘梦雅，博士，北京电影学院数字媒体学院讲师。

有了越来越丰富的要求，特别是以 iOS 平台为主体的 App Store 和以安卓平台为主体的应用市场，为用户提供了多类数字内容的选择。至此，以手机游戏为主要代表的数字娱乐产业开启了快速发展时期。回顾中国手机游戏近 10 年发展历程，不难看到手机游戏已经逐渐成为中国电子游戏的主要类型。以 2015 年至 2019 年为例，中国手机游戏市场规模增长态势显著。如图 1 所示，2015 年中国手机游戏市场实际销售收入为 514.6 亿元；2016 年，同比增长 59.2%，达到 819.2 亿元；2017 年突破 1000 亿元大关，快速发展到 1161.2 亿元，同比增长 41.7%；2018 年，中国手机游戏市场规模达到 1339.6 亿元，同比增长 15.4%；2019 年，中国手机游戏市场规模突破 1500 亿元，同比增长 18.0%，达到 1581.1 亿元。当前，在全球移动游戏市场规模 TOP 5[①] 国家中，中国以高额占比位于美国、日本、韩国和英国之前，排名第一，已经成为全球移动游戏市场规模占比最高的国家。

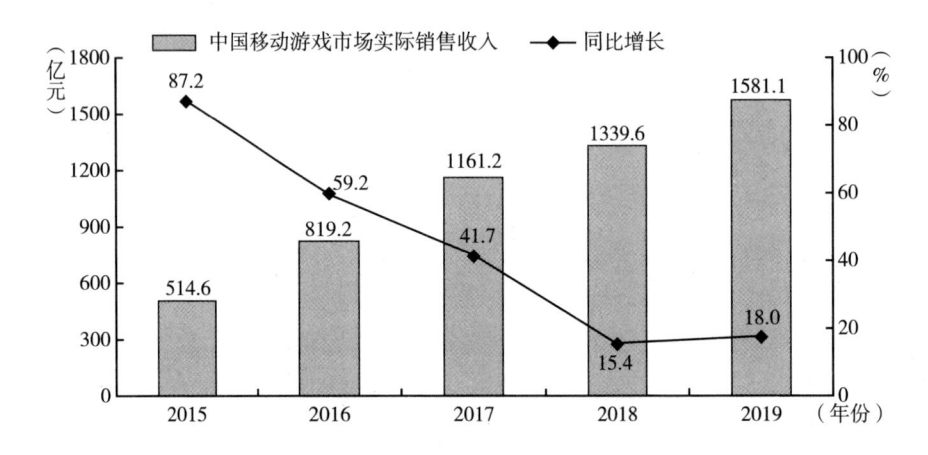

图 1 中国手机游戏市场实际销售收入及增长情况

资料来源：伽马数据（CNG）官网。

[①] 中国音数协游戏工委（GPC）、国际数据公司（IDC）：《2019 年中国游戏产业报告》，2020。

（二）手机游戏用户数量稳步增加

随着中国手机游戏市场规模的不断扩大，中国手机游戏用户数量也随之不断增加。2015年，中国手机游戏用户人数为4.6亿，2016年中国手机用户人数突破5亿，达到5.3亿，同比增长15.2%。2017年中国手机游戏用户人数达到5.5亿，同比增长3.8%。2018年，中国手机游戏用户人数达到6.0亿，同比增长9.1%。2019年，中国手机游戏用户人数继续稳步增长，达到6.2亿，5年增幅达到34.8%（见图2）。

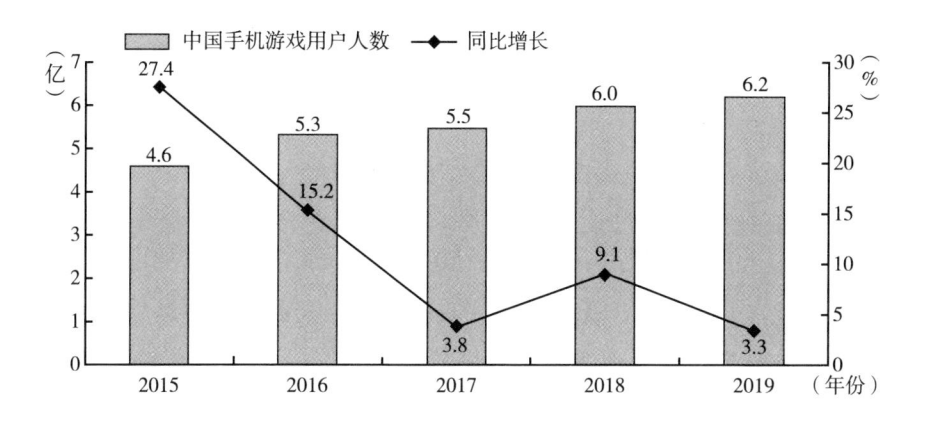

图2 中国手机游戏用户人数及增长变化情况

资料来源：中国音数协游戏工委（GPC）、国际数据公司（IDC）：《2019年中国游戏产业报告》，2020。

随着手机游戏可提供内容的增多和手机运行性能的不断提升，重度用户[①]的比例不断提升，2019年达到了35%左右，重度用户主要以学生群体为主，其往往选择角色扮演、即时战略以及飞行射击等持续时间较长、有一定难度的游戏，而轻度用户往往将休闲类游戏作为主要选择。

---

① 重度用户：重复使用某产品频率高的消费者。主要根据使用频率来划分消费者群体，具体分为轻度、中度、重度用户。

（三）游戏类型发展多元化显著，原创游戏影响力不断提升

随着移动硬件设备在运行性、稳定性、显示性等方面的不断提升，移动终端运行的游戏类型由单一化向多元化发展。2019年，以腾讯推出的《王者荣耀》为代表的即时战略类型游戏依然是手机游戏中安装渗透率最高的类型。同时，由于手机游戏时间碎片化、场地灵活化的特性，棋牌类型、休闲益智类型、消除类型等用时相对较少、操作较为简单的游戏均位于安装渗透率的游戏类型TOP 5[①]，而即时战略和角色扮演都属于玩家在操作中用时较长的游戏类型。值得一提的是，2019年，由腾讯子光工作室群开发，采用虚幻引擎4进行制作的军事飞行射击类游戏《和平精英》一经推出便引起了市场强烈的反响。随着其月活跃用户的不断提升，飞行射击类型游戏在2019年的安装渗透率也有了较大幅度的提升。

2016年底，国家新闻出版广电总局办公厅正式发布了《关于实施"中国原创游戏精品出版工程"的通知》。随着国家政策的有力支持以及用户对于作品要求的不断提升，我国原创游戏的生产力和竞争力不断增强。2019年，中国原创游戏进一步发展。如由腾讯游戏发行的即时战略类型游戏《王者荣耀》发展近4年，在2019年仍然占据腾讯头部游戏安装渗透率的榜首。自军事飞行射击类游戏《和平精英》上线以来，日活跃用户和月活跃用户不断增加，获得了GameLook[②]颁发的"2019中国市场年度游戏"称号。由网易游戏发行的生存类游戏《明日之后》也在2019年获得了较好的市场反馈。综观2019年全年中国手机游戏发展情况，自主研发的游戏作品不仅在国内市场的竞争力和影响力方面不断增强，在海外市场也取得了较好的成绩。

[①] 中国音数协游戏工委（GPC）、国际数据公司（IDC）：《2019年中国游戏产业报告》，2020。

[②] GameLook是专注游戏产业发展研究、监测全球游戏市场趋势、提供研究数据的媒体平台。

（四）游戏政策引导稳步推进，精品游戏扶持力度不断加强

版号发放可能是 2018~2019 年游戏企业以及游戏从业者最为关注的行业动态之一。游戏作为第九艺术，不仅具备精神娱乐的功能，更承载着文化传承等重要作用。特别是在当今数字时代，游戏作为青年一代最为贴近的娱乐形式之一，在突出其精神引导和文化引领的作用愈发显著。2018 年底，中国游戏版号开始重新发放，中国手机游戏继续处于游戏审批阶段。我国对于游戏版号政策的执行进一步印证了国家对于游戏监管力度的提升、对于游戏原创扶持力度的增强、对于游戏精品度提升的鼓励，以及对于游戏文化价值功能和游戏育人功能的注重。2019 年，国家新闻出版广电总局共发放包括进口游戏版号约 1500 个，相比 2018 年减少约 23.9%。从国家政策的引导不难看出，中国游戏产业已经逐渐从粗放式转向精细化成长，发行凸显文化自信，具有价值传承、社会效益和物质效益，具有国际传播性的原创游戏精品将成为未来中国游戏产业的主要发展方向。2019 年底，《关于推动北京游戏产业健康发展的若干意见》提到了促进游戏产业良性发展的若干条举措，进一步强调了弘扬社会主旋律，提升游戏文化内涵，增强游戏人文效应、价值引领和教育功能的重要性。

二 当前中国手机游戏产业发展面临的问题

（一）手机游戏市场发展依然不平衡

综观 2019 年全年中国手机游戏发展态势，具有较高活跃用户数、市场流量和可观效益的作品仍然由较为成熟的大型游戏企业推出。我国手机游戏市场发展依然不平衡，头部内容向大型游戏公司集中，国内中小型原创手机游戏公司的发展依然较为困难。2019 年，受到市场竞争和版号政策等方面的影响，国内不少游戏公司相继退市。拥有《王者荣耀》《和平精英》《欢乐斗地主》等多款头部作品的腾讯游戏，在中国

手机游戏市场仍然占据半壁江山,游戏时长占有率达到58.2%。而紧随其后的网易游戏同样凭借《我的世界》《猫和老鼠》《阴阳师》《明日之后》等多款头部游戏,在中国手机游戏市场占据重要地位。虽然部分中小型游戏公司另辟蹊径,凭借特色鲜明的游戏内容和游戏玩法,一时间获得了不少玩家的青睐,并在发行中采取国内和国外同步运营的方法,占据了国外市场的主动权,但是在我国现有的游戏市场中发展仍然困难重重。

(二)展现文化自信的原创游戏精品依然不足

习近平总书记曾指出"文化自信,是更基本、更深沉、更持久的力量"①,更指出"文化自信,是更基础、更广泛、更深厚的自信"②。中国特色社会主义进入新时代,更需要我们提高中国文化软实力,而游戏艺术本就具备突出文化引领、展现文化根基、传播核心价值观的重要作用。一款优秀的游戏作品应该做到社会效应与市场效应兼具,文化传承功能与娱乐育人功能兼备。当前,我国游戏作品在展现文化自信、弘扬中华传统文化与承载当代价值方面的研发力度依然不足,凸显文化自信的头部游戏作品和游戏精品仍然亟待挖掘。

(三)优秀原创游戏人才的培养和扶持力度依然不够

传承中华文化,推动文化创意产业快速发展最为根本的路径便是人才的培养。随着中国手机游戏的不断发展以及与年轻用户黏度的不断提升,手机游戏在文化创意产业中发挥出越来越重要的作用。而通过中国手机游戏市场规模和市场销售收入的不断扩大和增加,这一行业对于游戏人才的需求度不断增加。当前,虽然我国开设游戏相关专业的高校不在少数,进入游戏行业,特别是手机游戏行业的从业者逐年增加,但是依然缺少具备夯实的人文

---

① 习近平:《在哲学社会科学工作座谈会上的讲话》,人民出版社,2016。
② 习近平:《在庆祝中国共产党成立九十五周年大会上的讲话》,人民出版社,2016。

基础、较强原创能力的优秀游戏人才。优秀原创游戏人才的缺乏与我国当前优秀原创游戏作品的缺乏息息相关。

三　中国手机游戏未来发展的几点思考

（一）进一步完善健康的手机游戏市场机制

进一步加大游戏市场的监管力度，净化游戏空间，加强游戏产业的规范化管理，完善游戏的价值观引领、意识形态传播、文化自信呈现的绿色功能。同时，进一步细分手机游戏的产品体系，根据移动端游戏的鲜明特色，突出手机游戏的多元内容类型特点，继而进一步完善现有手机游戏的市场格局，扩充中小型游戏企业的发展空间。通过版号和相应国家政策，进一步打造健康积极、弘扬主旋律、凸显时代情怀的手机游戏研发与游戏运营环境。

（二）进一步加大原创精品游戏的创新发展力度

中国手机游戏现已处于由"量"转"质"的关键发展节点，快速增长的游戏市场规模和游戏市场销售收入已经不能成为衡量我国手机游戏产业发展态势的绝对指标。原创精品游戏的研发企业，原创精品游戏的作品数量，原创精品游戏的日均、月均用户活跃度，游戏的创新程度以及在国外市场的运营实际效应，应该成为衡量我国手机游戏是否实现精品化、成熟化发展的重要指标。在政策制定与执行、用户引导、市场宣传等方面应该给予适当倾斜，以进一步促进我国原创精品游戏的创新发展。

（三）培养厚基础、强技能的复合型游戏人才

中国手机游戏若要进一步发展，人才培养是根本，这其中高校肩负着重要使命。开设与游戏相关的专业的高等院校（包括职业院校）在进行人才培养时，不仅需要强调过硬的专业技能和实践认知，还要加强对于学生的基础教育。要在入学低年级便以强化思想政治引领为核心，坚持以文育人，增

强文化自信，突出家国情怀与核心价值观的创作指引。将实践技能与基础教育相结合，为我国游戏产业培养具有国家情怀的当代一流原创游戏人才。

（四）继续推动中国手机游戏的国外占比

2019年，中国自主研发的电子游戏在国外市场收入占比稳步提升，特别是手机游戏的市场规模继续增势显著。随着移动设备的不断提升，5G的到来使中国手机游戏的国外发展迎来更为广阔的空间。在未来，继续增强我国移动游戏的自主研发能力，完善游戏的文化引领作用，进一步扩大中国手机游戏的国外市场规模、国外市场实际销售收入以及国外文化形态的影响力。

（五）继续做好"影游联动"的IP生态发展

随着泛娱乐概念和泛娱乐产业的快速发展，近年影视与游戏联动的发展效果显著。二者之间的联动由初期单一的表象联动，即电影作品上映之时，游戏作品作为其简单的宣传附属品，快速上市后又快速退市，逐渐转变为深入联动。根据游戏作品改编的电影作品，抑或是根据电影作品改编的游戏作品，应该从项目申报之初便进行符合其艺术特性的创作，而后再深耕细作，以研发出更多的优秀作品。

B.4 2019年中国独立游戏产品发展报告

李 茂

摘 要： 中国独立游戏产品是中国原创游戏的重要组成部分。本文综合2019年度独立游戏的相关公共平台数据，整理出具有代表性的24款产品。这些产品整体上表现出一定的创新性，质量也获得一定范围内的认可，其在类型上大多具有多标签的属性，以角色扮演、策略、冒险以及解密为主，与近几年受欢迎的主流游戏产品类型分布基本一致。同时，类罗格元素也是多款游戏的类型特点之一，在美术表现上以2D为主，游戏玩家人数以单人为主，大多数游戏发布于多个平台。目前，监管政策、产业环境、用户、开发者的变化和成长，有利于中国独立游戏的持续发展。

关键词： 独立游戏 游戏类型 美术表现 游戏玩家

一 独立游戏的概念

1998年，美国举办了首届独立游戏节，11年后，中国于2009年举办了国内的第一届独立游戏节。此后，独立游戏的概念在国内被更多人熟悉和关

---

* 本文的写作得到了数字媒体艺术四川省重点实验室的支持（17DMAKL08），在此表示感谢！
** 李茂，博士，四川大学计算机学院（软件学院）软件工程系副主任，主要研究方向为互动娱乐、艺术。

注,越来越多的开发者加入到独立游戏的创作,玩家也表现出对独立游戏作品的兴趣,独立游戏成为国内游戏领域中的热门话题。

全球规模最大的世界电子娱乐展览会(The Electronic Entertainment Expo, E3),以及被称为"游戏行业奥斯卡"的游戏奖(The Game Awards, TGA),从2014年开始,这两大游戏领域的活动所设置的奖项,每年都将独立游戏作为单独的一项,使独立游戏成为电子游戏中一个不容置疑的类别。

独立游戏的概念与其他艺术领域"独立"的概念相似,如独立音乐、独立电影等,都是强调制作人个人观点的表达和价值追求,尽可能不受其他因素的影响。独立游戏最初是相对于商业游戏而言,一般指没有外部的发行商提供资金支持,完全由开发者自己付出劳动和资金而制作的游戏,现在一般指小团队或者个人开发的具有"独立精神"的游戏。

从全球范围来看电子游戏,独立游戏确实都是由小团队完成,甚至是由一个人完成。除了电子游戏早期阶段的那些作品,近年来的一些经典独立游戏,如《我的世界》前期由马库斯·佩尔森一个人完成,《洞窟物语》由天谷大辅一个人完成,《粘粘世界》由两人完成。然而,现实中独立游戏的划分很难有清晰的界限,比如小团队具体应该多小。独立精神的界定和与主流游戏玩法相对而言的创新,达到什么样的程度算是创新。在游戏设计开发过程中,要创造一个全新的游戏玩法是很难的,很多不错的独立游戏或多或少都有一些其他游戏的影子,或者是相对于某一款、某一些、某一类游戏,做了一些改进、做得更好一点。在与商业关系的界定上,独立游戏本身也不是拒绝商业、抵制商业的,有的甚至就完全是按照商业化的流程进行的,如大家都熟悉的独立游戏《风之旅人》。

综上,本文中所指的独立游戏是指制作者为个人或小团队(按照行业约定俗成的规则,小于20人的开发团队),有创新、独立精神,体现游戏制作人独立意志,具有个人风格和创新性的游戏。本文所指的2019年独立游戏,具体是指综合各独立游戏相关平台整理出的24款产品。

二 2019年中国独立游戏产品

中国整体的游戏市场在经过几年的高速发展后，在2018～2019年进入调控期。2017年共发布国产游戏9310款，① 2018年没有具体的数字公布，但几乎没有多少新游戏正式发行，2019年，中国新游戏发行的审核工作步入正轨，共有1570款游戏获得版号，自主研发游戏在国内市场实际销售收入达到1895.1亿元，比2018年增长251.2亿元，增长率15.3%，② 自主研发产品已经成为中国游戏市场的主体。

最能体现对原创游戏追求的就是中国的独立游戏。虽然从市场规模上来看，中国的独立游戏所占份额有限，但独立游戏所追求的价值和创新精神在中国当下的游戏产业背景下具有不可或缺的意义。中国音数协游戏工委等发布的《2019年中国游戏产业报告》在总结中国自主研发游戏时，将几款独立游戏如《中国式家长》《太吾绘卷》《隐形守护者》作为2019年中国原创游戏的代表。

受商业等多方面因素影响，一部分游戏的真实销售数据难以获得。各平台统计结果并不一致，因此销量难有一个准确数据。近几年来，游戏开发门槛的逐渐降低，大量开发者的参与，以及各类平台、渠道的支持，使得独立游戏开发者的群体迅速扩大，每年独立游戏产品的数量也快速增加。对独立游戏的标注，有的是在玩家的使用过程中，在一些下载平台被用户标注上去的。这里仅对部分独立游戏产品进行分析，其中主要参考以下一些活动、平台数据。

---

① 李茂：《2018中国本土经典游戏内容研究》，载《中国游戏产业发展报告（2018）》，社会科学文献出版社，2019，第155～156页。
② 中国音像与数字出版协会游戏出版工作委员会：《2019中国自研游戏销售收入1895.1亿元，增长15.3%》。

Google Play 年度最佳。谷歌针对中国开发者，设立了核心评选标准完全以用户为中心的 Google Play 年度最佳奖项，并于 2019 年底共有 51 款来自中国的优质游戏和应用获奖。《弓箭传说》获得 2019 年度中国香港地区最佳游戏，同时也获得最佳创意游戏、年度最佳游戏。

中国独立游戏大赛获奖作品。2015 年中国独立游戏联盟（CiGA）创立并举办独立游戏大赛 indiePlay。这个平台汇聚了中国最优秀的独立游戏开发者与作品，评选出的各类独立游戏奖项具有一定的专业性、权威性和代表性。

TapTap 年度游戏大赏。国内知名游戏推荐平台 TapTap 已连续 3 年以"年度游戏大赏"的形式，评选出该年度最好玩的游戏。

Steam 平台的相关数据。一是国产独立游戏搜索热度排名。2019 年曾经进入 Steam 平台的国产独立游戏搜索热度排名，进入前列的部分游戏。这些游戏大多是 2019 年前发行，在 2019 年度依然受到玩家关注。如获 2018 年度人气最高游戏奖、超过 5 万玩家同时在线的《太吾绘卷》，2018 年度最佳抢先体验毕业作品奖铂金级的《中国式家长》。这两款游戏在 2019 年依然有良好的表现，并一度成为游戏领域的热门话题。二是 Steam 周销量榜单。三是曾在 2019 年进入过 Steam 全球周销量榜单前列的国产独立游戏。四是 Steam 官网公布的 2019 年度最佳榜单中的最佳抢先体验毕业作品。

德国科隆电玩展展出作品。2019 年的德国科隆电玩展的独立游戏展区展出的一些独具创意、品质优秀的独立游戏，包括两款国内的独立游戏：《月影之塔》和《疑案追声》。

除此之外，还有关于中国独立游戏主要平台独立精神等的一些数据。

2019 年的独立游戏产品既包括 2019 年发行的产品，也包括 2019 年之前发行，在 2019 年度依然受到关注的产品，以及部分在 2020 年才获得版号，但在 2019 年甚至更早已出试玩版，并已获得良好反响的独立游戏产品。2019 年受关注的中国独立游戏如表 1 所示。

表1　2019年受关注的中国独立游戏

游戏名称	游戏类型	所获奖项	游戏名称	游戏类型	所获奖项
《波西亚时光》	模拟经营/角色扮演	Steam 2019 最佳抢先体验毕业作品	《如果一生只有三十岁》	模拟	2019 TapTap 热卖榜
《了不起的修仙模拟器》	角色扮演/模拟/策略	Steam 独立游戏热销排行榜	《雨城》	解密/益智	indiePlay 最佳美术提名
《中国式家长》	模拟/养成	2019 Steam 国产独立游戏热度排名	《疑案追声》	角色扮演/解密/模拟	世界独立游戏大奖
《太吾绘卷》	冒险/角色扮演	人气最高游戏奖（超5万玩家同时在线）	《节奏快打》	动作/音乐/类罗格/节奏	indiePlay 游戏大奖
《弓箭传说》	冒险闯关/射击/动作/类罗格	2019 Google Play 中国开发者年度最佳独立制作游戏	《ICEY》	动作/格斗/冒险	2019 TapTap 热卖榜
《转转拼图》	休闲益智/解密	2019 Google Play 中国开发者年度最佳独立制作游戏	《迷失岛2》	解密/益智	2019 TapTap 热卖榜
《黑暗料理王》	休闲/模拟经营	2019 Google Play 中国开发者年度最佳独立制作游戏	《失落城堡》	动作/角色扮演/类罗格	2019 Steam 国产独立游戏热搜
《返校》	解密	2019 Steam 国产独立游戏热搜	《月影之塔》	解密/冒险	2019 年德国科隆电玩展展出
《归家异途》	冒险/类罗格/模拟	2019 Steam 国产独立游戏热搜	《隐形守护者》	冒险/角色扮演	Steam 全球商品热销榜
《宅男的人间冒险》	模拟经营/冒险	2019 indiePlay 中国独立游戏大赛最佳设计奖	《军团》	角色扮演/策略/战旗/类罗格	2019 indiePlay 中国独立游戏大赛最佳创新奖
《汐》	动作	2019 Steam 国产独立游戏热度排名	《第五大发明》	解密	2019 indiePlay 中国独立游戏大赛最佳移动游戏
《明日方舟》	FPS/单机/虚幻、科幻题材	2019 TapTap 年度最佳游戏	《光·遇》	冒险/家庭聚会	2019 TapTap 年度最佳独立游戏

资料来源：四川大学计算机学院（软件学院）独立游戏协会。

三 2019年中国独立游戏产品报告

(一)独立游戏产品类型

独立游戏的分类,通常还是按照电子游戏的分类方式,但一款游戏往往有多个游戏类型标签。如图1所示,从2019年表现突出的24款代表性作品来看,具有冒险、角色扮演、模拟类元素的游戏最多,分别占比为17%、15%、14%。与中国自主研发游戏的整体特点既有相似,也有不同:在2019年的中国游戏产业发展报告中,中国自主研发出海游戏实际销售的前3名分别是角色扮演、策略和多人在线战斗游戏(MOBA);2019年中国移动游戏产品类型收入前100名占比靠前的,分别是角色扮演、策略和其他。

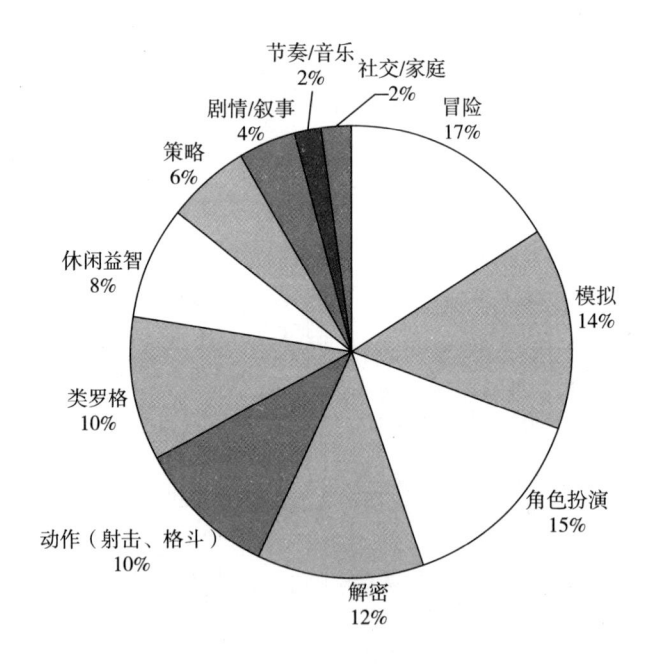

图1 2019年独立游戏类型分布

资料来源:本图分析数据来源于表1。

因此，相对于主流商业游戏的类型特点，独立游戏在受欢迎程度上靠前的类型多是模拟、类罗格。实际上，大多数游戏都具有模拟的属性，只是没有被标注而已。在多标签中，被标注是尽可能强调游戏所具有的一些要素，同时也是因为模拟性是玩家感兴趣的元素之一。

类型上表现出的另一个特点是类罗格元素。《罗格》是1980年雅达利公司发行的一款策略类角色扮演游戏，游戏中玩家要穿过25层地牢，找到项链，实现通关。游戏最大的特点就是地牢迷宫的随机生成，是最早的地牢迷宫游戏。所谓类罗格（Roguelike）游戏，就是游戏具有《罗格》的一些元素，而最主要是随机生成的特征，这也是很多游戏用户感兴趣的元素。实际上，现在许多游戏都具有一些《罗格》的元素，只是没有被标注类罗格游戏的标签而已。

（二）独立游戏美术表现形式

2019年具有代表性的独立游戏，从游戏美术的表现形式来看，2D美术和3D美术分别占67%和29%（见图2）。如《隐形守护者》的美术主要是采用影像的表现形式，人物与场景都是真实拍摄的图像，再结合部分影像史料，进行互动叙事，具有一定的独特性。

对于小团队来说，2D美术的工作完成程序相对简单一点，而3D美术涉及各个环节的技术细节更多一些。2D美术和3D美术本身并无明显的优劣，选择2D还是3D，更多是从一款具体游戏的内容、表现方式以及开发者自身的一些具体条件来考虑。

（三）独立游戏平台

如图3所示，2019年受到关注的独立游戏中，PC游戏和移动游戏分别占比46%、45%，主机游戏占比9%，其中也包括同一款游戏产品在多平台发布的情况。在移动游戏用户和移动游戏的实际销售成为中国游戏市场绝对主体的背景下，PC游戏还是占据了较大市场。2019年商业游戏的收入占比，移动游戏为68.5%、客户端游戏为26.6%，虽然这是两个维度的比较，但还是具有一定的意义。

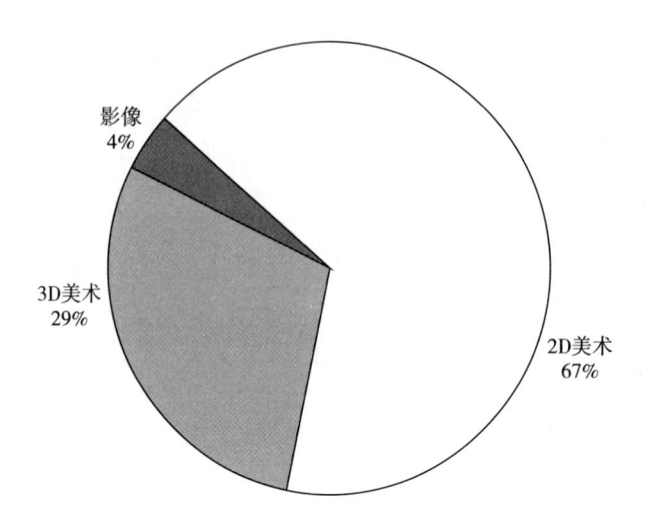

图 2　2019 年独立游戏美术表现形式分布

资料来源：本图分析数据来源于表1。

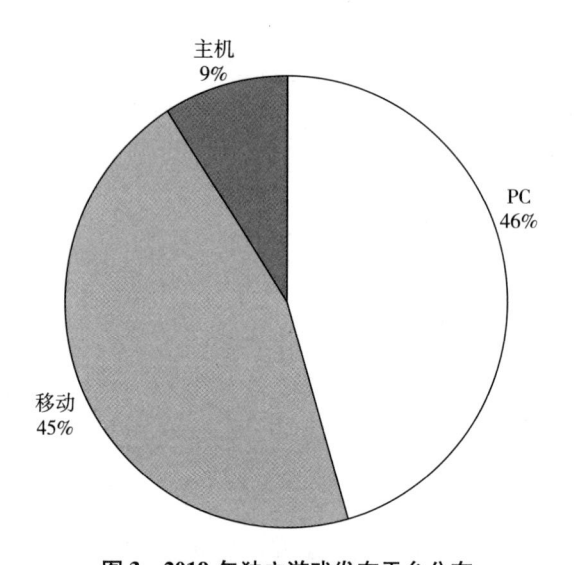

图 3　2019 年独立游戏发布平台分布

资料来源：本图分析数据来源于表1。

（四）独立游戏玩家人数

在 2019 年受关注的 24 款国产独立游戏中，单人玩家的游戏为 21 款，占比为 87.5%，仅有 3 款是多人玩家参与的游戏。与主流游戏相比，在线多人尤其是在线多人战斗游戏成为众多游戏玩家感兴趣的类型，独立游戏反而占比很少。多人在线游戏的开发，涉及的技术环节更多，对于个人或小团队开发来说压力更大。

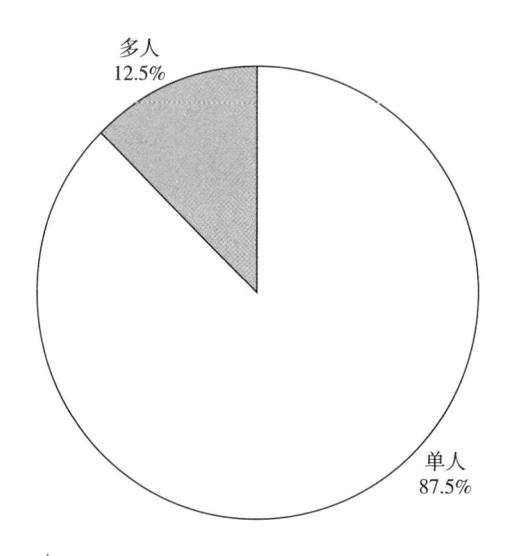

图 4　2019 年独立游戏玩家人数分布

资料来源：本图分析数据来源于表 1。

（五）独立游戏开发与发行商

2019 年表现突出的国产独立游戏，基本上都是由小团队开发完成，有的甚至是由一个人完成的设计开发，如《雨城》《明日方舟》。部分是小团队完成开发，再由知名游戏平台负责发行。有的是初次涉足独立游戏开发，有的是已在独立游戏领域深耕多年，如胖布丁工作室、椰岛游戏等。

如果强调游戏本身的创新性，从商业开发的角度来看，也意味着存在巨大的风险。在这样的条件下，最可靠的做法是开发已被验证玩法的产品。因此，对于大团队来说，最好的选择是开发已有游戏产品的续集、系列产品，以及大IP，而不是选择独立游戏。

四 中国独立游戏产品发展趋势分析

国产游戏产业经过近几年的发展调整，目前处于一个新的发展阶段。这个新阶段体现在：一是用户对产品质量与创新的需求变化，二是国家相关监管机构对行业的进一步约束。一些质量不高的产品被排除在市场之外，进一步净化了行业的风气。中国独立游戏经过近几年的发展，经历了从小众到被广泛关注的过程。2019年各大型游戏机构和知名平台持续对独立游戏提供展示平台和支持，如腾讯、TapTap、椰岛游戏、阿里游戏等，从有一个游戏概念开始到有一个游戏试玩版，再到有完成度高甚至成熟的产品，每个阶段都可能获得支持。这些支持包括程序、策划、美术、资金以及发布运营等多个方面。小开发团队缺乏的资源，只要有好的产品，规模大的行业机构和平台都可以提供。

（一）政策环境、社会环境、产业环境对独立游戏的影响

国家新闻出版署、教育部、中国音像与数字出版协会、国家网信办等单位在2019年相继出台了一些政策和文件，进一步规范了游戏产品的生产、运营，尤其是对于鼓励创作原创游戏产品、限制山寨作品、规范游戏市场起到了积极作用。

一方面，国家监管机构对于游戏产品上线发布做了版号许可发放的要求。在没有充分资金支持的情况下，尤其是对小团队的独立游戏开发者来说，增加了一定困难，特别是在发行环节。在版号的实际申报过程中，申报周期偏长。以成都为例，笔者了解到的情况是，2020年2月前申请的版号，2020年5月中旬尚未有结果。另一方面，尤其是初入游戏行业的小开发者团队，他们没有经验，可能对相关政策不熟悉，往往是通过第三方中介进行申报，涉及的各种费用偏高，从时间和费用上都增加了开发

成本。

就目前的情况来看,对于大的平台、机构而言进行独立游戏的开发往往具有优势。但是大的机构并不会将独立游戏的开发作为主要的业务方向。因此,小的开发团队进行独立游戏的设计开发,如果作品的质量获得大平台的认可,得到他们的支持,则由他们来做发行工作,包括对版号的申请,这也不失为一个可行的选择。

(二)开发者群体的变化有利于独立游戏的发展

当下的独立游戏开发者群体已发生了变化。2019年入学的大学生,如果平均年龄按照18周岁计算,他们出生于2001年,2007年开始进入小学,2013年进入中学。他们从出生到成长阶段的社会背景,正好是中国网络游戏开始逐渐流行以至于火爆的时代,也是中国移动互联网从萌芽阶段(2000~2007年)、培育成长阶段(2008~2011年)、高速发展阶段(2012~2013年),到全面发展阶段(2014年至今)的整个发展历程,他们是在游戏与互联网的环境下成长起来的一代。在他们的小学、中学的学习阶段,部分地区的学生在中学已经开始接触初级编程,这与中国独立游戏发展的早期阶段已截然不同。

中国互联网的发展,从1994年正式接入国际互联网到2000年的第一次互联网大浪潮,再到2001~2008年的第二次互联网大浪潮,以及此后的第三次互联网大浪潮,发展到2019年,历经大约25年时间。即使是目前已经进入工作阶段的年轻群体,30岁以前的开发者,他们都成长于互联网时代。

(三)技术环境有利于独立游戏的发展

小团队进行独立游戏开发的主要游戏引擎,现在选择较多的是主流的商业游戏引擎Unity、Cocos等。随着技术的发展,游戏商业引擎一方面可以实现更多更好的效果,另一方面向着使用更便利的方向发展。同时,编程语言的学习已逐渐低龄化，入门级的编程学习图形化、游戏化，逐渐使编程成为一种基本能力，这也为更多的独立游戏爱好者实现游戏开发提供可能性，是出现更多更优质独立游戏的基础条件。

五　结语

独立游戏强调创新的玩法，对于满足用户对创新产品多元化的需求，以及作为游戏创意的细胞和源泉为整个游戏领域提供支持具有积极的意义。2019年可以看作中国独立游戏发展历史上一个新的开始，是国家对游戏行业进一步规范后的一个新起点。在社会经济文化不断发展的背景下，作为中国本土原创游戏的主体，政府对创新和原创的鼓励、支持，以及新的玩家群体和创作者的不断成长变化，是中国独立游戏持续发展的基础。

参考文献

《2019 Steam 年度最佳游戏名单一览　年度最佳游戏完整名单》，环球网。

〔美〕Mike Rose：《不可错过的 250 款独立游戏》，邱锐等译，清华大学出版社，2013。

KB 研究院主编《KB：独立"有"戏——中国独立游戏江湖》，华东师范大学出版社，2016。

《2019 Google Play 中国开发者年度最佳榜单发布》，白鲸出海，http：//www.baijingapp.com/article/26147，最后访问日期：2020 年 10 月 27 日。

《Indie Prize 独立游戏大奖大盘点，〈疑案追声〉为国争光》，搜狐网，https：//www.sohu.com/a/3196894 29_ 120099877，最后访问日期：2020 年 11 月 26 日。

《数据可视化，国产独立游戏热度排名》，哔哩哔哩，https：//www.bilibili.com/video/av43476844/，最后访问日期：2020 年 10 月 27 日。

《2019 indiePlay 中国独立游戏大赛各大奖项公布！》，indiePlay，http：//www.indieplay.cn/blog/2019-indieplay-d7891566-c103-45f3-9b05-84fc5bc359b8，最后访问日期：2020 年 10 月 27 日。

《2019 TapTap 年度游戏大赏　结果公布！》，TapTap。

李茂：《2016 中国独立游戏发展报告》，载《中国游戏产业发展报告（2017）》，社会科学文献出版社，2017，第 38~53 页。

李茂编著《游戏艺术——从传统到现代的发展历程》，清华大学出版社，2019。

B.5
2019年移动游戏 AR、LBS 等特殊技术应用发展报告

王啸歌　刘跃军*

摘　要： 2019年AR、LBS等特殊技术应用在移动游戏市场总体规模平稳发展，头部游戏占据市场较大份额。在平台、硬件及技术方面，苹果持续在AR方面布局，谷歌内部游戏团队Niantic发力开发线下AR游戏集成平台以激励AR游戏创新，谷歌地图也对所有开发者开放AR游戏开发权限。但目前的AR游戏总体过于依赖IP效应，玩法较为单一，出现同质化的倾向。随着5G的快速发展，以及硬件和内容的不断迭代和精进，AR、LBS移动游戏将会更为真实，未来市场也会更加广阔。

关键词： AR　LBS　移动游戏　5G

一　发展概况

AR，即增强现实（Augmented Reality），是通过计算机模拟画面和空间来增强用户对现实世界感知的技术。LBS，即基于位置服务（Location Based Services），是通过移动运营商所提供的无线电通信网络（如GSM网、CDMA网）或GPS等外部

---

* 王啸歌，北京电影学院动画学院虚拟现实设计专业硕士研究生；刘跃军，博士，副教授，北京电影学院动画学院游戏设计系主任，沉浸式交互动漫文化和旅游部重点实验室执行副主任，主要研究方向：VR电影、游戏、影视制作及特效、CG动画。

方式来获取移动终端位置信息的技术。这两种技术应用在移动游戏上产生 AR 游戏以及 AR + LBS 游戏的品类，其中 AR + LBS 游戏是目前 AR 游戏的主流。

2019 年移动 AR 游戏总体发展平稳，与往年相比有所下滑。如图 1 所示，在 App Store 上，2019 年 AR 游戏上线数量低于 2018 年的 759 个，仅为 486 个。2019 年热门的 AR 游戏大部分为 AR + LBS 游戏。在 AR 游戏中，主要的收入贡献来自头部的前几款游戏，如 2016 年发布的移动 AR + LBS 游戏《精灵宝可梦 GO》，至今仍然是移动游戏中的热门，牢牢占据 AR 游戏的收入和下载榜首，在 2019 年全年收入达到 9 亿美元，同团队制作的《哈利波特：巫师联盟》和中国由腾讯制作的《一起来捉妖》也均有不错的表现。各大科技巨头如微软、苹果等纷纷展开在 AR 方面的布局，在硬件和内容开发方面都不断迭代，促进了移动 AR 游戏的发展。

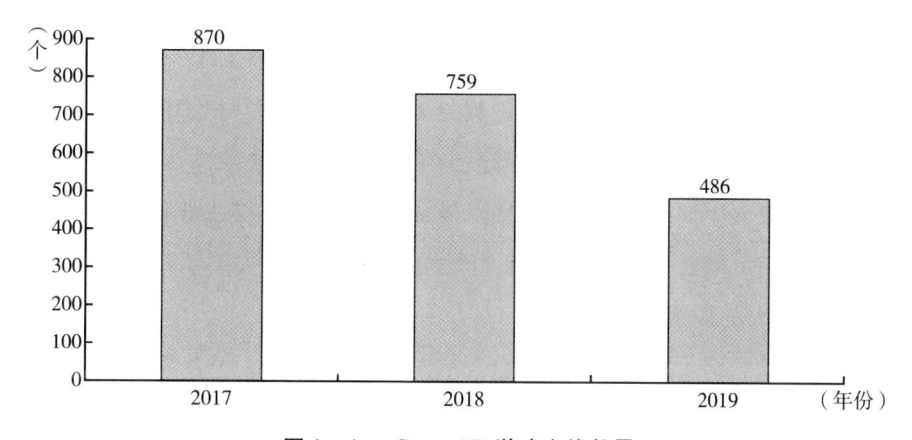

图 1　App Store AR 游戏上线数量

资料来源：七麦数据，《2019 年 AR 产品数据报告》，2019。

但是移动 AR 以及 AR + LBS 游戏存在过于依赖 IP 效应，且玩法过于单一的问题。这导致目前市场上的 AR + LBS 游戏出现了同质化的倾向，用户容易流失。随着技术的进一步迭代，尤其是 5G 的高速带宽将增强 LBS 技术与 AR 结合的体验，使 AR 移动游戏的速度提升，与物理环境的结合更加自然，从而更为真实。AI 技术的发展也会使虚拟内容和物理环境结合得更为巧妙，配合 5G 的高速带宽，下一代 AR + LBS 游戏将会迎来大的发展。

二 发展现状

2019年移动AR+LBS游戏市场总体上延续了2017~2018年的疲软期，但不乏高质量的游戏，同时也收获了口碑和关注。头部AR+LBS游戏如《精灵宝可梦GO》等仍然占据了市场较大份额，全球各大互联网巨擘公司纷纷发布在AR产业的布局，他们通过发布硬件、研究技术，以及开放开发者权限促进AR产业的发展。其他各领域公司也推出了一系列AR产品。

（一）头部AR+LBS移动游戏仍占大部分市场份额

2019年移动AR游戏发展主要是由头部产品主导并带动起来的，在2019上半年涵盖全球App Store及Google Play中的AR游戏及应用收入及下载量的前20名榜单中（见表1、表2），《精灵宝可梦GO》均位于榜首。2019年新上市的《一起来捉妖》位列收入榜第2名，《行尸走肉：我们的世界》则位列收入榜第3名。在下载榜中，位于前3名的是《精灵宝可梦GO》、《模拟人生》和2019年6月由Niantic制作发行的《哈利波特：巫师联盟》。我们可以看出在移动AR+LBS游戏中2019年头部新作对整个游戏市场带来较大的冲击。

表1 2019年上半年AR手游收入TOP 20

排名	名称	排名	名称
1	《精灵宝可梦GO》	11	《死亡岛》
2	《一起来捉妖》	12	《我永远的拓麻歌子》
3	《行尸走肉:我们的世界》	13	《捉鬼敢死队世界》
4	《模拟人生》	14	《怪兽公园》
5	《侏罗纪世界Alive》	15	《僵尸大战归来》
6	《哈利波特:巫师联盟》	16	《战争机器》
7	《赛车经理3》	17	《欧几里得之地》
8	《入侵》	18	《AR龙》
9	《台球俱乐部》	19	《AR机器人》
10	《鸟笼》	20	《AR坦克大战》

资料来源：App Store、Google Play、SensorTower。

表2 2019年上半年AR手游下载量TOP 20

排名	名称	排名	名称
1	《精灵宝可梦GO》	11	《愤怒的小鸟AR》
2	《模拟人生》	12	《死亡岛》
3	《哈利波特:巫师联盟》	13	《鸟笼》
4	《一起来捉妖》	14	《入侵》
5	《行尸走肉:我们的世界》	15	《AR龙》
6	《飞鲸》	16	《叠积木AR》
7	《侏罗纪世界Alive》	17	《暗影》
8	《我永远的拓麻歌子》	18	《飞刀好友》
9	《台球俱乐部》	19	《僵尸大战归来》
10	《捉鬼敢死队世界》	20	《悠梦》

资料来源：App Store、Google Play、SensorTower。

无论是收入榜还是下载榜，榜单头部游戏之间的差距也非常巨大。如第一名《精灵宝可梦GO》在2019年全年的收入高达9亿美元，上线至2019年上半年在全球App Store和Google Play的预估总收入为26.5亿美元，这使得Niantic跻身最成功的西方移动游戏发行商之一。Niantic的另一款AR+LBS游戏《哈利波特：巫师联盟》于2019年6月21日上线，推出10天全球下载量达到1170万次，预估收入约680万美元。如图2所示，该游戏上线30天收入1200万美元，而《精灵宝可梦GO》上线30天收入超过3亿美元，在榜单中遥遥领先。《精灵宝可梦GO》上半年共获得超过2550万次下载，是第2名《模拟人生》的两倍，而第5名《行尸走肉：我们的世界》仅为300万次。收入榜第2名《一起来捉妖》在下载量上也达到了1000万级，2019年上半年《一起来捉妖》的收入为4610万美元（不含中国安卓区），超出《行尸走肉：我们的世界》收入58%。作为腾讯首款AR+LBS游戏，《一起来捉妖》上线前两周在App Store收入就已经超过1100万美元，下载量达460万次。除了《一起来捉妖》《哈利波特：巫师联盟》，2019年上线的热门AR+LBS移动游戏还有：《赛车经理3》、《怪兽公园》、《欧几里得之地》、《AR机器人》以及《AR坦克大战》。

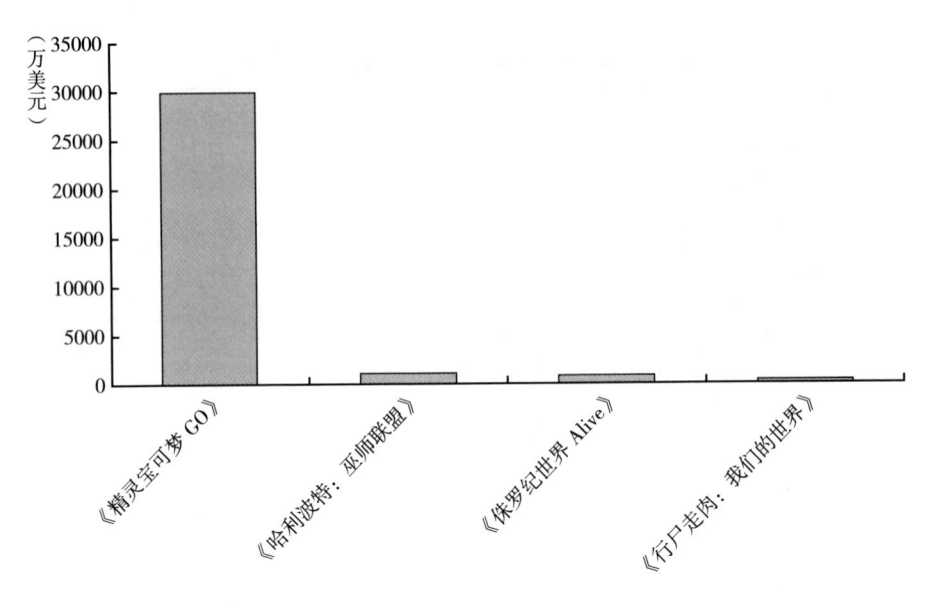

图 2　部分 AR 游戏上线 30 天收入对比

资料来源：App Store、Google Play、SensorTower。

通过分析热门移动 AR 游戏我们可以看出，不论收入榜还是下载榜，前 5 名是以 AR + LBS 技术玩法的游戏为主，整个 AR + LBS 游戏市场被头部游戏垄断。今年上线的新游戏《哈利波特：巫师联盟》及《一起来捉妖》都在推出后不久一举冲入前 5 名，但尚未能够撼动《精灵宝可梦 GO》的地位，AR + LBS 移动游戏整体市场规模依旧不大，生命周期也还在考量之中。

（二）各大厂商推出 AR 硬件设备和平台将带动 AR + LBS 技术的应用发展

虽然 AR 技术仍处于成型阶段，虚拟内容和物理环境的结合还未达到"身临其境"的标准，但已经得到了苹果、谷歌和微软等科技巨头的大力支持，尤其是对占 AR 消费应用最重要地位的移动游戏起到促进作用。这些公司持续发布 AR 硬件产品，同时还开发了软件开发工具包，协助设计师开发与 AR 兼容的应用程序。

1. 谷歌公司在 AR 方面的布局

谷歌在两年前率先向特定的游戏工作室提供了基于谷歌地图的游戏开发解决方案。从那时起，开发者已经利用 Google Maps Platform 开发了每月超 1100 万玩家参与的 10 款游戏。不久后，谷歌意识到独立游戏工作室和开发者同样有兴趣构建自己的真实世界游戏。所以从 2020 年 6 月开始，谷歌正式向所有移动游戏开发者提供了谷歌地图游戏解决方案，从而帮助其创建引人入胜的沉浸式真实世界游戏，如创建怪物和玩家互动、驾驶飞机、在城市中执行任务等。

谷歌旗下的游戏团队 Niantic 正在努力扩大线下 AR 平台。此前，Niantic 为独立开发者设立 1000 万美元基金，以引入更多的赞助商、创业者和软件开发者。从 2019 年末起 Niantic 将进行一个 Beta 测试，以吸引中小企业赞助该公司目前的线下 AR 游戏厅，从而创建一个对《精灵宝可梦 GO》《入侵》《哈利波特：巫师联盟》等 AR + LBS 游戏玩家的虚实合一的线下场所。此外 Niantic 还启动了"Niantic Creator"计划，以及"Niantic Beyond Reality Fund"计划，以孵化一个"世界 AR 游戏集成平台"来激励 AR 游戏创新。此平台将支持小型 AR + LBS 游戏在旗下的体验店中进行分发运营，酝酿新创意。

2. 苹果公司在 AR 方面的布局

苹果公司从 2017 年开始就重视公司在 AR 方面的发展。从专利布局上来看，苹果公司申请的 AR 相关专利涵盖了硬件、软件、系统、交互等诸多方面，总数多达 2335 项。

平台方面，苹果在 2017 年 WWDC（苹果全球开发者大会）推出了 ARKit 开发平台。开发人员可以使用这套工具为 iPhone 和 iPad 等 iOS 设备创建 AR 应用程序。2019 年 WWDC 推出 ARKit 3.0 版本，2019 年发布的 ARKit 3.5 版本提供了动作捕捉、协同会话、人体遮挡等功能，新的 iPad Pro 也加入激光雷达，提升了 AR 应用体验。据统计，仅 2019 年，苹果商店上线 AR 应用就超过 4000 款，包括游戏、工具、旅游、商务等多个类型。苹果为此特地在 App Store 中设置了 AR 游戏和 AR 应用的专栏，为用户推荐优质 AR 应用。收购投资方面，自 2015 年开始，苹果收购了大量与 AR 与 AI 技术相关的软件、硬件公司。上面所述苹果在 AR 领域周密的技术布局，很大程度依赖于对这些技术的投资和收购。

3. 其他厂商在 AR 方面推出的产品和技术

在许多科技巨头推出 AR 产品后，很多并非 AR 公司的传统企业也纷纷入局。三星在 2020 CES 大会上展示了其消费级 AR 概念眼镜，联想、佳能价值数万元的企业级 AR 眼镜已用于商用。2019 年，Vivo、OPPO 接连发布 AR 眼镜，微软的 Hololens 2 也已经开始发售。内容开发方面，Adobe 和 Unity 等软件公司已经开发出了 AR 创作工具，使开发者不需要编写代码就能开发出更优异的 AR 应用。

三 案例分析

2019 年的移动 AR 游戏市场呈现头部游戏占据绝大多数市场的现象，但是除连续 3 年占据收入榜首的 AR + LBS 游戏《精灵宝可梦 GO》以外，2019 年上线的新游戏《一起来捉妖》和《哈利波特：巫师联盟》同样表现亮眼，对《精灵宝可梦 GO》的地位造成了冲击，下面我们将分析这 3 款游戏成功的原因。

（一）移动游戏 AR、LBS 技术应用成功案例一：《精灵宝可梦 GO》

《精灵宝可梦 GO》是由任天堂、宝可梦公司和谷歌旗下的 Niantic 联合制作开发的 AR + LBS 宠物养成角色扮演移动游戏。该作在 2016 年 7 月首发，它是一款对现实世界中出现的宝可梦进行探索捕捉以及交换的游戏。如图 3、图 4 所示，玩家可以通过智能手机在现实世界里发现宝可梦，对其进行抓捕，玩家可收集超过百只不同种类的宝可梦，在捕捉时也可以选择是否开启 AR 模式。游戏上所显示的地图跟现实世界关联，游戏地图基于现实世界中的地图生成，而游戏中的角色位置是基于玩家在现实世界中的地理位置信息来确定的。

图 3 《精灵宝可梦 GO》游戏界面

图 4 《精灵宝可梦 GO》玩法

如图 5 所示,《精灵宝可梦 GO》在 2019 年 8 月创下了 1.1 亿美元（约合人民币 7.8 亿元）的高额收入，环比 7 月收入增长 73%，同比 2018 年 8 月的 7660 万美元增长了 44%。2019 年 4 月，《精灵宝可梦 GO》的全球营收已经突破 25 亿美元。美国作为《精灵宝可梦 GO》收入第一大市场，日本、德国分别作为第二、第三大市场，分别贡献 9.28 亿美元、7.79 亿美元和 1.59 亿美元（见图 6）。

《精灵宝可梦 GO》的成功主要有几个因素。

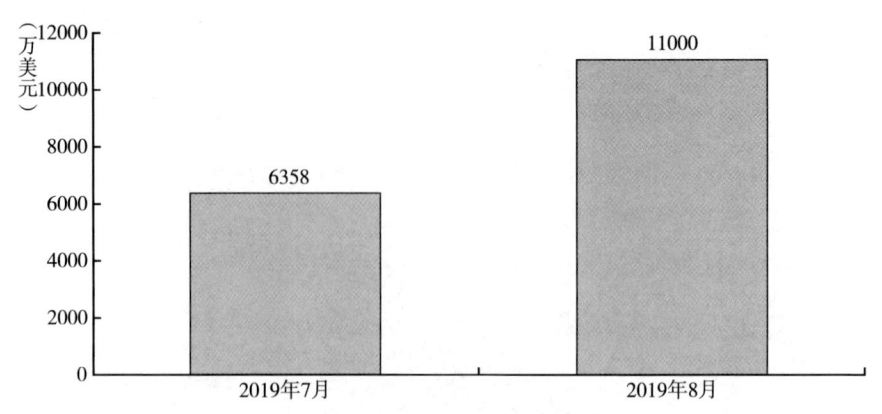

图5　2019年7~8月《精灵宝可梦GO》收入

资料来源：Sensor Tower。

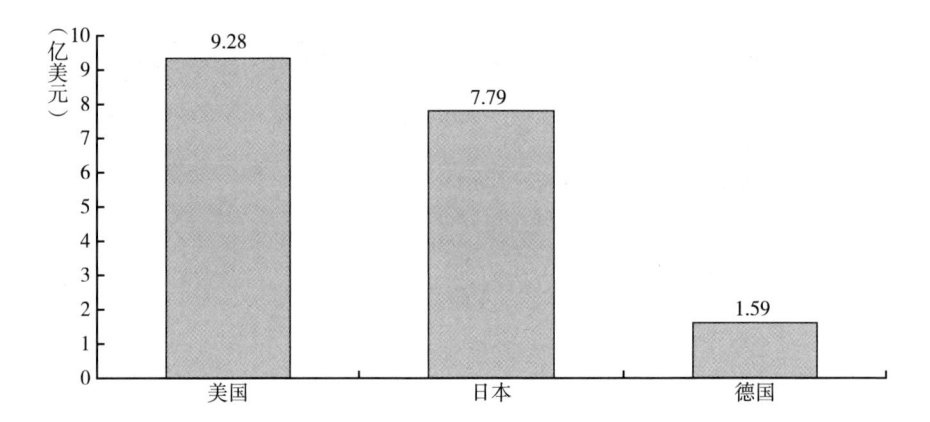

图6　《精灵宝可梦GO》收入地区排行

资料来源：Sensor Tower。

1. 依托全球现象级IP"宝可梦"

首先"宝可梦"是全球流行的超级IP，最初为1996年任天堂发行的Game Boy角色扮演游戏，此后作为系列产品存在于任天堂的各代掌机之中，成为仅次于"超级马里奥"的世界第二热销系列电子游戏。"宝可梦"已有20多年的历史，覆盖游戏、漫画、动漫等，无论在欧美还是亚洲国家，都为一代人所熟知。《精灵宝可梦GO》让一代人的童年记忆被唤醒。

2. 《精灵宝可梦 GO》的高度易用性

高度易用性向来是任天堂用来抢占市场先机的手段，AR 硬件外部设备（如眼镜、头盔）迟迟没有推广，即便推广也会由于价格等因素经受一定的考验。《精灵宝可梦 GO》在移动游戏中应用 AR、LBS 技术，开启了 AR 和 LBS 在移动游戏应用的先河，用户只需要一部智能手机便可以享受 AR 技术，高度易用性让游戏的门槛大大降低。

3. Niantic 在 LBS 和 AR 的技术过硬

Niantic 成立于 2010 年，是谷歌旗下的游戏团队，专注于空间地理位置和移动设备结合方面，集中开发基于空间地理位置的 AR 应用。Niantic 使用 LBS 把《精灵宝可梦 GO》做到了流畅、真实且定位准确。

（二）移动游戏 AR、LBS 技术应用成功案例二：《一起来捉妖》

《一起来捉妖》是腾讯公司研发的一款 AR + LBS 移动游戏，于 2019 年 4 月 11 日在中国正式公测。游戏以"捉妖"为核心玩法，玩家可以通过 AR 功能抓捕身边的妖灵，对它们进行培养，完成游戏中对战、展示、交易等任务。《一起来捉妖》上线前两周在 App Store 上收入超过 1100 万美元，下载量达 460 万次，是中国首个现象级 AR 手游。

在世界上第一款真正的 LBS 游戏《精灵宝可梦 GO》风靡全球后，这个种类的游戏已经经历了两年半扎实的发展，但国内因为技术和设计经验的限制，AR + LBS 手游的市场一直处于低迷状态。因为多数 LBS 游戏需要地理信息系统，在安全上存在一定风险，因此许多国外游戏无法在中国正常运行，随着 LBS 技术安全系数的提升，《一起来捉妖》应运而生。

《一起来捉妖》有以下几个成功因素。

1. 依托丰富的传统文化，而非 IP 加持

《一起来捉妖》游戏设计以中国的传统志怪文化为基础，以中国人熟悉的妖灵文化体系为游戏框架。游戏中，玩家扮演"御灵师"在游戏中寻找妖灵。游戏的妖灵分为域、趣、食、志四大类，覆盖了志怪传说、神话、地域以及美食等多个维度。既有来自《山海经》中的狻猊、息魄，也有来自

志怪传记的小倩、干将莫邪，神话故事中的孙悟空、嫦娥等中国传统文化形象，同时也有来自饮食文化的"火锅怪""暴走小龙虾"等妖灵。此外游戏还结合了时下的热点推出锦鲤、区块链猫等热点妖灵。对于传统文化，时下的年轻人表现出了越来越浓厚的兴趣。

2. 丰富的线下联动营销

除依托传统文化外，《一起来捉妖》还结合商家推出线下联动营销。2019 年，该游戏与香天下火锅、蜀大侠火锅、CoCo 奶茶、棒棒鸡传奇等品牌联合推出了"拒宅日"活动，玩家既可通过商家在游戏中放置的道具来参与商家的优惠活动，也可在微信支付中参加零售联动福利，领到优惠券的玩家可直接前往门店消费，以此构建一种全新的游戏线上线下联动的商业模式。

（三）移动游戏 AR、LBS 技术应用成功案例三：《哈利波特：巫师联盟》

《哈利波特：巫师联盟》是 Niantic 开发的一款于 2019 年 6 月 21 日上线的 AR + LBS 游戏，在推出一周后全球下载量就达到了 650 万次，预估收入约 300 万美元。《哈利波特：巫师联盟》在上线 10 天内的下载量达到 1170 万次。《哈利波特：巫师联盟》让玩家感觉身处在一个充满魔法的世界中。通过探索现实生活中全球范围内各个城市的街区，玩家将展开一段冒险之旅。城市中的地标和关键点是玩家可以拾取物品的地方，在此过程中玩家需要处理出现在游戏中的各种魔法生物，通过点击在手机屏幕上的符号来施放法术。在《哈利波特：巫师联盟》中不仅有玩家对战，也有与《精灵宝可梦 GO》的道馆相似的团队对战形式，可由 5 名玩家在堡垒中进行作战。

目前美国是《哈利波特：巫师联盟》最大的市场，其贡献近 220 万美元收入和 210 万次下载，分别占该游戏首周收入的 72%，总下载量的 33%。英国市场虽然排名第二，但仅贡献 18 万美元的收入和 52 万次下载，分别占比 6% 和 8%（见图 7）。

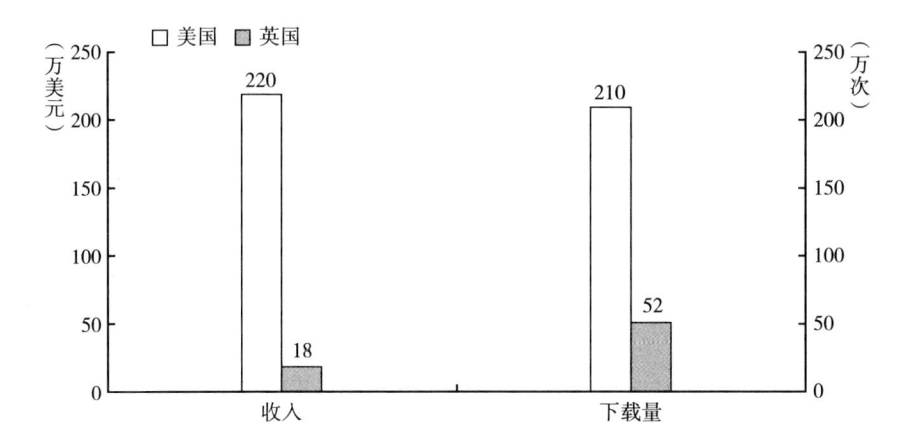

图7 《哈利波特：巫师联盟》在美国和英国收入和下载量的分布

资料来源：Sensor Tower。

四 挑战与机遇

（一）移动游戏应用 AR、LBS 等技术的挑战

1. AR、LBS 技术应用的移动游戏玩法设计单一，同质化严重导致用户流失

AR 技术在《精灵宝可梦 GO》出现之前，一直未在消费级应用方面获得较大市场。《精灵宝可梦 GO》创造性地将 LBS 技术和 AR 技术进行了结合，给其他的移动 AR 游戏做了一个范本。但是在这之后的移动 AR + LBS 游戏走上了模仿的道路，不仅在底层技术上几乎没有任何突破，玩法也基本与《精灵宝可梦 GO》类似，差异仅在于背景设定。尤其是国内的《一起来捉妖》，除采用了中国特色的传统文化作为背景之外，在玩法上与《精灵宝可梦 GO》没有本质区别。市场上的 AR + LBS 移动游戏出现了同质化的现象，玩家在前期被设定吸引后，很容易因为相似的玩法而对游戏感到倦怠，使这一类的游戏无法长久地吸引玩家。反观《精灵宝可梦 GO》，在后期也不断推出新玩法和新功能，如突袭战斗、交易等。当玩家无法在户外进行游

玩时，立即对任务的完成方式和室内的场景识别进行了调整。对于 LBS 技术在移动游戏的应用只是玩法的切入点，其内核是不同地区的差异化及玩家的代入感。这需要考虑资源产出的均衡和公平性问题，而围绕这个点怎么展开，去设计玩法并且做到落实、细化每一个系统是要游戏开发者投入非常大精力才能做到的。

《愤怒的小鸟 AR》将曾经风靡世界的经典游戏《愤怒的小鸟》带入 AR 世界，完美复刻了经典玩法，并且和 AR 技术有机结合在了一起。作为一款纯 AR 游戏，《愤怒的小鸟 AR》相较 AR + LBS 形式的移动游戏来说，在玩法上和 AR 技术结合得更好。其将原来 2D 平面的游戏转化成为矗立在现实世界中的 3D 游戏。玩法还与原来一样，只需拉动弹弓摧毁建筑即可，但在这个过程中玩家可以走动观察建筑的构造和形状，增加了游戏的可玩性和趣味性。

2. AR、LBS 技术应用的移动游戏依赖 IP 严重，缺乏创意

2019 年在移动 AR、LBS 游戏中依然以 IP 游戏为主，如《精灵宝可梦 GO》《哈利波特：巫师联盟》《模拟人生》等，收入和下载量都较高。现阶段普通 AR 游戏较难吸引大量玩家，在收入上也颇为有限，且游戏玩法也仍然有待开发，用户量较传统手游来说还是相对较少。因此纯靠游戏本身很难吸引更多玩家，只有靠 IP 才能在短时间内聚集大量用户。从技术方面来说，虽然 AR 目前还是一项正在发展中的技术，且主要以商家为主进行发展，在客户方面的内容还不够丰富，但 IP 只能作为前期吸引用户的手段，至于如何让 AR、LBS 移动游戏长久受到玩家喜爱，还需要玩法和内容两方面的支撑。

（二）移动游戏应用 AR、LBS 等技术应用的机遇

1.5G 给 AR、LBS 技术的应用带来了新的机遇

随着 5G 网络的扩展，5G 的高速带宽将增强 LBS 技术与 AR 技术结合的体验。5G 能使 AR 应用更加身临其境，图形加载更快且效果更好，而较低的延迟也可以支持多人间分享来显著改善游戏体验和玩法，而基于 5G 高精

度、低功耗的特性，对于需要使用定位功能的游戏，会比通过 GPS 全球导航系统的定位方式更加省电。预计到 2023 年，5G 连接将达到 10 亿用户，其中大部分增长将发生在中国。

《精灵宝可梦 GO》的游戏开发团队 Niantic 表示，5G 能将带宽提高到现在的 1000 倍，延迟将降低到现在的 1/10。为了做好迎接 5G 的准备，各大 AR 游戏厂商都在筹划复杂的新游戏，并与无线运营商合作以保证带宽。

2. 线下平台与多人游戏让 AR、LBS 游戏更具社交属性，吸引更多用户

与传统移动游戏主要帮助玩家消磨时间不同，LBS 技术为移动游戏带来了社交的属性，要求用户"走出去"。与 AR 的结合在于表现形式，但如何在现实世界和他人进行连接是 LBS 游戏需要解决的问题。

《精灵宝可梦 GO》的开发团队 Niantic 将创建一个对《精灵宝可梦 GO》《入侵》《哈利波特：巫师联盟》等 AR + LBS 游戏玩家的虚实合一的线下场所，以汇集世界各地的玩家在一个平台。资深虚拟现实研发商 Multiverse 在 2020 年也研发出两款全新移动端 AR 多人社交游戏，均为 OPPO 委托出品。Multiverse 研发的这两款游戏《桌面大冲关 AR》和《一起叠高楼 AR》均为多人休闲竞技类游戏，基于 ARCore 和 OPPO 自研 AR 云锚点 SDK 来实现。其中《桌面大冲关 AR》是一款多人竞速 AR 游戏，而《一起叠高楼 AR》是一款多人聚会游戏。可以看出，各厂商也注意到了用线下平台和多人社交游戏来打开 AR、LBS 移动游戏的市场。

3. 身临其境是移动游戏 AR、LBS 技术应用的下一个突破点

应用 AR、LBS 技术的移动游戏是基于地理信息和场景二维信息的叠加，以此来提高玩家的代入感。但目前的 AR、LBS 移动游戏在代入感方面做得较差，以《一起来捉妖》为例，游戏中的妖灵和现实环境的结合并不好，玩家在捕捉时经常会选择把 AR 开关关掉，这样一来，AR + LBS 游戏变为单纯的 LBS 收集类游戏。下一代 AR、LBS 游戏若要实现把游戏和物理环境结合得更紧密，让玩家有身临其境之感，需要 AI 技术对物理环境的识别更加迅速和智能。这项技术目前还处在初级阶段，但相信很快就能发展起来。

五 结语

2019年AR和LBS技术在移动游戏的应用还未达到快速发展期，热门的AR游戏大部分为AR+LBS游戏。在AR游戏中，主要的收入贡献来自头部游戏，且移动AR以及AR+LBS游戏存在过于依赖IP效应、玩法过于单一的问题，导致目前市场上的AR+LBS游戏出现了同质化的倾向，容易导致用户流失。但随着AR技术的发展，5G的高速带宽将增强LBS技术与AR结合的体验，使AR移动游戏与物理环境结合更加自然，画面加载更为迅速。各大科技巨头如微软、苹果等纷纷展开在AR方面的布局，在硬件和内容开发方面都不断迭代，促进了移动AR游戏的发展。

首先，在5G方面，目前中国领先全球，政府应该把握机遇，大力支持5G的发展，使AR技术能够更快地在5G的支持下适配高质量的游戏。同时应该更加灵活地对LBS技术安全方面进行监管，在保证用户隐私和玩法的自由度之间达到一个平衡。社会应该加强培养人工智能方面的人才，使物理环境和虚拟内容结合得更好。其次，技术只作为游戏体验的底层支持，政府应该对游戏所属的文化产业大力支持和培养更多人才，移动AR、LBS游戏更应该着力于创意和玩法的开发方面，逐渐摆脱对IP的依赖，用质量高和玩法新颖的游戏带动整个行业的发展。

参考文献

艾瑞咨询：《2019年中国移动游戏行业研究报告》，http://report.iresearch.cn/wx/report.aspx?id=3405，最后访问日期：2020年11月25日。

Digi-Capital：《2019年VR/AR调研数据报告》，2020。

Unity：《2020年商用AR/VR热门趋势报告》，2020。

教 育 篇

Education

B.6
2019~2020年中国高校游戏设计及相关专业发展报告

张泊平*

摘　要： 自2010年以来，游戏产业人才需求加剧，社会力量办学虽然在一定程度上缓解了人才需求的压力，但是不能向市场输送理论水平高、动手能力强的高端人才。在高校开设游戏设计专业和游戏开发技术专业，成为解决人才需求的根本措施。本文回顾了游戏专业人才培养的历程，从高校开设游戏专业的现状入手，讨论了游戏专业的人才培养模式、课程体系、实践教学体系等顶层设计，构建了高校游戏专业发展依靠国内大中型游戏公司开展校企合作，实现双方互惠互利的专业建设模式，为游

---

* 张泊平，硕士，教授，许昌学院信息工程学院数字媒体技术系主任，主要研究方向为计算机视觉、虚拟现实技术。

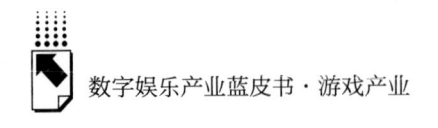

戏高等教育和学科发展解决师资力量不足的问题。

关键词： 高等教育　专业设置　游戏设计专业

一　中国高校游戏设计及相关专业建设发展概述

近年来，中国游戏产业进入了稳步发展的阶段。爆款游戏产品不断涌现，而且呈现百花齐放的局面，不仅像网易、腾讯这样的大公司有爆款游戏，《刀塔自走棋》这种来自小公司的游戏也能成为2019年游戏行业的黑马。原因在于游戏创新、玩法创新是游戏的必然趋势和生命力，玩家希望有更多更好玩的游戏上线。创新就需要人才，市场的需求对行业人才提出了更高的要求。尤其在2020年，游戏已成为人们打发业余时间的一种手段。三七互娱、完美世界、吉比特等市场份额靠前的游戏公司，前后发布了业绩增长预告，部分公司2020年一季度营收增幅甚至高达50%。北京字节跳动科技有限公司游戏业务部门将会在2020年继续招聘超1000人，以满足多条游戏产品线的研发需求。[①] 强者更强的马太效应正在显现。随着新品游戏的发放，游戏市场对于人才的需求正在增大，其中，游戏运营类的人才是企业最需要的，其职位占比达35%；其次是游戏开发岗位，占比为28.4%。

与游戏市场人才需求相悖的是高校专业人才培养不足。游戏设计专业是一个综合交叉型专业，高校肩负着为行业培养游戏开发人才的重任，[②] 借鉴国外游戏专业人才培养的先进经验，设定适合游戏行业人才需求的培养目标，制定文理交叉、技术与艺术相融合的人才培养方案，为游戏行业输出复合型人才。

---

① 《2020年游戏行业发展》，学习啦，https://www.xuexila.com/chuangyee/c429952.html，最后访问日期：2020年5月20日。
② 李国庆：《高校游戏专业建设与人才培养研究》，《中小企业管理与科技》2016年第22期。

二 游戏市场岗位需求情况

2020年,随着爆款游戏涌现,越来越多的游戏厂家通过抖音等短视频网站推广产品,未来2~3年这些厂商将可能会成为渠道运营者。人们生活水平不断提高,对游戏这种精神上的享受需求越来越强烈,所以未来游戏行业前景一片光明。云游戏作为5G商业应用的排头兵,在国家大力推进新基建的背景下,落地进程不断加速,发展前景越发明朗。2020年以来,国内各游戏公司纷纷加大对云游戏的布局,相关产品密集发布,云游戏市场热度持续上升。如图1所示,预计到2023年,用户规模将达6.58亿人,有望冲击1000亿市场规模。当前游戏正迎来第三轮成长机遇,核心驱动逻辑是5G。企业对游戏玩法创新的需求,带来了对高端人才的需求,理论水平高、动手能力强的人才,更符合创新要求,更容易获得到市场的青睐。网络游戏美工设计师、游戏策划师、交互设计师、UI设计师、游戏运营专员等岗位,均要求具备大专以上学历。

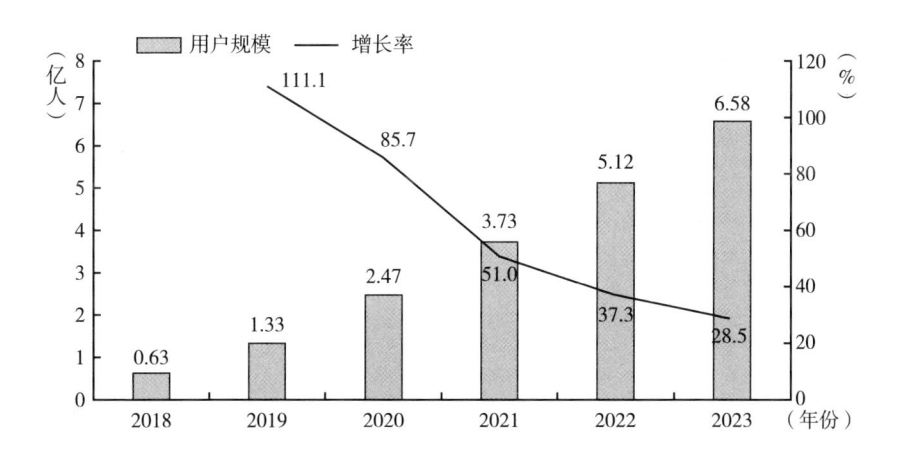

图1 2018~2023年云游戏用户规模及增长率

资料来源:《伽马数据1月报告》,伽马数据,http://www.joynews.cn/toutiao/202005/0732427.html,最后访问日期:2020年5月7日。

中小型游戏设计公司重视员工的职业道德、团队意识、创新能力、专业知识和沟通能力,岗位设置包括游戏策划师、游戏美术师、游戏原画设计师、游戏特效设计师、模型设计师、交互设计师、游戏运营专员。2019年中国游戏产业不同职位游戏人才需求及年龄分布情况如图2、图3所示。可以看到,市场游戏运营人员比较缺乏,游戏开发师、交互设计师、游戏策划师需求量较大,2019年游戏从业人员以青年人为主,平均年龄为29.66岁,31岁及以上的人占48.9%,其中31~35岁占38.9%。

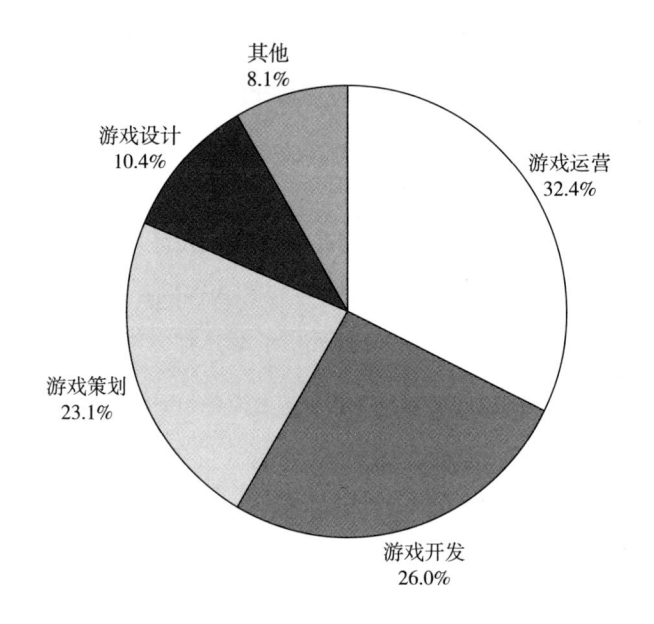

图2 2019年中国游戏产业不同职位游戏人才需求分布

资料来源:艾媒数据中心。

不同的游戏设计师薪酬不同,大多数公司采取底薪+提成的模式,并根据业务水平及市场需求分级设置。从业者的职位、职能、学历、工作经验、性别、所在地不同,薪资水平存在差异。

2020年7月全国招收交互设计师288685人,如图4所示,2020年6月全国程序员平均工资14357元(月薪)。薪资水平排前10名的城市分别是北京、上海、深圳、杭州、广州、南京、东莞、苏州、成都、厦门。

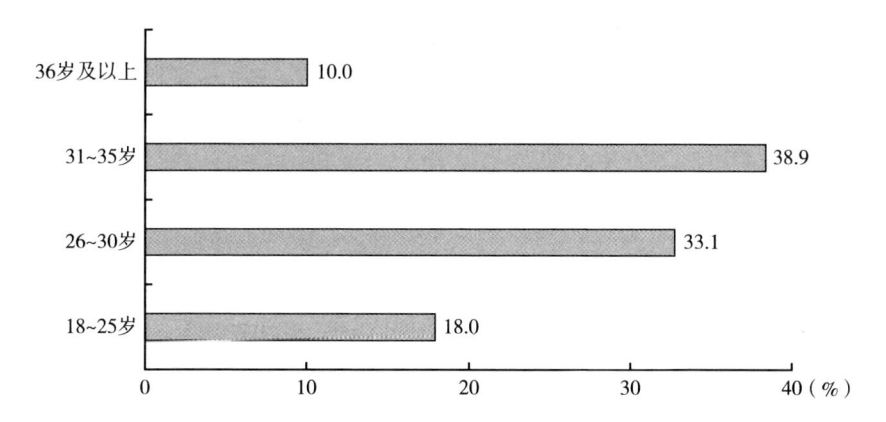

图 3　2019 年中国游戏产业不同职位游戏人才年龄分布

资料来源：艾媒数据中心。

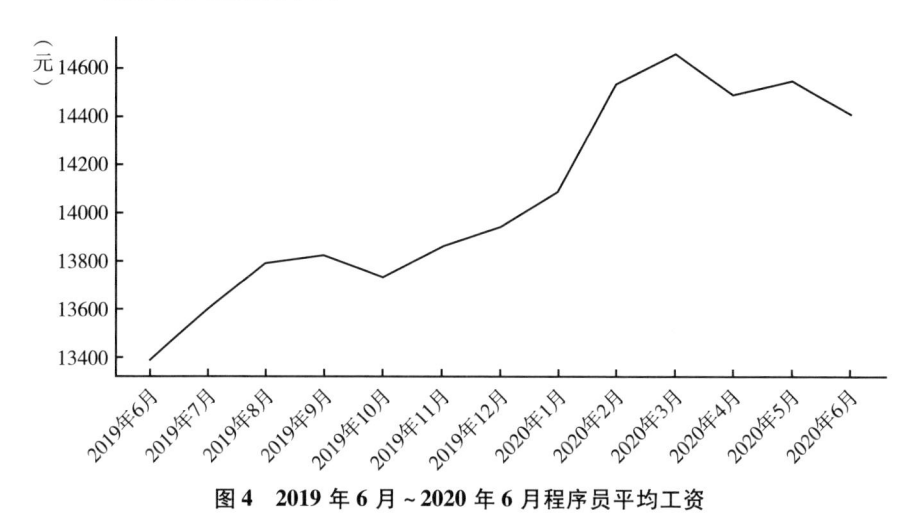

图 4　2019 年 6 月~2020 年 6 月程序员平均工资

资料来源：《2020 年 7 月中国编程语言排行榜》，有数可循，https://blog.csdn.net/juwikuang/article/details/106503404，最后访问日期：2020 年 7 月 1 日。

三　高校游戏设计及相关专业发展现状

高校游戏设计专业发展经历了社会力量办学的短期技能培训、高职院校开设专业、本科院校开设专业 3 个阶段。

（一）游戏设计短期培训

游戏设计专业最初是社会力量办学的短期技能培训。网络游戏是由 MUD 游戏（多用户虚拟空间游戏）发展起来的，① 游戏由文字和字符画构成，题材是武侠类，比如《风云》《书剑》《英雄坛》等都属于这类游戏。1979 年第一个 MUD 多人交互操作站点建立；1983 年，单机版电子游戏走进千家万户，任天堂的红白机诞生，《超级马里奥兄弟》创造了游戏奇迹。《魂斗罗》《坦克大战》《双截龙》《热血系列》等都是这个时期的经典。1993~1997 年中国香港、台湾地区开始出现 MUD 游戏；1995 年中科院组建 NCFC 网络，网内开始流传台湾的《新东方故事2》，这是 MUD 第一次进入大陆。这个时期，中国大部分人还不认识电脑，有幸接触到网络的人们还在使用 9600bps 的调制解调器。就是在这种情况下，依然有少数科研院校和电信部门的先行者传播 MUD 游戏。2000 年以后，中文 MUD 游戏随着网络环境的改善慢慢发展起来，虽然步履艰难但是每一步都迈得很有力，虽然流传不广但设计完善。此后出现高级游戏设计人才相当缺乏的情况，社会力量办学机构很快捕捉到了商机，一些游戏公司开始设立培训部，经过几个月的培训，人员就可以上岗，在一定程度上缓解了游戏公司人才缺乏的现状，成为游戏开发人才培养的主要途径。

（二）职业类院校开设游戏设计专业

短期培训解决了游戏开发过程中的大多数难题，学习氛围好，学习效率高。一些培训公司把实战项目纳入教学案例中，使学员学习理论知识、积累实践经验的需求得到双重保障。但是，毕竟是短期培训，没有形成完整的学科体系，学员在培训后的几年内知识枯竭，缺乏自我造血功能，不得不继续接受新的培训。正是这些原因，2005 年，游戏设计及相关专业被首先纳入

---

① 《四种玩家类型，你是哪一种？》，哔哩哔哩，https://www.bilibili.com/read/cv311157/，最后访问日期：2020 年 5 月 21 日。

高职院校的人才培养目录，作为应用型人才培养的主要力量，目标在于培养网络游戏开发人才。在实施层面上，不同学校的专业名称不统一，分别有游戏软件技术、动漫制作技术、数字媒体应用技术。目前深圳职业技术学院、上海工艺美术职业学院等14个职业技术学院开设有相关专业，学生就业形势非常好。

（三）本科高校开设游戏设计相关专业

职业技术院校游戏设计专业的毕业生，动手能力强，但理论研究能力尚显不足，随着游戏开发人才匮乏的情况加剧，一些高等院校相继开设游戏设计专业。中国传媒大学是教育部批准的第一个开设数字游戏专业的高校，其动画学院成立了游戏设计系，2004年开始招收游戏艺术方向的本科生，随着办学经验的积累，2010年开始招收游戏设计技术方向非艺术类、理工科的本科生。目前，两个方向的毕业生就业优势很明显。

另外，浙江大学作为2004年第一个开设数字媒体技术专业的高校，一开始就致力于游戏设计技术的研究，吉林动画学院号称国内一流的数字媒体人才培养基地，是最早开设游戏方向专业的学校，该校建有游戏学院和虚拟现实学院，游戏学院招收游戏美术方向、游戏策划方向、游戏衍生品设计方向的本科生，虚拟现实学院开设有虚拟现实技术方向、影视特效与动画技术方向、游戏开发技术方向、大数据应用技术方向专业。学校和天美、网易等大公司合作，专业的实践教学做得很好，学生实践动手能力强。北京电影学院早在2010年就在动画学院开设游戏设计专业，目前有游戏设计方向和游戏开发技术方向，是全国少有的能同时授予艺术学士和工学硕士的高校，并且已经开展了研究生层面的游戏理论研究。许昌学院在2010年开始招收数字媒体技术方向的本科生，自2014年以来，已经建设有游戏开发技术和虚拟现实技术两个专业方向，积累了6年的游戏开发技术办学经验，作为地方性院校的代表，该校学生就业率高，专业满意度也很高。此外，延边大学、四川师范大学、河北美术学院、长沙师范学院、辽宁传媒学院、重庆工程学院等高校，都相继开设了游戏设计专业。2020年，完美世界教育与英国阿伯泰大学游戏开发专业联合开展硕士研究生招生项目。随着更多的高校加入培养游戏设计、游戏开发人才的专业队伍，游戏行业人才缺乏的局面会有所好转。

四 高校游戏设计及相关专业建设

游戏专业分为游戏设计艺术专业和游戏开发技术专业。游戏设计艺术专业大多在艺术设计学院开设，游戏开发技术专业大多在信息工程学院开设。

（一）游戏设计及相关专业

1. 游戏设计艺术专业

游戏设计艺术专业是一门跨学科、综合性艺术专业，涉及设计学、美术学、音乐学、计算机科学等学科，主要学习设计和实现玩家看到的整个游戏世界，本科毕业生授艺术学士学位。游戏美工在游戏设计中非常重要，游戏片头、游戏运行、游戏片尾等都是由游戏美工完成的。游戏美工的主要工作内容是根据游戏策划进行原画设计、游戏模型道具与场景设计、游戏特效设计。一个专业的游戏美工必须具备高水平绘画能力、敏感的色彩感知能力和游戏创新能力，熟练掌握各种2D、3D建模软件、制图软件。

游戏的音乐创作也是游戏设计的重要内容，设计师需要根据游戏内容创作出风格一致的场景音乐，为游戏场景营造沉浸式氛围，烘托游戏效果。一个优秀的游戏设计团队，一定是由不同专业、不同知识背景的成员组成，每个成员互相配合，互相启发，才能设计出更优秀的游戏作品。

游戏设计艺术专业主干课程包括游戏概论、雕塑与三维造型、速写、设计素描、设计色彩、三大构成、游戏UI设计、三维数字建模技术、游戏角色设计与动画、游戏特效、游戏心理学、游戏剧本策划等。

2. 游戏开发技术专业

游戏开发技术专业也是一门跨学科、综合性专业，涉及设计学、美术学、音乐学、计算机科学、软件工程、人工智能等学科。本科毕业生授工学学士学位。主要学习游戏开发基本理论及专业知识，具有良好的科学素养和游戏开发视野，系统掌握游戏开发核心技术的基本理论及专业知识，毕业生能够在政府机关、企事业单位从事游戏编程、动漫新媒体设计、面向网络的新媒体应用软件开发等工作。

游戏开发技术专业要求本科生学习游戏设计艺术的基础理论，游戏开发的核心技术，熟练掌握游戏开发软件的基本理论和技术要求；掌握网络传播的基本理论与技术，掌握游戏产品开发项目的策划与管理方法。

游戏开发技术专业主干课程包括设计素描、设计色彩、三大构成、游戏概论、游戏架构与策划、游戏UI设计、三维数字建模技术、游戏角色设计与动画、游戏特效、游戏心理学、计算机图形学、数字图像处理、网络游戏开发、移动游戏开发、游戏测试等。

（二）游戏设计相关专业人才培养模式

1. 构建OBE教育理念下跨学科模块化人才培养体系

深入学习OBE教育理念，在充分调研的基础上，确定专业产出能力，构建"以理为主，文理交叉，技术与艺术相互融合"的模块化课程体系和专业知识框架，培养学生的基本技能、专业技能、综合技能、职业技能。以培养学生专业产出能力为目标，制定"3+1"人才培养计划，提高实践环节教学比重，突出应用能力培养。

2. 完善本科生导师制

为了帮助学生全面发展，可以选拔高水平教师作为本科生的专业指导教师，发挥教师在学生培养中的主导作用，鼓励导师开设第二课堂，建立新型师生关系，全面提升本专业的学生培养质量。

3. 拓宽多形式师资队伍建设渠道，提高教学水平

重视师资队伍建设，制定师资队伍建设规划，鼓励骨干教师"走出去"，到相关企业进行项目训练；制订实施个人进修、提高计划；邀请校外专家"走进来"，为师生开设学术讲座，指导专业建设；努力创造条件，提高双师型教师比例。努力建设一支稳定的、专兼结合的教师队伍，形成专业特色。

4. 完善创新创业教育体系，提高学生实际动手能力

专业建设采用"3+1"工学结合培养模式，本着"以理为主，文理交叉，技术与艺术相互融合"的思路，在计算机科学这个广阔的平台上，确立专业发展方向。专业培养能力产出与就业岗位对接，分析职业岗位与专业内涵的关系，细化专业课程，使专业课程与岗位对接，进一步为学生在较短时间内适应就业创造条件。

5. 健全校企深度融合制度

健全校企深度融合制度，创新校企合作模式，为学生提供足够的专业实习场地。深化产教融合，校企合作共建数字化创新人才培养基地，合作共建数字工坊、案例教学云资源库、实验室、实践教学基地，进行项目合作开发，增强师资力量，提升办学水平。

借助校企合作平台，积极开展大学生创新创业活动，开展第二课堂，为学生创新实践提供条件和机会。校企合作的管理可以采用双导师制，借助于全国各种专业比赛，以赛代练，提升学生创新创业水平。同时，为学生提供各种企业实习、企业短期项目实训等机会，加深与企业在人才培养、技术开发等领域的密切合作，推进人才培养模式改革。

（三）构建以理论、实践、素质教育为主线的课程体系

游戏设计专业课程体系建设应该结合学科特点和专业特色，既要重视计算机图形学、数字图像处理、人工智能等理论知识教学，也要培养学生的游戏开发工程应用能力，考虑社会对人才能力需求，重视学生个性化能力培养，增加工程素质和科学素养的课程，提高工程教育课程在专业的开设比重。在夯实专业知识的基础上，提高选修课的比重，形成极具特色的课程体系。[①] 游戏设计专业课程体系包括6个模块：通识类课程、专业基础课程、专业主干课程、专业方向课程、专业拓展课程、创新创业课程。技术学科

[①] 张泊平、李国庆：《地方本科院校卓越工程人才培养模式研究——以许昌学院数字媒体技术专业为例》，《河南科技学院学报》2012年第6期。

课程涵盖数字音视频处理，数字图像处理，计算机程序设计基础，计算机网络原理、数据结构、数据库原理与应用，计算机图形学，计算机视觉，数字音视频处理，人工智能，虚拟现实技术，网络游戏开发，移动游戏开发等。艺术学科包括设计素描、设计色彩等课程，游戏美术设计包括游戏三维模型制作、游戏场景制作、游戏角色制作等课程，人文社科主要包括游戏文化、计算机文化、传播与文化等课程。在教学实践中，课程体系建设必须拓宽通识类基础课程范围，强化专业基础课程建设，精选专业选修课程，不断完善实践课程内容，构建专业创新课程体系，实现创新型人才的培养。①

1. 开设通识类基础课程

开设马克思主义基本原理、毛泽东思想、邓小平理论、政治经济学、道德修养与法律、体育与健康等课程，优化外语、计算机、数学、普通物理等课程设置。外语应贯穿教学过程始终，数学方面应开设高等数学、概率与数理统计、线性代数等课程。

2. 加强专业基础课程建设

在控制总课时的前提下，应当分别设置游戏设计专业导论、程序设计基础、设计素描、设计色彩、数字图像处理基础、二维动画设计、数字摄影摄像技术、游戏开发脚本语言、数据结构、计算机网络、多媒体数据库、计算机组成原理、计算机图形学、数字图像处理等专业基础课程。

3. 拔高专业核心课程

专业核心课程应包括三维数字建模技术、虚拟现实技术、游戏动画设计、网络游戏开发、移动游戏开发、VR游戏开发、AR游戏开发、游戏特效技术等。

4. 精选专业拓展课程

专业应开设离散数学、动画运动规律、计算机辅助几何设计、数字内容

---

① 张彩丽等：《学前教育专业课程体系与教学内容整体优化的探索》，《科教导刊》2019年第6期。

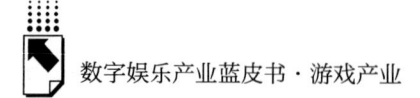

制作、游戏设计与开发基础、游戏策划、UI 设计等选修课程。

5. 重视实践课程

实践课程包括实验、实训、实习 3 种形式，应保证足够的课时。根据目前虚拟现实专业建设方法，应当加强和完善实践类课程建设，主要包括实验课程、实习课程和实训课程的建设，如专业课程实习、独立实验课（游戏开发专项训练、VR 游戏开发专项训练、AR 游戏开发专项训练）、模块化项目训练、专业实习、毕业设计。同时引进优质资源，加强实训平台和资源共享平台建设，引进企业工程师，走进课堂，让学生零距离接触企业项目。

6. 开设创新型课程

为提高学生的学习产出能力，有必要开设信息技术前沿、文献阅读与写作、毕业论文写作、科技论文写作等创新型课程，提高学生的创新创业能力。

（四）建设完善实践教学体系和教学环境

1. 为实现"重能力、强工程、精基础、高素质"的人才培养目标，把实践教学与行业实践和科学研究相结合，把常规实验与创新型实验相结合，把自主设计与合作探究相结合，把学科竞赛与产品开发相结合，以赛代练，以赛促学，以赛促教，以赛促研，培养学生实践能力和应用创新能力。[①]

2. 构建"课内实验－课外实验－专项训练－专业实习－毕业设计"逐层递进的实践教学体系，建设完善的实践教学指导团队。

3. 以培养学习产出能力为目的，建设多元化的实践教学评价体系。

围绕游戏设计专业人才市场需求进行实践技能训练，突出具有创新能力的高素质应用人才培养，实践教学涵盖游戏艺术设计基础、游戏开发基础、游戏开发实践，构建"三位一体"的实践教学课程体系。如图 5 所示。

游戏艺术设计基础实践教学目的是培养学生平面设计能力、游戏场景设

---

① 商泽进、邓庆田：《基于"新工科"理念的理工基础学科实验教学改革设计》，《实验技术与管理》2019 年第 9 期。

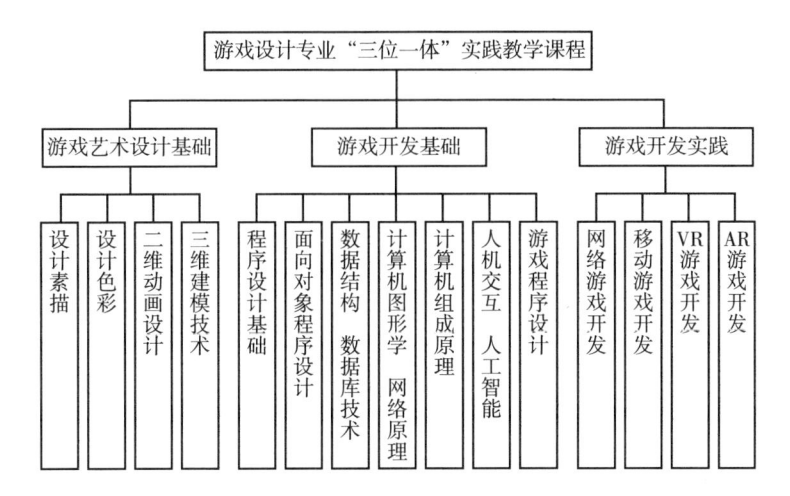

```
                游戏设计专业"三位一体"实践教学课程
                         │
        ┌────────────────┼────────────────┐
   游戏艺术设计基础      游戏开发基础        游戏开发实践
        │                │                │
   ┌──┬──┬──┐    ┌──┬──┬──┬──┬──┬──┐    ┌──┬──┬──┬──┐
   设 设 二 三    程 面 数 计 计 人 游    网 移 VR AR
   计 计 维 维    序 向 据 算 算 机 戏    络 动 游 游
   素 色 动 建    设 对 结 机 机 交 程    游 游 戏 戏
   描 彩 画 模    计 象 构 图 组 互 序    戏 戏 开 开
         设 技    基 程  数 形 成  人 设    开 开 发 发
         计 术    础 序  据 学 原  工 计    发 发
                    设  库 网 理  智
                    计  技 络    能
                       术 原
                          理
```

图5　游戏设计专业实践教学课程体系

计能力、移动游戏设计能力,重点在于加强学生艺术素养的训练,主要包含数字设计素描、设计色彩和空间造型课程。① 游戏开发基础实践主要包括计算机编程基础、游戏设计脚本语言、图形图像类实践、游戏开发引擎、人机交互等,注重培养学生的脚本编程和网络环境开发能力。通过系统训练,完善课程体系的综合性,强化课程体系的设计性与创新性,围绕学生的专业产出能力,构建实践教学课程体系。

五　建立高校游戏设计专业群

为积极响应国家文化产业发展政策和战略,满足文化创意产业对复合型人才的需求,应该推动全国各院校游戏设计专业群建设,把开设游戏设计专业的高校、研究机构和办学效果较好的职业类学校组合在一起,形成多专业交叉训练的"游戏设计专业群"。以专业群为核心,联合全国即将申报该专业的院校、相关行业和企业,对各个高校的专业建设成果和优质资源进行整

---

① 淮永建、王立臣等:《"数字媒体艺术"专业实践教学体系建设》,《计算机教育》2009年第19期。

合，建设高水平共享资源平台，满足教学需求，提高整个专业群的人才培养水平，缩小人才培养与复合型人才需求的差距，实现跨地区、跨院校、跨行业的资源共享，在整体上提高人才培养质量和服务社会能力。

六 总结

自2010年以来，游戏产业人才需求快速增长，虽然社会力量办学在一定程度上缓解了人才紧缺的压力，但是其不能向市场输送理论水平高、动手能力强的高端人才。在高校开设游戏设计专业和游戏开发技术专业，成为解决人才需求问题的根本措施。本文回顾了游戏专业人才培养的历程，从高校开设游戏专业的现状入手，讨论了游戏专业的人才培养模式、课程体系、实践教学体系等顶层设计，构建了高校游戏专业发展依靠国内大中型游戏公司开展校企合作，实现双方互惠互利的专业建设模式，为游戏高等教育和学科发展解决师资力量不足的问题。然而本文只是一个理论框架，要想逐步形成既具有交叉融合，又具有创新特征的人才方案，还有更细致的工作要做。在实践中以学生为中心，按照企业需求培养人才，构建虚拟现实专业科学的课程体系，注重素质教育的培养，并且持续改进，顺势应变深化改革，虚拟现实专业才会发展得更快。[①] 在建设过程中，可以利用多种资源，探索校企合作机制，构建多主体协同育人模式，拓宽就业渠道，使毕业生在社会变化中居于主动地位。

---

① 罗万成：《虚拟现实技术与"新工科"人才培养——以重庆文理学院为例》，《重庆高教研究》2018年第1期。

B.7
2019年中国游戏设计职业教育及培训发展报告

袁懿磊 周璇*

摘 要： 2019年5G的正式商用，给游戏设计带来了新的发展机遇。2019年可谓是中国职业教育的新起点，国家职教改革方案发布、教育部"1+X"证书制度第三批试点工作正式启动、中国特色高水平高职院校建设、产教融合精准化育人新模式等，都为游戏设计职业教育带来新的发展机遇，为产业游戏设计人才培养带来新的动能，为中国数字文化创意产业的发展带来新的活力。

关键词： 游戏设计 职业教育 产教融合 人才培养

一 游戏设计行业与职业人才需要概述

5G的正式商用为游戏设计带来了新的发展机遇，根据中国音数协游戏工委发布的《2019年中国游戏产业报告》，[1] 2019年中国游戏产业销售总收入为2308.8亿元，同比增长7.7%。游戏用户规模达到6.4亿人，较2018年提高了2.5%。

---

* 袁懿磊，广东科学技术职业学院数字媒体艺术设计专业游戏美术设计方向负责人；周璇，广东科学技术职业学院数字媒体艺术设计专业教师。
[1] 中国音数协游戏工委（GPC）、国际数据公司（IDC）：《2019年中国游戏产业报告》，2020。

中国游戏设计产品，由近几年的快速发展转向逐渐成熟的阶段。在国家对游戏产业的大力支持下，我国游戏产业迅猛发展，特别是粤港澳大湾区、北京、上海、成都等地区的游戏、动漫公司迅速崛起，游戏设计人才供不应求。现在的游戏设计是艺术和技术相结合的高科技型创意行业，对人才要求高，随着游戏设计的发展，相应的游戏开发设计人才还处于供不应求的局面，游戏设计行业人才就业形势非常好，游戏开发设计人员有更广阔的发展空间。因此，在经济较发达的城市，非常有必要开展游戏设计专业职业教育。

从我国职业教育游戏设计专业人才培养方面来说，2000年以后游戏设计行业快速发展，职业教育游戏设计专业发展的不成熟，迫切需要企业和院校在人才培养上进行对接，很多专业老师是动画和其他设计方向转岗过来的，真正的游戏设计人才稀缺，而游戏培训机构的诞生缓解了行业的人才需求压力。目前游戏培训机构有很多，培训的方式分为线上和线下两种，游戏美术培训分为游戏策划设计内容课程体系、游戏美术设计制作课程体系、游戏程序设计课程体系，需要掌握计算机设计制作软件大致包括以下几类：Adobe Photoshop、3DS max、maya、Cinema 4D、UVLayout、Bodypaint、particleillusion、ZBrush、Toolbag、Substance Painter、Adobe Illustrator、Unreal Engine、Unity3D、Cocos2d-x。

（一）游戏设计职业教育人才培养概况

游戏设计专业的学生应该具备游戏设计的基本知识和技能，具备手绘能力和三维数字模型制作能力以及游戏UI美术的设计实操技能，成为熟练掌握游戏设计高素质技能型人才。

游戏设计职业教育院校基本情况

2019年，国务院发布的《国家职业教育改革实施方案》指出职业教育和普通教育是两种不同的教育类型，具有同等重要地位。

中国高等职业院校的游戏设计专业代码为：650121，截至2020年5月，全国高等职业院校开设游戏设计专业的学校共计49所。金平果中评榜首次发布了2020年高职游戏设计专业排行榜，前3位分别是深圳职业技术学院、上海工艺美术学院、福建软件职业技术学院。并且以上3所学校都进入了中国特色高水平职业院校的行列（见表1）。

表1 金平果2020年高职游戏设计专业排行榜

排名	高校名称	等级
1	深圳职业技术学院	5★
2	上海工艺美术职业学院	5★
3	福州软件职业技术学院	4★
4	苏州工艺美术职业技术学院	4★
5	无锡工艺职业技术学院	4★
6	四川文化产业职业学院	4★
7	广东轻工职业技术学院	4★
8	湖南工艺美术职业学院	4★
9	九江职业技术学院	4★
10	武汉信息传播职业技术学院	3★
11	厦门软件职业技术学院	3★
12	泉州轻工职业学院	3★
13	浙江纺织服装职业技术学院	3★
14	天津工艺美术职业学院	3★
15	上海工商外国语职业学院	3★
16	广州松田职业学院	3★
17	四川科技职业学院	3★
18	长江职业学院	3★
19	山东电子职业技术学院	3★
20	上海思博职业技术学院	3★

资料来源：《金平果2019—2020年高职专业排行》，2019年。

（二）游戏设计职业教育课程体系

1. 人才培养目标定位

游戏设计专业以服务数字文化产业、游戏设计行业的经济社会发展为宗旨，面向游戏设计行业企业，培养具备良好职业道德和素养，掌握游戏设计策划、游戏美术设计、次时代游戏设计等专业实践型技能的人才，从而满足游戏行业创意设计、三维游戏设计、游戏美术设计、游戏服务和项目管理岗位的一线需要。

2. 游戏设计专业面向定位

中国高职院校游戏设计专业，在文化创意产业飞速发展背景下，为游戏设计行业培养职业道德品质优良、掌握游戏美术设计技能的人才，使其具备游戏设计的项目实战能力，并获得相应的行业证书认可。建立产教融合新机制和工学结合的人才培养模式，打造一批高水平的双师型教师队伍，建设满足于游戏设计专业的课、证、赛训的实践场所，为学生的职业技能提升竞争力。

3. 职业院校游戏设计专业培养规格

通过调研分析粤港澳大湾区相关游戏设计行业、企业工作岗位技能需求，本文根据培养具有良好职业素质，掌握专业知识和制作技能，具备一定的艺术创意设计意识，能够自主学习与适应市场变化能力，适应从事游戏美术相关制作工作岗位需要的，高技能、高素质的应用型专业人才的目标导向，定制出职业院校游戏设计专业培养规格（见表2）。

表2　职业院校游戏设计专业培养规格

专业核心能力	就业岗位指向
具备创意手绘能力，游戏美术创作能力 熟悉二足人物、四足动物的运动规律，掌握游戏软件制作工具，游戏角色绘制和游戏场景绘制技能，游戏设计制作和艺术创作实践操作技能	初次就业岗： (1)游戏设计助理 (2)初级游戏设计员
具备游戏策划与文案编辑能力、手绘能力、艺术创作能力 游戏设计要掌握常用3DS max和maya三维软件，游戏美术的设计、模型制作等操作技能 掌握游戏原画、游戏角色造型、游戏场景的制作要求，应具有扎实的美术功底，对人物、机械、建筑、植物、动物形体有熟悉掌握，可以进行三维制作，具备设计游戏原画人物或动物的艺术创作能力，具备能够绘制场景的实践能力	目标就业岗： (1)游戏角色设计师 (2)游戏场景设计师 (3)游戏原画设计师 (4)游戏三维模型师 (5)游戏动作设计师 (6)游戏界面设计师
可进行游戏特效设计、场景特效、动作特效、光影特效设计等 具备游戏设计表达与创意能力，提供道具设计方案，促进游戏产品盈利与发展，策划道具促销活动，沟通、协作与推广能力	拓展岗： (1)游戏特效设计师 (2)游戏交互设计师 (3)游戏运营管理助理

4. 游戏设计专业核心课程建设要求

为培养高技能、实用型游戏设计专业人才,优化行业工作岗位,应把专业核心课程与企业岗位相结合。将游戏角色设计、游戏场景设计、游戏动作设计、游戏架构策划与设计、游戏界面设计等课程,以及学校课堂授课与企业实践相融合。主要教学内容、技能考核项目与要求、学时/学分与企业学时如表3所示。

表3 游戏设计专业核心课程

课程名称	主要教学内容	技能考核项目与要求	学时/学分	企业学时
游戏角色设计	游戏角色造型构思因素 游戏角色设计的绘制方法 形体结构分析 手绘练习	了解游戏角色造型构思因素,人物、设计的构思方法和特点,掌握角色设计的绘制方法和游戏角色的动态设计,熟悉从形体结构分析,培养默写能力和动态性连惯性的观察方法	90/5	30
游戏场景设计	游戏场景的类型 透视原理 游戏场景设计绘制	掌握多种类型游戏场景设计理念 游戏场景的绘制能力	90/5	30
游戏动作设计	了解掌握动画原理与技巧,骨骼与模型结构,使用3DS max 或 maya 表现流畅、自然的动作效果	制作游戏动画的技能	72/4	30
游戏架构设计与策划	了解主要工作环节及流程,涉及游戏的本质分析,玩家的需求分析,文档的编写要求、构思与创意,设计故事情节,设计游戏元素、游戏规则、平衡设定,人工智能,游戏进程、关卡、系统功能设计等	了解掌握游戏策划的工作流程	90/5	30
游戏界面设计	熟练运用软件建立界面制作流程,了解掌握不同风格、游戏类型的 UI 设计特点	使用绘制软件设计游戏 UI 作品	72/4	30

（三）中国游戏设计职业教育就业质量情况

通过梳理游戏设计人才招聘信息，发现每月游戏设计需求岗位有3000个以上。其中不乏高级游戏美术设计和程序开发类的岗位，如游戏策划与设计、游戏原画设计师、三维次时代游戏美术设计师、游戏程序设计师、游戏市场开发人员等。游戏开发设计程序类、美工设计策划类人才占需求岗位的85%，游戏市场推广专员、游戏运营人才及其他游戏岗位约占15%。

二 游戏设计人才教育培训发展情况

游戏被称为"第九艺术"，需要多样化的游戏从业人员。通过对游戏产业人才需求调研分析发现，游戏设计人才结构呈金字塔式，分为3个级别分布，即初级、中级、高级。大部分初级人才是在职业学院培养的，他们的就业能力低；中级人才是游戏设计培训所需的人才，如游戏美术设计，游戏程序设计等人才；高级人才要通过8～10年的工作培养，如游戏的主程序员、游戏设计美术总监、游戏设计总策划等。

目前我国高等职业院校和高等院校人才培养机制还要进一步健全，国内现有院校的游戏设计专业的人才培养模式有待完善。因此，毕业生想找到称心如意的工作还需在相关的游戏设计培训机构学习1～2年。这是游戏设计人才成长的新途径。

（一）数字游戏创意人才职业培训的类别

培训类别包括游戏美工设计、三维游戏动画制作、二维动漫制作、数字动态图形、虚拟现实技术、影视特效等。该类型的培训被称为数字文化创意职业技能培训。

进入21世纪，我国的数字文化娱乐产业发展迅猛，分为以下两个阶段：第一个阶段为萌芽阶段，当时个人计算机技术刚进入千家万户，数字文化产业动漫、游戏发展处于萌芽阶段；第二个阶段是移动互联网的飞速发展时期,3G、4G 运用于个人的移动通信终端,手机游戏飞速发展给相关的数字娱乐培训机构带来了良好的发展机遇。

(二)中国游戏设计教育培训发展现状分析

艾瑞统计数据显示,[①] 2017 年我国的游戏市场产业规模已经达到 2300 亿元,移动端和客户端相关的用户数量接近 9 亿人,国内游戏市场发展空间巨大。从游戏产业链的分布状况来看,游戏人才教育培训机构主要影响游戏产业链的上游,其主要功能是为游戏企业输送专业的游戏人才,同时游戏企业为培训机构提供相应的人才岗位。目前中国的游戏设计教育培训有 3 种形式,分别是高校培养、职业培训机构培训、直播课线上教学。

经过调研发现,游戏美术设计人才培养主要分为 3 个方向。

游戏绘画方向主要培养游戏原画、游戏场景绘制、游戏 UI 设计能力。相关的软件有 SAI、Photoshop、Illustrator。

三维次时代游戏设计方向主要培养三维游戏设计能力,如角色建模,场景建模,游戏动作设计,游戏特效设计,相关软件有 3DS max、maya、ZBrush、Substance Painter、After Effects 等。

游戏引擎方向主要培养二维游戏和三维游戏的软件,以及虚拟现实游戏设计的编程方面的运用能力,相关软件有 Cocos2d、Unity、虚幻引擎。

三 中国游戏设计职业教育与培训协同发展新模式

中国的高等职业院校要以专业实践能力培养和职业人才培养为目标进行校企合作办学,因此游戏设计专业要适应游戏设计行业和企业的发展。通过高职院校以及游戏设计行业和企业发展校企协同育人新模式,如合作办学等合作模式,对出现的问题和变化进行有效梳理和共同探讨。职业教育要大力

---

① 艾瑞咨询:《2017~2023 年中国游戏动漫人才教育培训行业现状分析及未来投资趋势研究分析报告》,2017 年。

推进"合作办学、合作育人、合作就业、合作发展"的模式。

在中国游戏教育培训行业逐步发展的过程中，培训机构与高校合作正逐渐成为一个重要的发展方向。游戏设计培训机构与职业院校游戏设计专业共同合作推进产教融合发展模式，一方面能够改善职业院校游戏设计专业的教学模式，完善游戏设计课程内容，提升高技能人才培养的质量；另一方面能够实现高技能人才与企业职位的精准匹配，满足数字创意产业差异化和高水平的人才需求。与此同时，这样的合作加强了高职院校师资队伍的建设，如：完美世界教育与深圳职业技术学院合作，名动漫与广东科学技术职业学院建立合作关系。职业院校与游戏设计行业培训机构的深度合作是促进游戏设计教育培训行业不断发展的重要推动力。

2019年1月，国务院印发《国家职业教育改革实施方案》，明确要求启动"学历证书+若干职业技能等级证书"制度试点（简称"1+X"证书制度试点）工作。2019年底，完美世界教育科技（北京）有限公司经过层层严格评审，成功入围教育部第三批职业教育培训评价组织名单，其主持设计的"游戏美术设计职业技能等级证书"入选第三批职业技能等级证书名单。

为深入贯彻落实《国家职业教育改革实施方案》等有关政策精神，扎实推动游戏美术设计职业技能等级证书设计工作，有效促进完美世界教育与广大职业院校、应用型本科院校开展深度校企合作，完美世界教育邀请与艺术设计相关的职教专家、全国的职院代表、游戏设计专业骨干教师共商"1+X"证书制度试点的相关工作，共同赋能数字文创产业与人才新未来。

作为数字文化创新人才、实用人才培养的实践者，完美世界教育将携手院校，通过深度校企合作，依托行业领军企业岗位需求，结合职业院校和应用型本科院校教学实践，建立游戏美术设计职业技能标准，为培养数字文创产业未来领军型技能人才贡献企业力量。

四 结语

《国家职业教育改革实施方案》的颁布，给职业院校的发展带来了新的机遇与挑战。根据《国家职业教育改革实施方案》的总要求和总目标，对全国职业院校开展"1+X"证书制度试点工作，使游戏设计专业与游戏行业和企业建立更密切的联系，让游戏设计专业人才培养变得更加合理、科学。

  从宏观的角度来看，中国游戏设计行业前景大好，人才需求更加迫切。校企共建育人模式需要时间的积累和沉淀，需要企业和院校深度融合。校企共同育人，将游戏设计企业文化融入校园文化，对学生的专业和职业素养的塑造产生积极影响，打造人才培养的新模式，为游戏设计行业的发展带来新的驱动力！

参考文献

金平果：《2020年高职游戏设计专业排行》，2020。

内 容 篇

Content

B.8 2019~2020年中国文化题材游戏产品发展报告

孙 舟 刘跃军*

摘 要： 本报告通过梳理2019～2020年移动端与PC端、大型游戏生产厂商与独立游戏工作室的典型案例，分析中国文化题材游戏产品的发展状况。展示中国文化题材对于游戏品牌价值增值效应，启发创新灵感，开拓游戏题材空间，开发国内外具有潜力的用户市场，打造民族文化话语权等涉及市场、生态、技术、文化多方面的长远潜力。并结合大型游戏生产厂商与独立游戏工作室各自优劣势，参考国内游戏产业发展状况，提出促进中国文化题材游戏产品发展的建议。

---

* 孙舟，北京电影学院虚拟现实设计专业硕士研究生，主要研究方向为虚拟现实设计；刘跃军，博士，副教授，北京电影学院动画学院游戏设计系主任，沉浸式交互动漫文化和旅游部重点实验室执行副主任，主要研究方向：VR电影、游戏、影视制作及特效、CG动画。

关键词： 中国文化题材　移动游戏　单机游戏　独立游戏

一　2019~2020年中国文化题材游戏产品发展概述

2019~2020年中国国产游戏产品呈现题材多元化特征，游戏题材分布广泛，现实、科幻、末世等题材作品增加，如《光明记忆》《南瓜先生2：九龙城寨》等优质产品。同时传统题材创新玩法成为新趋势，出现了更多结合新游戏元素的中国文化题材游戏产品，如《了不起的修仙模拟器》《纸人》系列等。

（一）2019~2020年中国文化题材游戏产品整体市场情况概述

2019~2020年，随着我国网民远程办公、线上娱乐等生活方式的进步普及，包括游戏在内的线上娱乐产品快速增加。截至2020年第一季度，中国游戏市场实际销售收入达732.03亿元，受到移动游戏实际销售收入增长的拉动，相比2019年第四季度增长了147.42亿元，环比增长25.22%（见图1），其中移动端游戏产品贡献最大，占总销售收入的75.64%。①

2019年国产游戏市场发展迅速，国产游戏产量增长，优质精品不断出现，2019年中国单机游戏市场经历跨越式发展，单机游戏销售总收入达6.4亿元，比2018年同期上涨近3.5倍。②更有实力与责任感的企业开始投入资金技术到产品创新环节，同时中小企业、独立制作团队也纷纷寻找适合自己的创新方向。

在中国游戏市场整体规模稳步扩大、产品类型多元化发展的前提下，中国游戏市场在"新文创"理念推动下迎来大发展，出现了大量高质量、新

---

① 《〈2020年第一季度中国游戏产业报告〉全文》，人民网，2020年4月20日，http://jinbao.people.cn/n1/2020/0420/c432298-31680302.html。
② 《伽马数据：2019中国游戏产业年度报告》，中文互联网数据资讯网，2019年12月18日，http://www.199it.com/archives/983442.html。

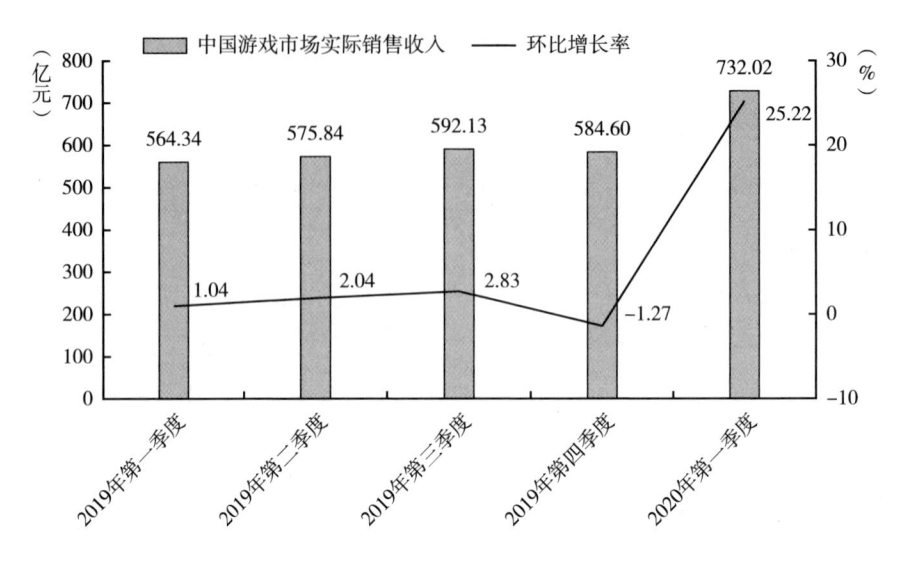

图 1　中国游戏市场实际销售收入及环比增长率

资料来源：《〈2020年第一季度中国游戏产业报告〉全文》，人民网，2020年4月20日，http://jinbao.people.cn/n1/2020/0420/c432298-31680302.html。

类型、多元化的原创中国文化题材游戏产品，不少游戏产品获得良好的市场反响。例如《王者荣耀》在鼠年新年活动期间推出的以中国传统文化"五岳仙山"为元素的系列游戏皮肤广受消费者好评，总销量达4000万套。[①] 中国文化题材单机游戏产品也有不错的市场表现，非线性叙事、悬疑、探案、声音元素与现实题材相结合的《疑案追声》销量超过40万份，[②] 同时，《了不起的修仙模拟器》《纸人》等产品都在探索国产游戏多元化与中国文化的道路上取得很大进展，并获得不错的市场成绩。

（二）2019~2020年中国文化题材游戏产品内容情况概述

2019~2020年，中国游戏市场转型升级成为游戏企业的主要发力点，

[①] 《王者荣耀：春节档皮肤销量出炉，伽罗太华仅排第三，武则天卖出200万套?》，腾讯网，2020年1月30日，https://new.qq.com/omn/20200130/20200130A0IBQU00.html。

[②] 《2019年度〈国产单机销量年榜〉〈隐形守护者〉第一》，百家号网站，2020年1月13日，https://baijiahao.baidu.com/s?id=1655600450276768858&wfr=spider&for=pc。

各个游戏厂商瞄准以构建IP价值为核心的创新发展思路,不断探索中国独特文化价值与游戏产品融合的可能性,这一现象直接有力推动中国文化题材游戏产品的发展,游戏厂商采取多样化、区隔化方式,探索通过中国文化构建提升自己品牌价值的道路。

1. 中国文化题材呈现形式

游戏市场中的头部厂商主要采取以原有题材结合多元创新的思路,通过与相关文化部门联手合作,用中国文化元素丰富产品呈现形式。《王者荣耀》不断结合中国传统历史元素,推出具有中国文化背景的角色皮肤,例如为角色鲁班七号推出的"狮舞东方"皮肤,是《王者荣耀》与佛山市南海区文化广电旅游体育局联合开展的文创项目成果,目的是宣传和鼓励佛山醒狮非遗申报活动。这种利用游戏产品已有资源,与其他文化主题进行多元联动的内容生产方式,是大型游戏生产商不断优化旗下游戏产品、深化IP价值的首要方式。

2. 利用中国文化构建品牌价值

游戏厂商也积极迎接新文创潮流,结合"国风""国潮"等流行概念,在已有的游戏产品中不断更新扩展内容以迎合市场动向,实现破圈层IP联动,丰富经典产品的文化内核,强化文化价值对于IP构建的贡献。2020年,在网易游戏"5·20"游戏热爱日,网易宣布旗下经典游戏《梦幻西游》将联动稻香村、娃哈哈、六福珠宝等六家国内知名品牌,开展"新萌国潮"活动,[①] 不同领域品牌IP的互动,为游戏产品带来新的中国文化内涵。

3. 创新发展的中国文化题材游戏产品

2019~2020年,国产游戏呈题材多样化发展趋势,传统武侠、仙侠、奇幻题材结合新元素,推动产品蕴含的中国文化题材多元化发展。题材创新伴随内容创行与玩法创新,构成国产单机游戏打造品牌价值的

---

① 《国潮破圈再发力,梦幻西游玩转跨界》,百家号网站,2020年5月26日,https://baijiahao.baidu.com/s?id=1667753969562897327&wfr=spider&for=pc。

驱动力，也成为很多独立游戏工作室开发游戏产品的首要目标。例如河洛工作室开发的游戏《侠隐阁》，就将武侠题材与养成、战棋元素相融合，获得玩家一致好评。独立工作室 GSQ Games 开发的《了不起的修仙模拟器》，将中国仙侠文化与 Roguelike、沙盒生存等游戏元素结合，并获得市场肯定。

（三）中国文化题材游戏产品所面临挑战和发展机遇概述

2019~2020 年，中国游戏市场发展迅速，我国游戏用户呈现多元化发展趋势，二次元、女性用户产品市场销售量快速增长，①为中国文化题材游戏市场提供潜在发展动力。国产自主研发游戏产品在海外市场销售量的增长，为中国文化"走出去"铺平道路。国内游戏产业环境日趋优化，政策推动与产业生态建设利于游戏生产商加大创新投资力度，客观上促进了游戏厂商挖掘中国文化题材。但中国文化题材游戏产品的发展也面临挑战，游戏市场用户量趋于稳定，市场竞争加剧，玩家对于游戏产品创新性的重视程度逐渐提高，要求游戏开发商加大创新投入力度。中国文化题材游戏产品 IP 衍生产品质量参差不齐，无法满足补充经典 IP 价值消耗的要求。同时，游戏市场中尚无比肩国际游戏产业 3A 级作品的产品出现，说明我国游戏产业链工业化、系统化程度有待提高。

二 2019~2020 年中国文化题材游戏产品市场发展状况

2019~2020 年，得益于我国自主研发能力的不断增强，中国文化题材游戏市场整体呈现稳定发展趋势，截至 2020 年第一季度，中国自主研发游戏产品国内市场实际销售收入达到 623.50 亿元，相比 2019 年第四季度环比

---

① 《〈2020 年第一季度中国游戏产业报告〉全文》，人民网，2020 年 4 月 20 日，http：//jinbao.people.cn/n1/2020/0420/c432298-31680302.html。

增长29.68%。① 但游戏产品类型发展不均衡的趋势愈加明显,市场收入的75.64%来源于移动端内容,移动游戏产品销量排行前10产品中的8款都来自腾讯和网易两家公司,公开数据显示,2020年5月中国手机游戏产品收入月增长12%,其中腾讯有13%的增长来自《王者荣耀》,网易有12%的增长来自《梦幻西游》和《阴阳师》。另外,单机游戏在细分市场的份额只有0.20%(见图2),这使得以单机游戏为主的小型独立游戏工作室生存压力加大,也影响了中国文化题材在单机游戏领域的市场份额,市场空间进一步被大型游戏厂商挤占。因此本报告对大型游戏生产商与小型独立游戏工作室进行分别讨论,分析两类市场主体在开发中国文化题材内容产品时,所处的不同市场环境。

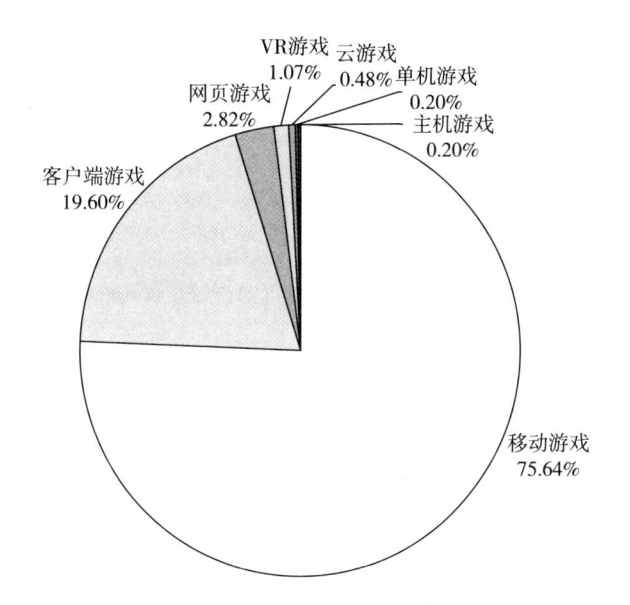

图2 中国游戏产业细分市场收入占比

资料来源:《〈2020年第一季度中国游戏产业报告〉全文》,人民网,2020年4月20日,http://jinbao.people.cn/n1/2020/0420/c432298-31680302.html。

---

① 《〈2020年第一季度中国游戏产业报告〉全文》,人民网,2020年4月20日,http://jinbao.people.cn/n1/2020/0420/c432298-31680302.html。

（一）2019~2020年大厂研发的中国文化题材游戏产品市场发展状况

1.《王者荣耀》

《王者荣耀》作为一款现象级移动游戏产品，自2015年上市以来，以QQ、微信的庞大用户量为基础，通过兼顾MOBA类游戏公平性与简化操作等设计，长期占据移动游戏下载量和收入排行榜首位。2019~2020年，《王者荣耀》不断更新产品内容，推出新模式"万象天工"以及大量新游戏角色，不断提升游戏品牌价值。腾讯2020年第一季度财报显示，旗下网络游戏收入增长31%至人民币372.98亿元，该增长大部分来自游戏产品《王者荣耀》与《和平精英》。在2019年度全球免费游玩电子游戏收入排行榜中，《王者荣耀》位列第三（前两名分别是Epic Games的《堡垒之夜》和Nexon的《地下城与勇士》）（见表1），从中可以看出《王者荣耀》所具有的巨大市场规模。

表1 2019年度全球免费游玩电子游戏收入排行

单位：美元

排名	名称	发行商	类型	年收入
1	堡垒之夜	Epic Games	射击	18亿
2	地下城与勇士	Nexon	角色扮演	16亿
3	王者荣耀	腾讯	MOBA	16亿
4	英雄联盟	Riot Games,腾讯	MOBA	15亿
5	糖果粉碎传奇	KING Digital Entertainment	益智	15亿
6	精灵宝可梦GO	Niantic Inc.	冒险	14亿
7	穿越火线	Smile Gate	射击	14亿
8	命运-冠位指定	Aniplex Inc.	角色扮演	12亿
9	和平精英	腾讯	射击	12亿
10	Last Shelter:Survival	龙创悦动	策略	11亿

资料来源：*2019 Year in Review Digital Games and Interactive Media*，哔哩哔哩网站，2020年1月12日，https://www.bilibili.com/read/cv4334299/。

角色皮肤作为 MOBA 类游戏特色之一，一直是厂商打造游戏 IP 和增加游戏收入的主要手段，腾讯以 IP 联动、KPL 电竞、用户投票等活动为主题，打造一系列角色皮肤。2019 年至 2020 年 5 月，《王者荣耀》共发售皮肤 75 款，其中直接以中国文化为题材的皮肤有 43 款，占比近六成。① 《王者荣耀》在 2020 年春节期间发售的 8 款角色皮肤累计销售量突破 2 亿套，② 其中以"五岳仙山"为主题的伽罗太华、典韦岱宗都创造了单日销售量超 500 万套的成绩，角色韩信的飞衡皮肤单日销量甚至超过 2000 万套（见表 2）。鼠年新年的游戏皮肤销售直接为《王者荣耀》带来近 20 亿元的收入。从中可以看出玩家对于中国文化题材游戏产品的极高认同度，同时，也可以看出这一结合传统文化丰富游戏内容的举动，能够给游戏厂商带来的巨大市场回馈。

表 2 《王者荣耀》鼠年新皮肤销售情况

单位：套

皮肤名称	岱宗	太华	飞衡	辉光之辰	末日机甲
角色名称	典韦	伽罗	韩信	后羿	孙尚香
单日销量	700 万	800 万	2000 万	200 万	100 万
题材	五岳	五岳	五岳	神话	科幻

资料来源：中信建投证券研究发展部。

2.《梦幻西游》

《梦幻西游》是网易开发的一款 MMORPG（大型多人在线角色扮演类游戏）结合回合制的游戏产品，游戏取材于中国文学作品《西游记》，自 2003 年上线运营至今，为网易开拓了巨大的用户市场，也是网易旗下最"老"的游戏产品之一。网易公布的 2020 年第一季度财报显示，网易在线游戏服务净收入为 135.2 亿元，同比增长 14.1%，毛利率为 64.1%，连续八个

---

① 王者荣耀官网，https://pvp.qq.com/。
② 王者荣耀官网，https://pvp.qq.com/。

季度保持百亿元以上营收，由此可以看出游戏业务已经成为网易公司主要的收入来源。①《梦幻西游》作为网易打造的游戏IP，在18年时间中，不断创新发展，衍生出大量相关IP内容产品，为公司业绩带来持续不断的增长。2020年第一季度国内iOS移动端游戏产品收入超10亿元的有五款，② 其中就有《梦幻西游》IP衍生产品——《梦幻西游手游》。2019年刚刚上市的《梦幻西游三维版》在同段时间内的收益超过2亿元，充分说明《梦幻西游》系列产品在网易移动游戏带来的巨大收益中所占比例举足轻重。在电脑客户端（PC端）游戏产品方面，《梦幻西游电脑版》以其长生命周期、稳定收入增长为网易带来持续性效益，2020年3月，在全球PC端游戏产品单月收入排行中，《梦幻西游电脑版》排名第四（见表3），这证明了IP原创性所产生的巨大经济效益，同时也证明中国文化题材游戏产品所具有的长期持久的吸引力。

表3　2020年3月全球游戏产品收入排行榜

排名	PC端	主机	移动端
1	地下城与勇士	集合啦！动物森友会	王者荣耀
2	英雄联盟	国际足球20	梦幻花园
3	穿越火线	美国职业棒球大联盟20	糖果传奇
4	梦幻西游2	毁灭战士：永恒	守望黎明
5	毁灭战士：永恒	使命召唤：现代战争	精灵宝可梦GO
6	反恐精英：全球攻势	NBA 2K20	硬币大师
7	无主之地3	侠盗猎车手5	罗布乐思
8	半衰期：艾利克斯	堡垒之夜	怪物弹珠
9	魔兽世界	彩虹六号：围攻	部落冲突
10	坦克世界	麦登橄榄球20	黑道风云

注：《梦幻西游2》中文名已于2016年2月更改为《梦幻西游电脑版》。

资料来源：《SuperData：2020年3月全球数字游戏超100亿美元 创历史新高》，中文互联网数据资讯网，2020年4月23日，http：//www.199it.com/archives/1039569.html。

---

① 《网易第一季度营收171亿元　同比增长18.3%》，百家号网站，2020年5月20日，https：//baijiahao.baidu.com/s?id=1667165925810714212&wfr=spider&for=pc。
② 《2020年前4个月iOS收入Top 100门槛有多高？3000万》，搜狐网，2020年5月23日，https：//www.sohu.com/a/397241202_204824。

作为一款上线时间超过十年的游戏产品，除售卖游戏点卡的稳定收入外，《梦幻西游》还发展出多种赢利方式，其中比较有代表性的就是"藏宝阁"交易系统。该系统是由网易官方开发运营，并适用于旗下多款游戏产品的在线交易系统，在"藏宝阁"中玩家可以进行道具交易、金币购买、账号充值等活动，配合网易官方开发的支付渠道"网易宝"可以将虚拟交易额最大限度变现为公司盈利。自媒体梦幻资讯频道于 2020 年 6 月 17 日发布的文章显示，游戏中玩家以 300 万元的价格卖出自己获得的游戏装备"紫金磐龙冠"，这笔交易刷新了藏宝阁最高成交价纪录，类似的高价交易也在各个玩家社区中引起广泛关注。①

（二）2019～2020年小规模团队制作的中国文化题材游戏产品市场发展状况

受资金、技术等条件限制，单机游戏往往是小规模游戏制作团队的首选产品模式，如参与制作《疑案追声》的核心成员为 5 人，《部落与弯刀》制作人员为 4～5 人。② 2019～2020 年国产单机游戏市场迎来了一轮跨越式发展，相关数据显示，国产 PC 端单机游戏产品市场收入达到 6.40 亿元，较 2018 年同比增长 341.4%，获得了涨幅近 2.1 倍的好成绩（见图 3）。当然这与 Steam 平台带来的大量用户与 WeGame 等国内游戏平台的大力推动有很大关系，如 Steam 平台评选的 2019 年热门新游戏排行榜中就有《了不起的修仙模拟器》《部落与弯刀》《嗜血印》等优秀中国文化题材单机游戏，另有《光明记忆》、《疑案追声》和《古剑奇谭三》等一系列玩法多元、品质优秀的单机游戏产品获得市场好评。

NExT Studios 工作室制作的《疑案追声》是一款玩法和呈现方式充满新意的国产单机游戏。游戏中，玩家需要通过播放场景中不同位置的录音寻找

---

① 《梦幻西游：牛！藏宝阁最高成交价刷新，第一无级别 300 万元售出！》，百家号网站，2020 年 6 月 17 日，https：//baijiahao.baidu.com/s?id=1669743208365152337&wfr=spider&for=pc。
② 《GWB 圆桌讨论：中小游戏团队如何在竞争中生存？》，新浪财经，2019 年 9 月 26 日，http：//finance.sina.com.cn/stock/relnews/hk/2019-09-26/doc-iicezzrq8539855.shtml。

图3 2011~2019年中国PC端单机游戏产品市场实际销售收入

资料来源：《伽马数据：2019中国游戏产业年度报告》，中文互联网数据资讯网，2019年12月18日，http://www.199it.com/archives/983442.html。

线索，随着游戏时间流逝线索也会消失，这就需要玩家反复进行查找和播放，这一过程使游戏叙事非线性化，从而带来游玩乐趣。截至2020年3月，《疑案追声》在Steam平台销量超过40万份，① 获得15000条评论，好评率达到96%，值得注意的是，《疑案追声》的销售成绩除本身创新元素外，还得益于发行商哔哩哔哩的运营支持。

《了不起的修仙模拟器》是一款由GSQ Games开发的结合Rouguelike游戏元素与中国传统仙侠文化题材的游戏产品，游戏使用了沙盒系统，每次重新开始游戏时都会产生不同的游戏体验。《了不起的修仙模拟器》于2019年1月以早期版上架Steam平台，但由于优化、bug等问题惨遭评价滑坡，之后GSQ Games历时8个月时间优化游戏，使得游戏好评率达到80%。2020年4月，游戏发行商Gamera Game宣布，《了不起的修仙模拟器》在Steam和WeGame平台总销量突破50万份。② 口碑逆袭源于制作方不懈的努力，在游戏上线8个月的时间内，GSQ Games放出了超过40个更新版本，

---

① 《2019年度〈国产单机销量年榜〉〈隐形守护者〉第一》，百家号网站，2020年1月13日，https://baijiahao.baidu.com/s?id=1655600450276768858&wfr=spider&for=pc。

② 《了不起的修仙模拟器》官方微博。

其中第一个月的更新频率达到了每天一版，其在第一时间解决了玩家发现的bug和影响游戏稳定性的问题，而且还在14个月的时间里为玩家免费更新了4个年度版内容，极大丰富了游戏体验。

除对游戏品质仔细打磨以外，《了不起的修仙模拟器》还尝试了独立游戏IP跨界互动，与另一款知名国产游戏《波西亚时光》进行交互，[①]并以彩蛋宝箱和剧情内容更新的方式丰富自己仙侠题材的世界观。《波西亚时光》也是一款广受好评的国产单机游戏，入选Steam平台2019年度最佳抢先体验毕业作品铂金榜，[②]全球销量过百万套，两款游戏的IP互动能够引流大批玩家，也为其他国产独立游戏产品提供了IP构建的经验参考。

三 2019~2020年中国文化题材游戏产品典型内容特征分析

如独立游戏制作者小棉花所说，"独立游戏不在乎你有多少缺点，在乎的是你有没有优点"，这句话道出了国产游戏所面临的处境。国产游戏现阶段的发展障碍主要在创新、特色方面，与全球领先的大型制作团队相比，现阶段大部分国产厂商还不具备制作"过于精细"画面、动态效果的能力，题材、玩法的创新才是激烈竞争中的破壁法宝。

创新并非无根之水，对于优秀传统文化的发掘、对于日常生活的感悟都可以产生灵感，创新之外，游戏所展现出的独特风格也是吸引玩家从而获得市场成功的关键。如胖布丁工作室开发的《南瓜先生2：九龙城寨》，在保持工作室一贯风格的前提下，结合20世纪八九十年代香港九龙的历史背景，钩织出了一个光怪陆离而又充满复古感的奇特游戏世界。制作人对于九龙城寨的"还原"与"误读"构成了不同于以往相关类型作品的赛博朋克风格，同样将中国地方文化运用于游戏产品的《港诡实录》也获得了市场好评。

---

① 《了不起的修仙模拟器》官方微博。
② 《年度最佳》，Steam官网，https://store.steampowered.com/best_of_2019。

结合中国文化题材获得创新灵感与形成独特风格，成为当下游戏产品提高竞争力的必备条件，下面从内容与风格两个方面出发，对大型游戏生产商与小型独立游戏工作室研发的国产游戏产品内容特征进行分析。

（一）2019~2020年大厂研发的中国文化题材游戏产品内容特征分析

《王者荣耀》在故事背景设定、角色设计环节加入了大量创新元素，其中在阵营编制、角色关系等方面大量参考中国文化，融合创新出了游戏一大特色。游戏中存在多股势力，每股势力内又有众多英雄角色，如取材战国时期的"稷下学院"中就有庄周、墨子、廉颇、钟无艳等历史人物，以唐代为参考的"盛世长安"中有武则天、狄仁杰、李元芳等历史人物。《王者荣耀》中中国传统文化与游戏内容的结合，为游戏玩家带来既熟悉又新鲜的游玩体验，方便玩家记忆游戏角色并快速沉浸于游戏内容中。许多角色的外形设计与游玩机制也体现了中国文化特征，如关羽骑赤兔马的设定，该角色的特点就是快速奔袭、伺机发动，再如周瑜的设定，游戏取材于《三国演义》中火烧赤壁的内容，给予角色依靠火焰切割敌方阵形的能力，敌方玩家因此无法发动阵形紧密的团队进攻。游戏设计师还强化了游戏角色的视觉锚点设计，以此推出的一系列皮肤在给玩家带来新鲜感的同时也不会失去角色原有的特征，如取材于敦煌壁画中飞天形象的杨玉环飞天皮肤，就结和了角色原本就有的持琴形象，将大唐贵妃形象演变为佛教艺术中的仙女形象。

《梦幻西游》自上市起就以中国文化题材为故事背景，不论是角色阵营设置还是场景角色设计都受到中国文化元素的影响。《梦幻西游》以萌系造型为游戏特色，吸引大批玩家，网易在此基础上创作了《梦幻书院》系列动画剧集，以同样萌系造型的绘画风格和游戏中的内容元素打造了动漫版的游戏世界，拓展了游戏以外的品牌内容。《梦幻西游》除了与动漫结合外，还积极探索与电影纪录片结合的可能，网易与央视《舌尖上的中国》制作团队联合制作的《指尖上的梦幻》系列纪录片已经出品四部，它们分别以皮影戏、古建筑、活字印刷、昆曲为主题，探讨中国传统文化题材对当下社会、生活以及游戏产生的影响，在挖掘品牌文化价值的同时也起到教育大众、传播中国文化的作用。

（二）2019~2020年小规模团队制作的中国文化题材游戏产品内容特征分析

小型独立游戏制作团队往往由于资金、人力、销售渠道等原因无法承担大型游戏项目所需要的投入，因此创新对于独立游戏制作者来说尤为重要。《疑案追声》通过表现形式的创新，选择了一条与以往游戏产品不同的开发思路，游戏通过对白与音响完成案件叙事，搭配专业声音演员参演的表现形式，使游戏区别于视觉主导的游戏作品，带给玩家独特的沉浸式体验。使用声音作为主要元素的游戏产品一直属于小众范畴，如《回声探路》《窒息》等，但《疑案追声》通过场景安排与声音回放将非线性叙事元素引入游戏，深化游戏悬疑与探案的主题特征。另外《疑案追声》大量使用现实题材元素构成题材创新，在其最近的两版DLC（《中元节特别篇》与《黑面观音》）中可以看到大量源自生活的元素，如up主探险、综艺剧组录制节目等。

在玩法创新方面，《了不起的修仙模拟器》带来了更多启示，在刚刚上市的时候该游戏经历过口碑滑坡，Steam平台好评率一度下降到45%，导致网络上出现各种对该游戏的贬低言语，其中有些网友认为《了不起的修仙模拟器》是一款制作粗糙的"换皮游戏"（指抄袭其他游戏）。这一说法的根源在于《了不起的修仙模拟器》所借鉴的沙盒类游戏元素与Roguelike游戏元素在国际游戏市场早已成熟，代表作品如《我的世界》《泰拉瑞亚》《边缘世界》等，但经过GSQ Game长达数月的更新，游戏的一大主要元素"修仙系统"渐渐成型，这一系统的架构是根据中国古代风水五行学说设计的，其大量借鉴丹药、天干地支、八卦等概念，构建出一套庞大复杂的世界观与玩法系统，从而吸引大量仙侠题材爱好者成为重度游戏玩家，游戏媒体"游研社"曾发表微博文章，讲述几位国外玩家为《了不起的修仙模拟器》制作英文版的经历。《了不起的修仙模拟器》证明了游戏产品题材创新的重要性，也证明了创新不是跨越式发展，而是不断学习积累优秀作品的结果，从借鉴其他游戏到借鉴生活，再到借鉴中国文化的过程就是多数优质国产游戏产品取得成功的关键。

四 中国文化题材游戏产品发展的机遇与挑战

随着中国游戏产业逐步发展，中国文化题材游戏产品依靠先天原创性与中国文化深沉的历史积淀，获得前所未有的发展机遇，但同时也遇到了新的问题和发展障碍。

（一）中国文化题材游戏产品发展面临的挑战

1. 市场对于游戏创新性的要求不断提高

中国游戏用户人数增速平缓，意味着市场进入了存量竞争阶段，这就要求游戏生产商投入更多资金和人力在游戏创新环节，相关市场调查报告指出，认为游戏创新重要和非常重要的用户超过90.0%，其中34.3%的用户认为游戏创新是非常重要的（见图4），用户中56.3%的人认为产品创新程度会影响付费意愿（见图5）。而创新对于大型游戏生产商和小型独立游戏工作室来说都是一笔巨大投入，这对于中国文化题材游戏产品既是机遇也是挑战，它既可以推动更多游戏厂商将创新方向转向对中国文化题材的发掘，同时也考验游戏开发者对于中国文化是否具有深刻、独到的见解。

2. IP价值衍生的困境

游戏行业的竞争已演变为IP的竞争，《王者荣耀》《梦幻西游》《阴阳师》等成功游戏产品无不具有巨大的品牌号召力。但再优质的游戏产品也有价值消耗的过程，为防止品牌价值过度消耗，游戏厂商都将考虑通过IP多元化构建实现品牌价值衍生，著名的案例有《魔兽》《最终幻想》等游戏产品。其厂商都选择了更为立体的"泛娱乐"方式塑造品牌价值，通过游戏画面重置、内容移植、官方小说、周边商品甚至电影等方式扩大IP影响力。国内游戏厂商同样注意到了品牌价值消耗的问题，如网易不断开发《梦幻西游》的IP衍生品，但效果有限，还未达到打破品牌圈层，从而吸

2019~2020年中国文化题材游戏产品发展报告

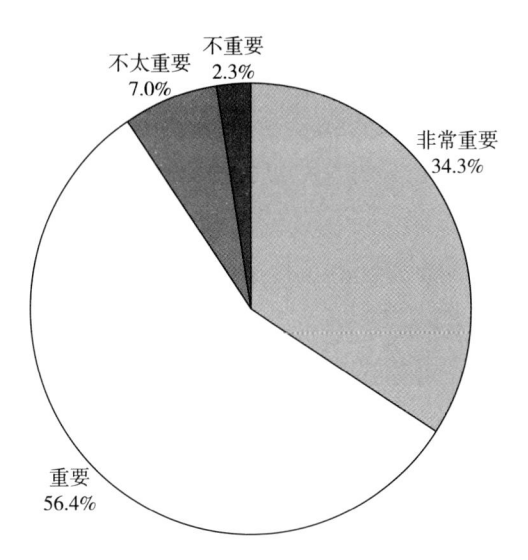

图4　游戏用户对产品创新看法分布

资料来源：《伽马数据：2019中国游戏产业年度报告》，中文互联网数据资讯网，2019年12月18日，http://www.199it.com/archives/983442.html。

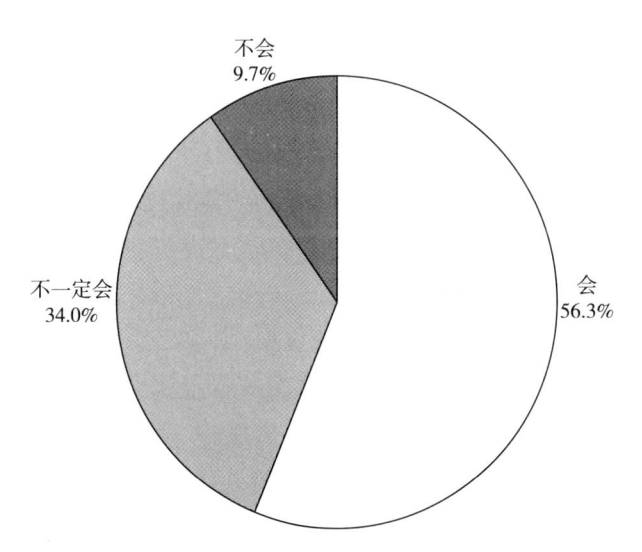

图5　产品创新程度是否会影响付费意愿

资料来源：《伽马数据：2019中国游戏产业年度报告》，中文互联网数据资讯网，2019年12月18日，http://www.199it.com/archives/983442.html。

137

引大量新用户的效果。国内游戏厂商还需要探索更加适合品牌价值衍生的方式,继续挖掘相关产业文化内涵,汇集优质力量共同打造品牌创新衍生产品。

3. PC端游戏产品缺少3A级游戏大作

虽然中国文化题材游戏精品不断出现,但PC端游戏产品仍然缺少3A级游戏产品(高投入、高回报、高质量的单机游戏产品),从游戏平台WeGame上的高赞推荐游戏名单可以看出,获赞高的游戏多数属于解密类、轻体量叙事类、沙盒类等体积较小的游戏,价格通常不超过68元,WeGame曾透露相关信息称,平台70%的玩家只购买60元以下的游戏产品。① 虽然国产游戏近年来有不少大作出现,如NExT Studios的《重生边缘》、烛龙的《古剑奇谭三》等,但都无法达到国际市场3A级产品的水平。目前来看,即便游戏科学的《黑神话:悟空》成品可以达到Demo 80%的水准,其也只满足了高投入与高质量这两个标准,依然达不到3A级游戏产品的标准。游戏产业中,3A代表了成熟的产业体系,一款成功的3A级游戏产品可以成就一个品牌、一个开发商、一个平台,它需要成熟的游戏市场与高效的游戏产业,中国文化题材游戏产品中还缺这样一个作品。

(二)中国文化题材游戏产品发展面临的机遇

1. 游戏产品用户多元化

中国有巨大的游戏用户市场,但游戏用户人数增长速度明显下降,调查数据显示,截至2020年4月,我国游戏市场用户规模已经达到6.54亿人,新用户增长速度趋于平缓,进入存量竞争阶段。② 另外,游戏用户呈现多元化增长趋势,其中女性用户市场实际销售收入达192.4亿元,较2019年第

---

① 《WeGame观察:已发售百余款单机游戏,多人联机或为"潜力股"》,腾讯网,2020年5月6日,https://new.qq.com/omn/20200506/20200506A0OCJC00.html。

② 《〈2020年第一季度中国游戏产业报告〉全文》,人民网,2020年4月20日,http://jinbao.people.cn/n1/2020/0420/c432298-31680302.html。

四季度增长49.49%，同时二次元市场实际销售收入达76.2亿元，较2019年第四季度增长40.59%，表明女性用户与二次元用户消费市场的巨大潜力正在释放。两类用户市场收入增加恰逢近两年"国风热"现象，广告营销公司赞意与数据公司艺恩所做的调查显示，以视频平台哔哩哔哩为例，"国风"与"二次元"两个圈层高度重合，用户量超过4000万人，其中半数为女性。[1] 这一现象导致不少垂直类型的游戏厂商瞄准该市场，网易出品的《阴阳师》深受众多女性玩家与二次元玩家欢迎，其中含有的古风元素也与中国文化有很深渊源，如此一款重量级产品兼具两类用户群体的喜爱，证明中国文化题材游戏产品在女性用户与二次元用户中发展潜力大。

2. 国内市场游戏平台继续发展

国产游戏平台的发展为中国文化题材游戏产品带来更多机会，以腾讯的WeGame平台为例，2019年5月WeGame宣布平台上销售的单机游戏产品超过1000万份，其中国产单机游戏产品数量占一半。[2] 同年WeGame推出了专门扶持独立游戏开发者的"翼计划"项目，通过提供资金、流量、技术以及运营方面的帮助，助力有潜力的独立游戏工作室完成作品，并举办GWB腾讯游戏创意大赛为小型团队游戏作品宣传，《中国式家长》和《了不起的修仙模拟器》都曾受到WeGame的支持。随着2020年网易发烧游戏平台上线以及索尼的中国之星第二期项目启动，今后国内会有更多游戏平台参与产业构建，游戏平台对国内独立游戏工作室的帮助将产生长远影响，客观上有利于中国文化题材游戏产品的发展。

3. 海外市场对于国产游戏产品接受度提高

近年来，国产游戏在海外市场销量增速明显，2020年第一季度，我国自主研发游戏海外市场实际销售收入达37.81亿美元，环比增长31.19%。[3]

---

[1] 《赞意：2020垂直圈层营销报告（附下载）》，中文互联网数据资讯网，2020年6月12日，http://www.199it.com/archives/1059840.html。
[2] WeGame官方网站，https://www.wegame.com.cn/。
[3] 《〈2020年第一季度中国游戏产业报告〉全文》，人民网，2020年4月20日，http://jinbao.people.cn/n1/2020/0420/c432298-31680302.html。

随着国产游戏在海外市场收入增加，出现了如《崩坏3》《蔚蓝航线》《少女前线》等一批广受好评的游戏产品，前文提到的国外玩家群体对于中国仙侠文化的痴迷并非个例。同时一批海外游戏厂商的游戏产品也含有中国文化元素，如《全面战争：三国》《荣耀战魂》《文明6》等游戏产品获得全球玩家好评，相信不久的将来国产游戏产品将以独特的文化魅力开拓更大海外游戏市场。

五 结语

（一）2019~2020年中国文化题材游戏产品发展总结

2019~2020年随着中国本土游戏市场的发展，中国文化题材游戏产品呈现创新、多元化发展趋势，从大型游戏生产商到小型独立游戏工作室，从移动游戏产品到PC端单机游戏产品，精品不断出现，部分经典IP价值增长。游戏开发商在新文创潮流与新消费群体崛起的背景下，开始更多将研发重点转向中国文化题材，充分结合国际先进游戏制作思路与中国文化独特魅力，用游戏产品展示出中国文化题材表达方式的多样性，并培养了大批忠实的粉丝用户，拓宽了中国文化题材游戏产品的市场。在国际市场，含有中国文化元素的游戏产品所获收益日渐增长，在开拓海外游戏市场的同时，承担起助力文化"走出去"与拓展文化空间的功能。国内头部企业责任感加强，在平台、交易、投资、宣传等多领域发挥带头作用，扶持小型团队与独立制作人，为国内游戏产业底层生态构建贡献力量，为独立游戏开发者的创新之路扫清障碍，客观上也促进了游戏开发者对中国文化的深度挖掘。但不足依然存在，激烈的市场竞争要求中国游戏开发者不断加强创新意识，加深创新理解，开拓更多中国文化结合游戏产品的类型；也要求游戏开发者摒弃传统思维惯式，创造性地利用与解读中国文化题材，以建立更大文化话语权，确立中国游戏产业在国际市场的形象与地位。

（二）中国文化题材游戏产品发展建议

中国文化题材游戏市场的发展需要政府相关部门的引导与支持，比如开设官方评奖活动，宣传优质创新的中国文化题材游戏产品，增加小型游戏工作室的曝光机会。设置技术类、玩法类奖项，鼓励有能力的企业进行创新投入，同时设置黑名单，禁止抄袭或滥用中国文化题材的游戏产品参加评选。结合各类游戏展示嘉年华，针对有发展潜力的用户群体，进行文化价值观念培养。

国内平台运营商在构建底层产业生态、扶持小型游戏工作室的基础上，可以凭借自身资源发掘和甄选出创新意识足、市场接受度比较高的各类型中国文化题材游戏产品，定期举办在线交流活动，让有成功经验的游戏开发商分享游戏制作中的经验，激发从业者产生更多创新思维与更强文化意识，并设立互动环节，吸引平台用户关注开发中的游戏产品。平台还可以联合运营商，尝试中国文化题材与其他题材游戏产品之间的互动，在传统节日期间运作大型捆绑售卖活动，打造中国文化的数字虚拟购物节。

游戏生产商，特别是小型独立游戏工作室在坚持个人风格、创新意识的基础上，尽量考虑结合中国文化对自己产品的长远助力，可以在不同类型游戏产品中尝试运用中国文化题材，构建独特新颖的游戏内容与风格特色，打造自己游戏产品独一无二的品牌价值，吸引更多喜爱中国文化题材的用户成为产品粉丝，拓延中国文化题材的适用范围。

B.9
2019~2020年中国与欧美游戏类型比较研究

师 涛*

摘 要： 本报告通过文献分析法对2019～2020年中国与欧美游戏产业报告进行了收集和整理，并着重运用比较分析法对双方的游戏产品从游戏内容、游戏题材、游戏平台三个角度进行分类对比研究。研究发现，游戏内容上，RPG游戏在中国游戏市场占比较高，STG和SPT游戏在欧美游戏市场占比较高；游戏题材上，中国游戏以中国神话故事和中国武侠文化题材为主，欧美游戏以西方神话题材与现代写实风格的军事竞技题材为主；游戏平台上，中国和欧美的移动游戏平台都呈现扩大趋势，AR、VR游戏和云游戏平台也在进一步发展中。

关键词： 中国游戏　欧美游戏　游戏类型

一　中国游戏产业发展概述

中国的游戏产业起步较晚，受社会经济和技术水平等因素的制约，20世纪80年代我国的游戏产业才现雏形。从时间上划分，我国游戏产业前后

---

* 师涛，四川美术学院副教授，互动媒体专业教研室主任，四川美术学院互动媒体实验班负责人，主要研究方向为交互设计与游戏美术设计。

经历了四个发展时期，即20世纪80年代中期至90年代中期的萌芽期、90年代中后期的发展期、21世纪初期的提升期和2010年至今的爆发期。

20世纪80年代中期至90年代中期为中国游戏的萌芽期，这一时期电子游戏开始出现在我国沿海地区的城市中，游戏主要以日本进口为主，其内容和题材都相对单一。游戏内容上，基本以冒险类、动作类、射击类和角色扮演类为主，其中最具代表性的游戏为冒险类游戏《超级玛丽》；游戏题材上，基本集中在军事、传奇、魔幻和现实等类型上，其中最具代表性的游戏有《塞尔达传说》。这一时期的电子游戏设备可分为家用游戏机和大型街机两种，主要产品为任天堂的FAMICOM家用游戏机和CAPCOM、SNK公司制造的大型街机。20世纪90年代中后期为中国游戏的发展期，在这一时期中国游戏开始走向国产化。发展期的游戏多为MUD①游戏，题材上以《西游记》《水浒传》等文学名著改编和金庸、古龙的武侠小说改编为主。21世纪初期为中国游戏的提升期，这一时期我国游戏公司以代理其他国家研发的游戏产品为主。以第九城市代理的网络游戏《魔兽世界》为例，这款来自美国暴雪公司的游戏产品代表了当时世界网络游戏的最高制作水平，为处于提升期的中国游戏产业提供了模范与标杆，侧面上促进了中国游戏产业的发展。2010年至今为中国游戏的爆发期，这一时期我国市场上的游戏产品愈发丰富，游戏题材更加多元化，移动游戏平台逐渐成为我国最受欢迎的游戏平台。伴随着2011年当乐网从Rovio娱乐引进的移动游戏《愤怒的小鸟》在国内上线，国内游戏平台的市场份额占比出现了明显的变化，移动游戏的市场份额逐步增加。2013年由于智能手机在中国普及，手机游戏用户急速增多，市场的扩大也刺激了我国移动游戏产品的研发，2013~2016年，休闲类小游戏的开发速度明显加快，《保卫萝卜》《捕鱼达人》等热门手游相继推出了续作。2017年之后，快节奏的MOBA游戏逐渐流行，其中腾讯公司开发运营的国风MOBA游戏《王者荣耀》成

---

① MUD即Multi-User Dungeon，中文翻译为"泥巴"，是一种多人即时虚拟游戏类型，此种游戏产品通常以文字描述为基础。

为爆款。

2019年中国游戏市场实际销售收入为2308亿元，较2018年增长7.7%。随着我国游戏市场逐渐扩大与成熟，中国自主研发的游戏产品在国内外的竞争力进一步增强，2019年中国自主研发游戏收入近2000亿元，占我国整个游戏市场收入的84%，已经成为我国游戏产业发展动力之一。①2019年受国内版号收紧政策的影响，中国游戏对外出口成为不少游戏企业的求生之路，腾讯、网易、三七互娱等游戏公司均有自主研发并对外出口的游戏产品。数据显示，我国自主研发游戏对外出口国家中，欧美国家占比超40%，是我国游戏出海面向的重点地区（见图1）。但由于经济、人文、科技发展的不同，中国游戏与欧美游戏在游戏类型结构上有一定的区别，中国玩家与欧美玩家在游戏类型偏好上也存在一定的差异。在这样的大语境下，本报告将中国游戏和欧美游戏从游戏内容、游戏题材和游戏平台三个角度划分成不同的游戏类型集群，并进行现状分析、差异分析和成因探究，以此达到比较研究的目的。

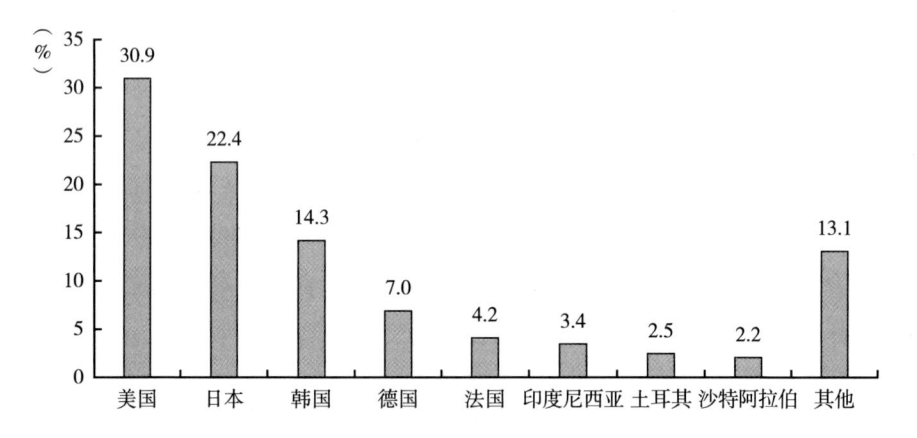

图1 2019年中国自主研发游戏海外市场实际销售收入占比

资料来源：伽马数据《2019—2020中国游戏市场企业研发竞争力报告》。

---

① 中国音数协游戏工委（GPC）、国际数据公司（IDC）：《2019年中国游戏产业报告》，2019。

二 游戏内容分类比较

按内容分类是目前最常用的游戏分类方法,可以将游戏分为七种类型,即 RPG（Role-playing Game,角色扮演类游戏）、SLG（Simulation Game,策略类游戏）、AVG（Adventure Game,冒险类游戏）、PZL（Puzzle Game,益智类游戏）、ACT（Action Game,动作类游戏）、功能游戏及其他类型游戏,它们又各有数十种分支,交叉融合后形成了规模庞大的游戏类型集合。

当前许多流行游戏在追求创意与突破时,将各个游戏内容的特点兼容并蓄,形成了新的游戏类型或游戏分支,因此近年来颇受欢迎的游戏产品中不乏游戏内容混杂的创新产品,例如沙盒游戏和 MOBA 游戏。沙盒游戏中一般会出现 AVG、ACT、RPG 和求生类这四种游戏类型,代表游戏作品《我的世界》；MOBA 是 Multiplayer Online Battle Arena 的缩写,MOBA 游戏中文译为多人在线战术竞技游戏,是 SLG 中即时战略游戏（Real-time Strategy Game）的一个分支,代表游戏作品为《英雄联盟》《DOTA 2》。

（一）中国游戏内容分类比较

按游戏内容分类,2019 年中国移动游戏市场中,RPG 是中国移动游戏市场中占比最大的游戏类型,数量和销售额均占绝对优势（见图 2、图 3）；MOBA 游戏在中国发展迅猛,销售额持续增加；STG[①]异军突起（见图 3）；我国功能游戏逐渐步入大众视野,呈现积极向好的发展趋势。

1. RPG

RPG 由于其高代入性、重剧情体验等特点,一直深受国内玩家的欢迎。

---

① STG 即射击游戏（Shooter Game）,属于 ACT 的一种。

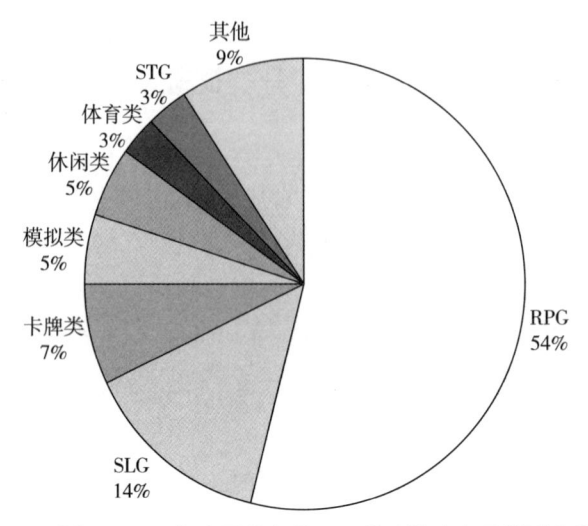

图 2　2019 年中国收入前 100 移动游戏产品类型占比

资料来源：中国音数协游戏工委（GPC）、国际数据公司（IDC），《2019 年中国游戏产业报告》。

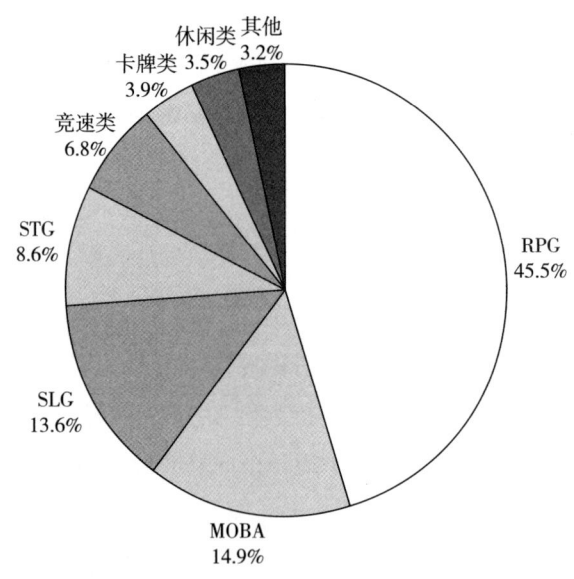

图 3　2019 年中国收入前 100 移动游戏产品收入占比

资料来源：中国音数协游戏工委（GPC）、国际数据公司（IDC），《2019 年中国游戏产业报告》。

RPG 在中国整体游戏市场收入、自主研发游戏市场收入和对外出口游戏市场收入中均表现亮眼，平均占比 40% 以上。① 其中，2019 年中国移动游戏市场中收入前 100 的移动游戏产品里 RPG 数量占比最高，达 54%，收入前 100 移动游戏产品中 RPG 产品的收入占比最高，达 45.5%。②

2. MOBA 游戏

MOBA 游戏以极少的产品数量，占据了较高的市场份额。MOBA 类游戏由于其产品数量偏少，头部产品集中度又较高，所以 2019 年依然保持了游戏更新人数高于下载人数的数据表现。③ 同时，由 MOBA 游戏本身的玩法模式所致，此类游戏平均每次使用时间较长，游戏用户忠诚度也相对更高。此类游戏在中国的销售额也非常亮眼，在 2019 年收入前 100 的移动游戏产品中 MOBA 游戏的收入占比仅次于 RPG，达 14.9%。并且随着 MOBA 游戏的发展，预计这类游戏产品的用户规模会持续扩大。

3. STG

STG 依托《绝地求生：刺激战场》《绝地求生：全军出击》这两款现象级游戏产品在 2018~2019 年中国游戏市场中占比明显提高。2019 年 5 月，《绝地求生》两款游戏双双停服，腾讯公司研发的 STG《和平精英》和网易研发的 STG《荒野行动》使得这一品类游戏在中国市场得到了更大的发展，在 2019 年收入前 100 的移动游戏产品中 STG 的收入占比为 8.6%。

4. 功能游戏

国内的功能游戏产业整体规模较小，仍然处于起步阶段。目前腾讯公司和网易公司均有功能游戏推出，其中大部分的功能游戏都偏向实验性和非营利性，在商业上尚无明显表现。2018~2019 年，腾讯公司陆续推出了与传统文化相关的《尼山萨满》《榫卯》《折扇》，与科学普及相关的《电是怎么形成的》等涉及诸多领域的功能游戏产品，均得到了来自玩家的良好反

---

① 中国音数协游戏工委（GPC）、国际数据公司（IDC）：《2019 年中国游戏产业报告》。
② 中国音数协游戏工委（GPC）、国际数据公司（IDC）：《2019 年中国游戏产业报告》。
③ 艾瑞咨询：《2019 年中国移动游戏行业研究报告》。

馈。其中《尼山萨满》在 App Store 评分高达 4.8 分，在 TapTap 上获得了高达 9.6 分的综合评价。2019 年，"腾讯游戏追梦计划"功能游戏平台推出了一系列功能游戏，包括面向盲人的《长空暗影》、弘扬传统文化的《故宫：口袋宫匠》等。2019 年，网易公司联合故宫推出了以青绿山水为风格的手机游戏《绘真·妙笔千山》。该游戏在 App Store 上评分高达 4.5 分。目前我国的游戏制作团队应继续挖掘功能游戏潜在价值，并努力提升其赢利能力，预计在未来，当功能游戏真正发挥作用之时，其潜在需求、收入能力、品牌效应、社会意义都将攀升到一个崭新的高度。①

（二）中国与欧美游戏内容差异比较

数据显示，中国玩家更喜欢 RPG、MOBA 游戏和 SLG，2019 年中国游戏产品销量 TOP10 中有五款游戏为 RPG。同时 RPG、MOBA 游戏和 SLG 在我国自主研发游戏和对欧美国家出口游戏中也占据了较大份额，三者合计占比 75%。欧美玩家受文化习惯影响，较为重视游戏中的团队合作，因此在游戏类型的选择方面也较为偏爱 SLG 和 SPT 游戏②。NPD Group 统计的美国 2019 年游戏产品销量 TOP10 中，SLG 和 SPT 游戏占比最多，而 RPG 中只有一款动作射击类《全境封锁 2》和一款 JRPG《王国之心 3》上榜。由此可见，2019 年欧美玩家的游戏需求主要集中在紧张刺激、内容相对简单直接的游戏类型上。

1. RPG 比较

2019 年，占中国游戏市场较大份额的游戏类型为 RPG，但此类游戏在欧美市场反响平平。与之相对应，动作类 RPG 和益智类 RPG 的表现要稍好，而 MMORPG③在欧美市场的收益并不理想。曾经以《魔兽世界》为代表的 MMORPG 在欧美乃至全世界游戏市场都有极佳的表现，但是随着时代

---

① 艾瑞咨询：《2019 年中国移动游戏行业研究报告》。
② SPT 游戏即体育运动类游戏（Sport Game）。
③ MMORPG 即大型多人在线角色扮演游戏（Massive Multiplayer Online Role-playing Game），属于 RPG 的一种。

的快速发展，这一品类的游戏在欧美地区逐渐没落，早在2015年EEDAR发布的报告就预测，北美地区的免费模式MOBA游戏将很快取代MMORPG的市场地位。近期数据也佐证了这一观点，截至2019年4月，此类型游戏中没有一款排在欧美游戏产品畅销榜前100名以内。

2. MOBA游戏比较

MOBA游戏是深受欧美游戏玩家喜爱的游戏品类，并且MOBA游戏是电竞化最为成功的游戏类型之一，其中《刀塔2》和《英雄联盟》作为国际电竞赛事游戏产品在全世界范围内得到了极大推广。电子竞技和游戏直播促进了MOBA游戏的发展，举办电竞赛事是MOBA游戏的重要运营手段之一，MOBA游戏开发商和运营商对赛事的投入也大大推动了电子竞技走向正规化、商业化。① 目前MOBA游戏的研发趋势从PC端转向了移动端，代表作品为腾讯公司出品的《王者荣耀》。

3. STG比较

STG在中国游戏市场和欧美游戏市场都很受欢迎。2019全球免费游戏产品收入排行榜显示，全球收入TOP10的游戏中，STG占据三席。其中Epic Games的《堡垒之夜》位列第一，Neowiz发行的《穿越火线》位列第七。

4. 功能游戏比较

对比在中国刚起步并处于实验阶段的功能游戏，欧美的功能游戏发展已经趋于成熟，应用范围也更加广泛。早在1981年，美国就将功能游戏 *Army Battle Zone* 作为模拟军事训练的辅助手段；之后的2001年，美国国防部与育碧达成合作，将育碧开发的游戏《彩虹六号：正义之矛》用于军事训练，并获得了良好的训练效果。同时，功能游戏还大规模应用于教育、医疗、文化、社会管理等不同领域，例如，美国航空航天局NASA曾经选用游戏《虚幻》，作为模拟宇航员遭遇突发情况时的训练软件。② 目前，美

---

① 宋昱恒：《全民电竞时代已经来临——36Kr-MOBA游戏行业报告》，https：//doc. mbalib. com/view/4e7ffdfb0921e0a736783fda356763de. html。
② 艾瑞咨询：《2019年中国移动游戏行业研究报告》。

国是功能游戏开发最为完全的地区，英国、荷兰等国家也非常重视功能游戏的研发。

三 游戏题材分类比较

按题材分类也是较为常见的游戏分类方式。目前大致可分为神话题材游戏、奇幻题材游戏、历史题材游戏、军事竞技题材游戏、体育竞技题材游戏、末日废土题材游戏、科幻题材游戏等众多游戏类型。在中国市场，中国神话故事题材和中国武侠文化题材的游戏占比最高，共占51%。同时，混合题材游戏在中国游戏市场也相对比较流行。在欧美市场，西方神话题材和现代写实风格的军事竞技题材游戏占比较高。

（一）中国游戏题材分类比较

中国游戏从自主研发之初，在题材上就一直与中华民族文化密不可分。按游戏题材分类，对有民族文化特色的中国游戏进行整合后发现，中国神话题材和中国武侠文化题材占比较大。在游戏买量投放素材排行中，仙侠、三国、武侠、西游等游戏题材占比约40%，其投放量高于其他题材游戏。这说明受文化因素影响，这些带有明显的民族文化特色的游戏产品在中国市场更受玩家的欢迎。同时，从流水增长率来看，题材新颖的游戏更能给玩家带来新鲜感，末日废土题材、军事竞技题材的流水增长率较大。但这个增长大多是由于单品爆款游戏的带动，主要爆款游戏有2019年大热的末日废土题材游戏《明日方舟》和军事竞技题材游戏《和平精英》。

1. 中国神话故事题材游戏

2019年最受我国玩家欢迎的东方玄幻/奇幻类游戏和东方历史/神话类游戏中都有中国神话故事的影子。中国神话故事题材流水在2019年流水TOP100中占比过半，是2019年度最受国人欢迎的游戏题材（见图4）。中国神话故事题材多来源于远古时代人类的幻想，最早有文字记载的典籍为

《山海经》。中国神话故事大致可分为创世神话、神仙神话、英雄神话三个部分,其中创世神话最为重要。[①] 这些神话故事中都充满了瑰丽的想象,具有很强的艺术价值。在以创世神话为题材的游戏如《王者荣耀》中,出现了盘古开天、后羿射日等创世神话故事。以神仙神话为题材进行开发的游戏有分别位列中国 2019 年游戏销量 TOP10 第二名和第七名的《梦幻西游》和《大话西游》。以《梦幻西游》为例,游戏制作方对游戏任务中的剧情以及人物形象定位进行了适度改编,受到玩家的认可。这样的改编促进了中国神话故事在现代社会的传播。同时,中国游戏市场中也不乏以日本神话故事为题材进行改编的游戏,例如网易公司的日式和风游戏《阴阳师》。

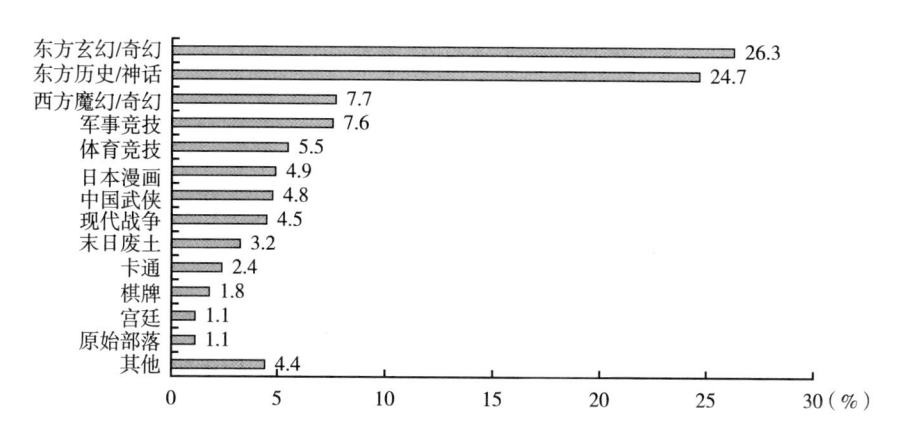

题材类型	占比(%)
东方玄幻/奇幻	26.3
东方历史/神话	24.7
西方魔幻/奇幻	7.7
军事竞技	7.6
体育竞技	5.5
日本漫画	4.9
中国武侠	4.8
现代战争	4.5
末日废土	3.2
卡通	2.4
棋牌	1.8
宫廷	1.1
原始部落	1.1
其他	4.4

图 4 2019 年流水 TOP100 中各游戏题材类型流水占比

资料来源:伽马数据《2019—2020 中国游戏市场企业研发竞争力报告》。

2. 中国武侠文化题材游戏

2019 年流水 TOP100 的游戏中,中国武侠类游戏占 4.8%。武侠文化是中国传统文化中一个极具特色的题材,相比魔法这样的西方概念,中国玩家往往对武术更有亲切感。自主研发初期,中国游戏市场中就涌现了大

[①] 赵沛霖:《中国神话的分类与〈山海经〉的文献价值》,《文艺研究》1997 年第 1 期。

批的武侠类游戏，随着中国游戏的发展，本土文化韵味厚重的优秀的武侠文化题材网络游戏更是层出不穷，例如西山居开发的《剑侠情缘网络版叁》、网易游戏开发的《一梦江湖》等国产武侠类网络游戏，都得到了玩家的喜爱。

（二）中国与欧美游戏题材差异比较

中国自主研发游戏依托我国丰富的历史文化资源，带有明显的民族特色，其中，东方玄幻/奇幻类游戏和东方历史/神话类游戏约占市场收入的一半。欧美游戏更集中于西方神话传说题材、军事竞技题材等。游戏风格上，欧美玩家更偏爱写实风格的游戏，例如2019年全年美国最畅销游戏《使命召唤：现代战争》。

中国游戏中的神话故事题材多来自中国神话体系和日本神话体系。欧美游戏中神话故事题材更为多样，其游戏题材多来自克苏鲁神话、希腊神话、北欧神话、古印度神话、中国神话和古埃及神话。这些神话故事为现代游戏的开发提供了丰富的题材。欧美许多大制作游戏在世界观构建上都借鉴了一个或者多个神话体系。例如，《刺客信条：起源》中的许多细节充满了古埃及神话的影子；《魔兽世界》中包含了古埃及神话、克苏鲁神话、北欧神话和中国神话等四种神话体系中的元素。

四 游戏平台分类比较

目前的游戏市场形成了多元化发展格局，按游戏平台分类，大致可分为移动游戏，客户端游戏，网页游戏，AR、VR游戏和云游戏这五个类型。其中移动游戏、客户端游戏、网页游戏的发展已经相当成熟，而AR、VR游戏和云平台游戏的建设还处于起步阶段。

随着技术的进步，多端联动跨平台游戏这一设想逐渐成为现实。2018年《堡垒之夜》《我的世界》等游戏已开始实现跨平台功能，其中《堡垒之夜》可跨移动端、客户端、PS4、XBOX等多个平台进行游戏，受到了玩家们的一致欢迎。跨平台游戏逐渐打破了平台间的壁垒,既提升了玩家游戏体验,也从侧面带动了游戏收入的增加。

(一)中国各平台游戏发展情况分析

在2019年中国网络游戏细分市场中,移动游戏收入占据游戏市场主要份额。中国移动游戏市场实际销售收入为1581.1亿元,占68.5%,预计2020年中国移动游戏产业将呈现阶段性爆发。客户端游戏市场、网页游戏市场、家庭游戏主机游戏市场以及单机游戏市场继续萎缩,实际销售收入和市场占比下降较为明显。客户端游戏市场实际收入为615.1亿元,占26.6%,网页游戏市场实际销售收入为98.7亿元,占4.3%(见图5)。此外,受经济发展和技术更新的影响,AR、VR游戏在中国呈现快速发展趋势。并且随着5G时代的到来,云游戏逐渐成为可能。

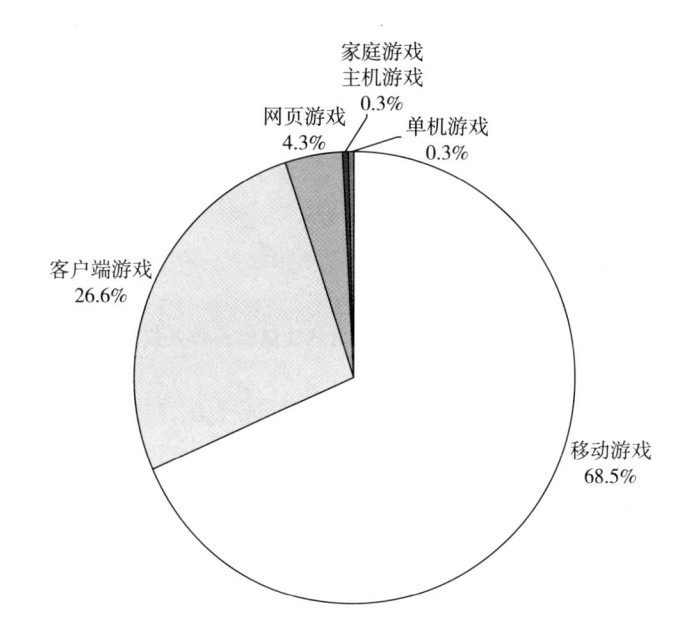

图5 2019年中国游戏产业细分市场收入占比

资料来源:中国音数协游戏工委(GPC)、国际数据公司(IDC),《2019年中国游戏产业报告》。

1. 移动游戏

移动游戏平台由于其易于携带等特点逐渐成为中国玩家的首选。2019年，中国移动游戏市场实际销售收入达到1581.15亿元，增速有所上升（见图6），同比2018年增长241.5亿元，增长率为18.0%。中国移动游戏用户规模达到6.2亿人，在固定人口空间下，使用移动设备的游戏用户基本饱和，较2018年增加0.2亿人，增速有所放缓，同比增长率为3.3%。①

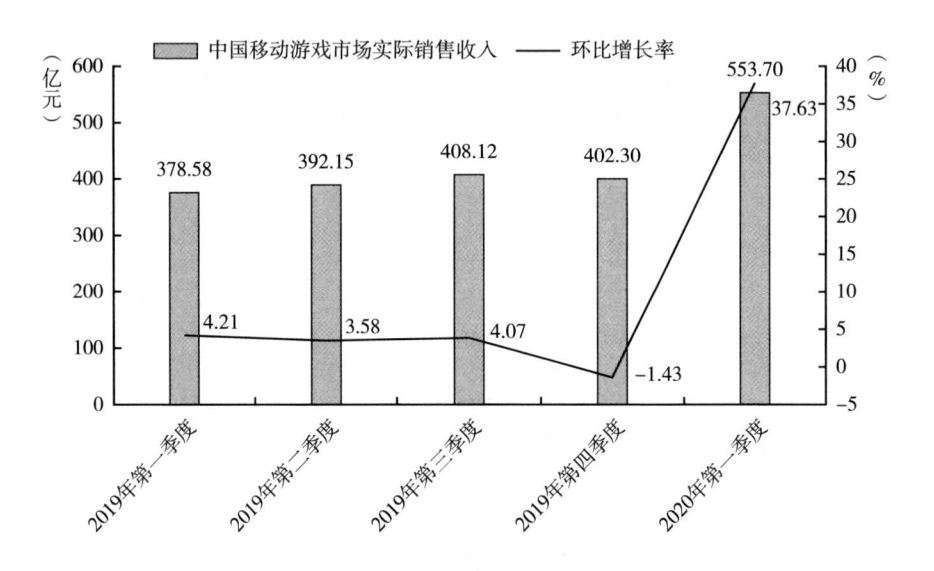

图6　2019~2020年中国移动游戏市场实际销售收入及其环比增长率

资料来源：《〈2020年第一季度中国游戏产业报告〉全文》，人民网，2020年4月20日，http://jinbao.people.cn/n1/2020/0420/c432298-31680302.html。

2. 客户端游戏

2019年，中国客户端游戏市场实际销售收入为615.12亿元（见图7），同比2018年减少4.5亿元，同比下降0.7%。中国客户端游戏市场已步入成熟期，进入存量竞争阶段，面临来自移动游戏的竞争压力，行业内部竞争激

---

① 中国音数协游戏工委（GPC）、国际数据公司（IDC）：《2019年中国游戏产业报告》。

烈，发展速度逐渐放缓。① 2019年9月，精品化客户端游戏《太吾绘卷》抢先体验版上线一年后销量达到了200万套，获得了玩家的诸多好评。过去中国游戏市场存在的创新不足、题材雷同、追逐快钱等问题在客户端游戏领域正逐步得到消解。②

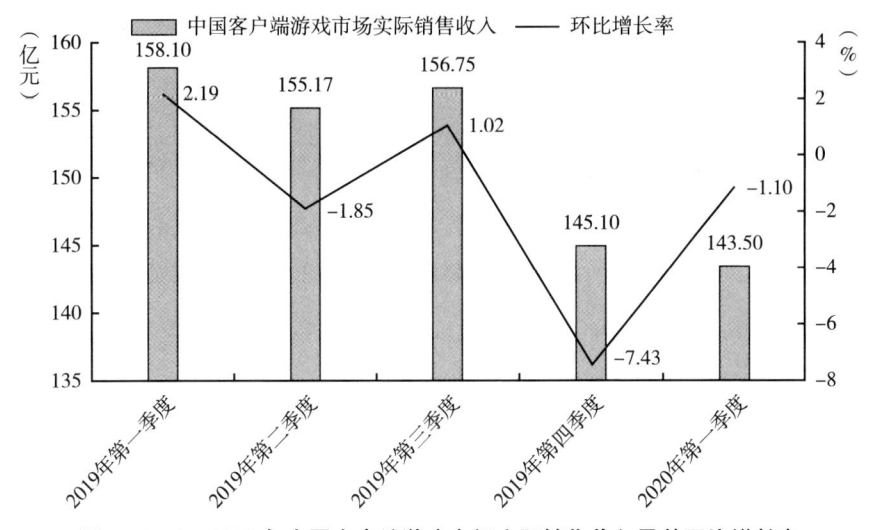

图7　2019~2020年中国客户端游戏市场实际销售收入及其环比增长率

资料来源：《〈2020年第一季度中国游戏产业报告〉全文》，人民网，2020年4月20日，http：//jinbao.people.cn/n1/2020/0420/c432298-31680302.html。

3. AR、VR游戏

2019年AR、VR游戏市场在中国仍处于起步阶段。2019年，中国AR游戏市场实际销售收入为0.7亿元，较2018年的0.5亿元增加了0.2亿元（见图8），同比增长40.0%。③ 但由于游戏软件较少、用户基数较小等问题，中国AR游戏产业未成规模，还有待进一步发展。中国自主研发VR游戏代表作品为上海思熊网络科技有限公司开发的VRSTG《幻影计划：起源》。

---

① 中国音数协游戏工委（GPC）、国际数据公司（IDC）：《2019年中国游戏产业报告》。
② 《〈2020年第一季度中国游戏产业报告〉全文》，人民网，2020年4月20日，http：//jinbao.people.cn/n1/2020/0420/c432298-31680302.html。
③ 中国音数协游戏工委（GPC）、国际数据公司（IDC）：《2019年中国游戏产业报告》。

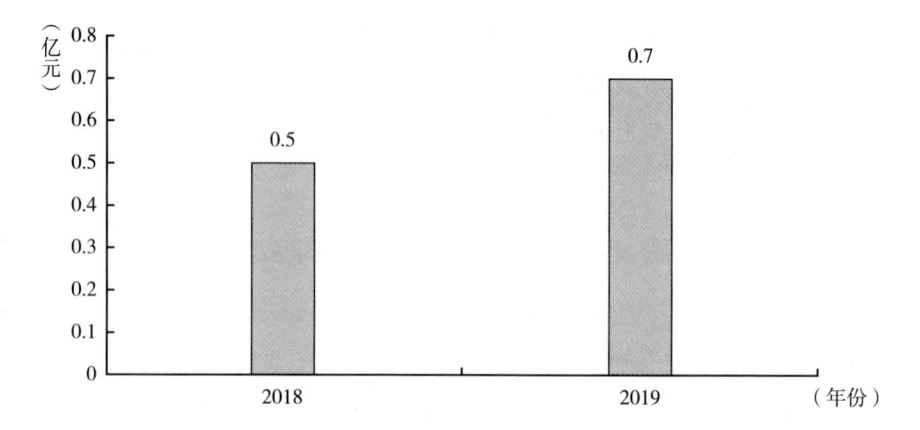

图 8　2018～2019 年中国 AR 游戏市场实际销售收入

资料来源：中国音数协游戏工委（GPC）、国际数据公司（IDC），《2019 年中国游戏产业报告》。

4. 云游戏

云游戏是一种以云计算技术为基础的在线游戏。① 游戏中，包括画面渲染、数据同步、交互逻辑等在内的所有计算全部由云端服务器进行，并通过互联网接收玩家的输入指令，同时将处理完成后的最终画面结果显示在玩家的前端设备上。在云游戏场景下，用户设备无需任何高端的处理器或显卡，只需具备基本的视频解压能力和联网功能即可。② 2019 年 4 月，小沃科技正式推出全新的云游戏平台"沃家云游"，致力于为用户提供效果佳、体验优的云游戏产品。

（二）中国与欧美游戏平台差异比较

2019 年，中国游戏市场受到来自技术、商业环境、消费习惯和政策方面的影响，客户端游戏、家庭游戏/主机游戏市场份额逐渐减少，中国网页游戏用户规模也持续缩小。与中国市场不同，欧美游戏市场具有良好的商业环境，客户端游戏占市场份额的 49%（见图 9）。

---

① 艾瑞咨询：《2019 年中国云游戏市场案例研究报告——小沃畅游案例》。
② 艾瑞咨询：《2019 年中国移动游戏行业研究报告》。

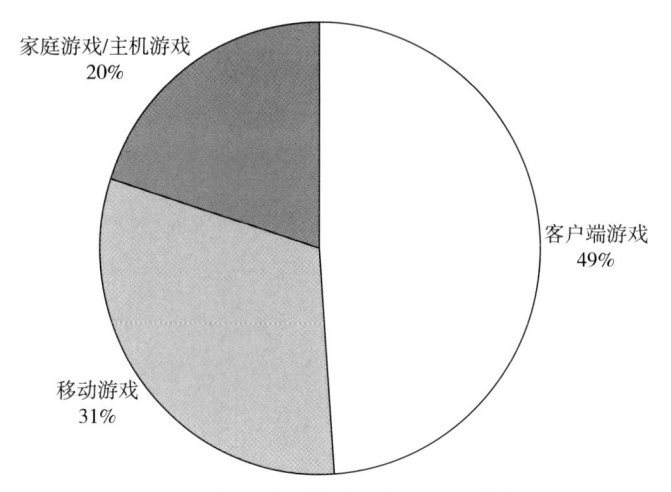

图 9　2019 年美国游戏市场规模类型分布

资料来源：伽马数据《2019 年美国移动游戏市场及用户行为调查报告》。

1. 移动游戏

在世界游戏市场中，2019 年移动游戏收入同比增长 10.2% 达到 685 亿美元，占全球游戏市场份额的 45%。其中，549 亿美元来自手机游戏，手机游戏成为主要驱动力。[①] Newzoo 预测，到 2022 年移动游戏市场收入将达到 797 亿美元。尽管移动游戏占世界游戏市场规模最大，但是在北美、西欧等成熟的游戏市场中，移动游戏的增长速度正在逐步放缓。中国游戏市场中的移动游戏品类占比 68.5%，但在 2019 年也呈现增长速度放缓趋势。

2. 客户端游戏

欧美游戏市场内的主机游戏和 PC 游戏由于用户对内容的付费习惯较好，因此占市场份额较大，达 70%。盒装游戏在欧美仍有很大一部分用户，例如在英国，销量排名前三的盒装游戏平台分别是 PS4、Xbox One 和 Switch。从收入来看，PS4 占据英国盒装游戏收入的 44.3%、Switch 占 28.2%，第三名 Xbox One 占比为 25.6%。[②]

[①] 北京昆仑万维科技股份有限公司：《2019 年年度报告》。
[②] 《GamesIndustry：2019 年游戏产业年度大数据》，中文互联网数据资讯网，2019 年 12 月 18 日，http://www.199it.com/archives/983218.html。

3. AR、VR 游戏

欧美 AR、VR 游戏产业发展比中国更加成熟。2019 年，由任天堂、宝可梦公司和谷歌 Niantic Labs 公司联合制作开发的 AR 游戏《精灵宝可梦 GO》势头不减，在 Sensor Tower 发布的 2019 年上半年全球 AR 游戏下载量及收入排行榜中，《精灵宝可梦 GO》在收入榜和下载榜均位列第一，Niantic Labs 和华纳兄弟开发的《哈利波特：巫师联盟》排在下载榜第三位。目前欧美 VR 游戏行业分为两种发展模式，即从设备到内容和从内容到设备。前者代表如硬件厂商 Oculus，从自家 VR 设备出发建立 VR 游戏平台，从而掌握内容话语权。后者如 Valve 的 Steam，其依赖平台优势从内容端出发，以优质游戏促进产品端 Valve Index 销售。目前，拥有平台优势的 Steam 占据 VR 游戏主导地位，各大非主流硬件厂商均开发驱动使自身 VR 设备支持 Steam VR。爆款 VR 游戏 *Beat Saber* 和 *Half-Life：Alyx* 为 Steam 吸引了了大量 VR 用户。①

4. 云游戏

2019 年，以微软、索尼、谷歌为首的各大厂商都已投入大量资源开展云游戏的业务，例如，微软的 Project xCloud、索尼的 Play Station Now、谷歌的 Project Stream。但是在目前的互联网环境下，没有厂商有能力完全解决云游戏开发道路上的种种难题。但是，随着 5G 时代的来临，在不远的未来，玩家根据当下所处环境自由挑选最契合的游戏设备进行多屏融合的游戏体验将不再是梦想。

五 结语

通过对中国与欧美游戏从游戏内容、游戏题材、游戏平台三个角度进行分析比较得出：游戏内容上，RPG 在中国游戏市场占比较高，欧美玩家更偏好紧张刺激、内容和玩法上相对直接的游戏类型，因此 SLG 和 SPT 在欧

---

① 王建会：《5G 系列研究（2）——VR 游戏行业深度报告：爆款游戏推动硬件普及，5G 促进 VR 产业规模化运用》，2020 年 4 月 8 日，https：//pdf.dfcfw.com/pdf/H3_AP202004091377800274_1.pdf？1586429237000.pdf。

美游戏市场占比较高；游戏题材上，中国游戏以中国神话故事和中国武侠文化题材为主，欧美游戏以西方神话与现代写实风格的军事竞技题材为主；游戏平台上，中国游戏市场和欧美游戏市场的移动游戏都呈现增长趋势，AR、VR游戏和云游戏也在进一步发展中。区别在于，中国的移动游戏市场占比不断提高，其他游戏平台占比逐渐下降。欧美游戏平台分布更为均衡，游戏制作水平较高，3A级游戏更多，并且欧美游戏市场的AR、VR游戏和云游戏发展更为完善。

2020年中国游戏市场上的游戏产品数量持续增长，中国自主研发游戏产品也更为丰富多样。随着信息技术的进步，未来中国游戏类型将得到更加均衡的发展，中国游戏产业的侧重点将产生一定改变。游戏研发公司应在游戏内容上注重游戏玩法创新，开发出更有新意的精品游戏；在游戏题材上，注重挖掘出有中国文化特色并符合时代趣味的故事；在游戏平台上，注重多屏融合发展。游戏公司应在追求商业利益的同时，通过研发能传达正能量价值观且具有中国文化特色的精品游戏，承担起对外传播中国优秀文化的责任，为建设社会主义文化强国贡献更多力量。

B.10
2019~2020年游戏美术风格发展报告*

孙祥雨 邓亚平 刘洪琛 李晓彬**

摘　要： 游戏的美术风格作为游戏设计的重要组成部分，在呈现游戏的卓越视觉效果、表现游戏的内涵和世界架构等方面具有重要作用。本报告对2019~2020年游戏市场进行整体分析后发现，移动游戏市场中的日韩风格和中式风格占比较大，客户端游戏市场则以欧美风格占优，网页游戏与主机游戏市场持续萎靡。本报告认为中国传统游戏美术风格具有极大的发展潜力，以"禅派游戏"为代表的新中式风格在国内市场上依旧存在发展空间，并进一步提出了促进中国传统游戏美术风格发展的策略和建议。

关键词： 国产游戏　游戏产业　游戏美术　禅派游戏　传统文化

2019~2020年，移动游戏销售收入继续占据中国游戏产业的主要份额，2019年的实际销售收入升至1581.1亿元，相较2018年增长241.5亿元，同比增长18.0%，占68.5%。其中日韩风格和中式风格游戏占比较大，代表作品有《梦幻西游》《完美世界》《阴阳师》等，欧美风格游戏占比较小，

---

* 本报告系2017年北京市社会科学基金一般项目"类型游戏的形成机制与基本特征研究"（项目编号：17YTB020）、2018年北京电影学院校级研究生项目"国产数字游戏美术设计的审美演进研究"的阶段性成果。
** 孙祥雨，北京电影学院动画学院游戏设计方向2019级硕士研究生，主要研究方向为游戏设计；邓亚平，北京电影学院动画学院游戏设计方向2016级硕士研究生，主要研究方向为游戏设计；刘洪琛，数字影视动画创作教育部工程研究中心特聘研究员，主要研究方向为游戏设计；李晓彬，北京电影学院动画学院教授，硕士研究生导师，主要研究方向为游戏设计。

但以《王者荣耀》《和平精英》为代表的欧美风格头部游戏产品占据游戏各大排行榜榜首。客户端游戏市场收入位列第二,实际收入为615.1亿元,占比26.6%;相较2018年减少4.5亿元,同比下降0.7%（见图1）。

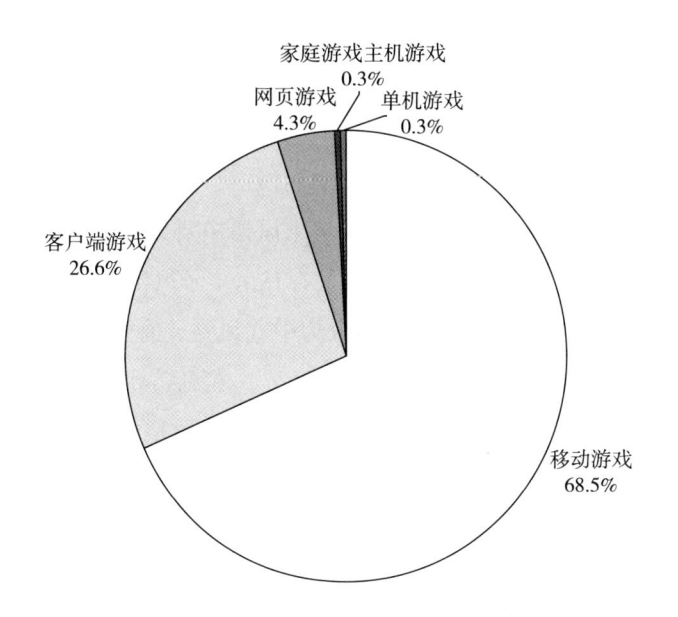

图1　2019年中国游戏产业细分市场收入占比

资料来源：中国音数协游戏工委（GPC）、国际数据公司（IDC）《2019年中国游戏产业报告》，中国书籍出版社，2019。

客户端游戏市场中，《英雄联盟》《刀塔2》《地下城与勇士》等老牌游戏销售收入所占比重较大，美术风格均为欧美风格；其次为《梦幻西游》《剑侠情缘网络版叁》《逆水寒》等中式风格游戏。网页游戏市场实际销售收入继续下降，2019年销售收入仅为98.7亿元，同比2018年减少27.8亿元，占比4.3%。这主要源于《传奇》等买量游戏向移动平台的用户迁移，以及网页游戏产品在研发运用方面未能实现新的突破。家庭游戏主机游戏和单机游戏各占0.3%，所占比重过小。国内玩家所持主机设备多为国外引进，国内主机游戏也多为平台移植。由此可以看出，移动设备由于易于携带等便利性成为休闲的首选，且随着5G及云游戏的发展，移动游戏迎来更为广阔的市场上升空间。

一　游戏美术风格分类标准

游戏的美术风格是一款游戏的直观呈现，作为游戏设计的重要组成部分，恰当的美术风格可以更好地呈现游戏的卓越视觉效果，表现游戏的内涵和世界架构。游戏设计时一般需选择基础美术风格（如写实风格），再加上次要美术风格（如中式武侠题材）。次要美术风格往往可以反映游戏的题材，与文化形式密不可分。从这个角度来看，游戏美术风格主要分为三类——中式风格、日韩风格和欧美风格，在这三大类之下又存在诸多子风格。

以中国元素为主的美术风格被划分为中式风格，有中国古代神话、中国历史故事、武侠、仙侠、水墨等子风格分类，常见美术风格来源有《山海经》《西游记》《三国演义》等故事文本。使用该风格类型的游戏运用大量的中国本土元素，相对其他风格而言，更具有中国特色与韵味，使玩家能明显感受到游戏中属于中国独有的地域文化色彩。具有中式元素的角色服饰和场景建筑是中式风格的一大特色。

日本动漫、韩系时尚是构成日韩风格的主要文化形式，其中日系美术风格具有更强的辨识度，具有符号化的人物特征和鲜明的色彩对比。子风格分类包括日式武侠、日式魔幻、日式哥特、日系现代等。日系美术风格在近几年的国产游戏市场中所占比重较大，以日本动漫、日本符号为主，常见元素有樱花、武士道、二次元等。韩系美术风格较为混搭，常结合欧美魔幻或中国武侠风格，在画面表现上又结合了日系唯美画风或各种朋克架空元素，美术风格相较日系更为唯美修长，常见子风格分类有欧美魔幻、东方玄幻、现代战争等。

起步较早的欧美游戏制作体系相较另外两种风格更为成熟，类型最为多变，常见子风格类型有欧美魔幻、文艺复兴、末世废土、暗黑哥特、探险人文、中世纪、体育竞技、西部牛仔、欧美现代、欧美科幻、蒸汽朋克等。欧美风格注重力量感，具有厚实粗犷的特点。此外，欧美的卡通化造型也与其他美术风格作品相差较大。欧美式卡通的几何化较为夸张，对面部五官和肢体进行比例夸张的幅度更大，以此来突出体现角色的性格，增加辨识度。相较日韩美术风格，欧美风格的种类更加繁杂，在游戏美术表现上也更为直观。

二 移动游戏的美术风格

作为游戏市场的"主力军"，移动游戏是本报告的主要分析对象。以2019年iOS平台中国区游戏登顶天数为例，在免费游戏排行榜中，欧美风格的游戏共有189天占据榜首，占52%，比重最大（见图2）。以《消灭病毒》为代表的简约式欧美风格受到玩家喜爱。中式风格和日韩风格游戏作品登顶天数较上年减少，两者占比平分秋色。在付费游戏排行榜中，欧美风格的游戏共有214天位居榜首，占59%，《疯狂影院》《异化之地》等欧美卡通风格的游戏受到玩家喜爱。其次是占比33%的中式风格（见图3），其登顶的游戏多改编自中国经典文本，如中国神话风格的《山海经妖兽记：开荒纪元》。在畅销榜中，欧美风格游戏占比为85%，登顶天数高达311天（见图4），这主要是因为《王者荣耀》《和平精英》等游戏十分火爆并长期占据了榜首的位置。

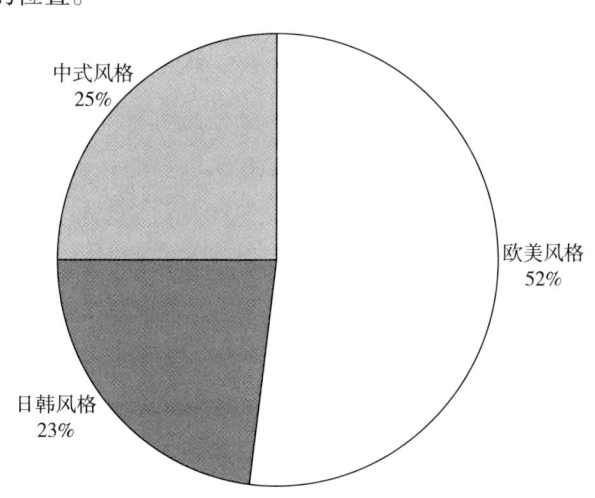

图2 2019年iOS中国区免费游戏排行榜各风格游戏登顶天数占比

资料来源：七麦数据、中国App Store排行榜。

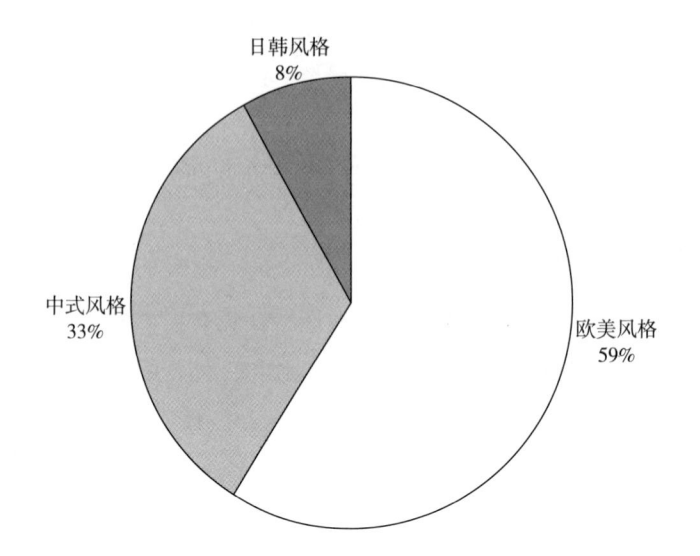

图3 2019年iOS中国区付费游戏排行榜各风格游戏登顶天数占比

资料来源：七麦数据、中国App Store排行榜。

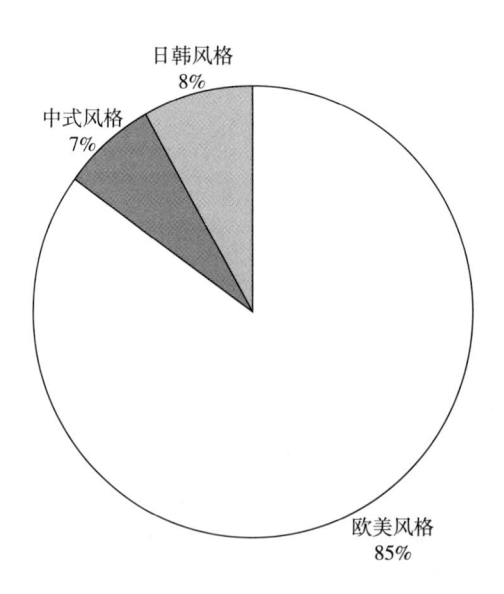

图4 2019年iOS中国区畅销游戏排行榜各风格游戏登顶天数占比

资料来源：七麦数据、中国App Store排行榜。

在2018～2019年的移动游戏热度排名中,2018年游戏美术风格以欧美风格和中式风格为主,2019年则以日韩风格和中式风格为主。相较2018年,以欧美风格为主的游戏在2019年排行榜中所占比重减少,《绝地求生:刺激战场》《绝地求生:全军出击》等游戏未拿到版号并下架是重要原因。日韩美术风格所占比重有所增加,一方面归因于《绝地求生》类移动游戏的减少,另一方面则是因为《明日方舟》等新晋游戏的加入。中式风格移动游戏所占比重并未有太大变化,游戏子风格构成有所不同:以《开心消消乐》《欢乐斗地主》等为代表的消除类、棋牌类游戏不再占据榜首,取而代之的是具有中国传统文化元素的游戏,具有代表性的有仙侠题材的《完美世界》和三国题材的《率土之滨》等(见表1)。

表1 2018～2019年移动游戏热度排行前十名及其美术风格

排名	2018年	游戏美术风格	2019年	游戏美术风格
1	绝地求生:刺激战场	欧美风格	王者荣耀	欧美风格
2	王者荣耀	欧美风格	梦幻西游	中式风格
3	绝地求生:全民出击	欧美风格	和平精英	欧美风格
4	欢乐斗地主	中式风格	完美世界	中式风格
5	QQ飞车	日韩风格	阴阳师	日韩风格
6	第五人格	欧美风格	大话西游	中式风格
7	黑洞大作战	中式风格	QQ飞车	日韩风格
8	开心消消乐	中式风格	率土之滨	中式风格
9	腾讯欢乐麻将全集	中式风格	明日方舟	日韩风格
10	荒野行动	欧美风格	跑跑卡丁车官方竞速版	日韩风格

资料来源:IDC、中国区iOS移动游戏年度排行2018年度榜、App Annie、2019年中国区iOS市场数据中国用户支出排名。

(一)中式风格移动游戏代表作《梦幻西游》

《梦幻西游》是由网易公司在2003年自行开发并运营的网络游戏,长线运营的《梦幻西游》为网易提供了丰厚的收益。自2015年《梦幻西游》

手游版推出之后,该游戏得到了大量玩家的喜爱,游戏月流水始终保持稳定,至2019年依旧长期处在各大排行榜的头部位置。

《梦幻西游》以神话题材《西游记》中的故事为背景,在游戏的美术风格中加入了更多中国本土的神话设定,并将游戏剧情与《西游记》进行了巧妙的关联和嫁接,由此创造了更为宏大的世界观设定。《梦幻西游》手游版延续了端游的游戏背景与设定,画风也保留了端游版的卡通Q版设计,整体美术风格柔和明亮,凝厚的中国古典建筑及古风韵味十足的场景得到了延续。对唐朝建筑的还原是《梦幻西游》的一大特点,按照中国传统规划思想和建筑风格还原的长安城是游戏中的一处风景,百业兴旺的城内、参差毗邻的宫殿,带给玩家一幅盛世大唐画卷。在角色设计上,中国神话风格为《梦话西游》的设计增添了东方玄幻色彩。以舞天姬角色为例,作为仙族的女性角色,飘逸的丝带、华美的饰品成为这个角色的突出特点。其曼妙的身姿突出了该角色的能歌善舞,使人不自觉联想到敦煌壁画上的飞天仙女,一动一静,自如优美,具有鲜明的中国传统文化特点。

(二)日韩风格移动游戏代表作《明日方舟》

由鹰角网络开发的策略 RPG 手游《明日方舟》具有典型的日系美术风格,于2019年5月公测,发行六个月后,至2019年底流水已达23.7亿元,还进入了2019年移动游戏热度排行前十名,堪称2019年移动游戏中最受欢迎的黑马选手。

该游戏的子风格可以划分为末日废土。亚人类生活在经历过各种高频自然灾害的泰拉世界,"天灾"为人们带来灾害的同时也带来了神秘能量结晶——源石。源石的开发促进了科技体系的建立,同样也带来了无法治愈的矿石病。游戏中的玩家将作为罗德岛制药公司的领导者,带领罗德岛的一众干员博弈于错综复杂的势力之中。末日废土风格的游戏具有极强的代入感和新奇感,在近些年的游戏市场中格外吸引玩家的注意力。其高度的环境反差如残破的高科技废墟等,可以带给玩家巨大的心理震撼,未知的求生环境带给玩家永不满足的好奇感,反常规的思考方式及设定可以满足玩家的猎奇心理。《明日方舟》的末日废土风格为增强玩家代入感打下了良好的基调，其设定多样的亚人类种族则满足了很多玩家对奇观的需求。

从画面表现来看，《明日方舟》具有典型的日系二次元特点，画面色彩明亮、角色面部特征非常概括。作为角色扮演游戏，游戏美术风格的主要视觉元素即为衣着。不同于其他二次元游戏中角色经常略显暴露的衣着，《明日方舟》中的角色虽以女性角色为主，但都穿得较为"厚实"，手持枪械武器等符合游戏的末日设定。游戏在突出了每个角色个人性格特点的同时保持了整体风格的统一，比如，游戏的设定之一是同种族的干员带有相近的种族特征。这种富有个性的角色设定增强了游戏设定的严谨程度，更提升了游戏世界的沉浸体验。游戏中的UI美术也显得独树一帜，单色方块的排列组合简洁明了，具有日式风格精简、净透的特点，兼具观赏性与实用性，显得比同类产品更有质感。

（三）欧美风格移动游戏代表作《王者荣耀》

由腾讯游戏天美工作室开发并在2015年公测的《王者荣耀》是一款多人对战的MOBA类手游，自公测以来常年位居游戏排行榜的前列。在2019年iOS中国区畅销游戏排行榜中连续占据了253天的榜首之位。

从整体来看，《王者荣耀》基于欧美风格，以写实为主，游戏的早期背景基本是典型的欧美元素：神明乘坐方舟穿越无穷的宇宙，将传奇英雄的基因注入新人类，从而创造了为人所熟知的新英雄。为了守护和平，这些英雄踏上了解封方舟核心、生死未知的道路。游戏上线前期除部分角色是中国历史或神话传说人物外，其故事背景和设定都偏向欧美魔幻风格。游戏在场景与气氛的渲染和配色上十分厚重，具有强烈的光影对比效果，凸显了一种恢宏和盛大的视觉感受。除明显的欧美风格外，《王者荣耀》在角色塑造上也加入了部分日系唯美元素，人物（尤其是女性角色）比例更为修长和纤细，这使得游戏在突出角色特征的同时，也能让角色更符合玩家当下的审美。

作为一款国民级游戏，《王者荣耀》在融入越来越多文化和美术元素的同时，更多吸取中国传统文化的养分，并取得了良好的社会效果。《王者荣耀》于2019年1月对游戏的美术风格进行了一次整体的包装和升级。在延续以往欧美厚涂风格的基础上，融入了更多中国传统文化元素，致力于打造东方幻想风格，并持续与文创项目合作，推动中国传统文化的传承和发展。比如，曾与敦煌研究院合作推出飞天皮肤，还推出了灵感取自昆曲《牡丹亭》的游园惊梦皮肤等。游戏在2019年2月，上线了一款将王羲之的《兰亭序》与张良人物道具结合起来的新皮肤——幽兰居士。皮肤的核心概念"兰"，取自中国传统文化概念——被称为四君子的"梅兰竹菊"。将《兰亭序》中的字句融合在了角色的武器（书卷）和服饰上，体现了游戏角色高洁淡雅、儒雅内敛的气质，凸显了游戏角色的文人身份，受到大量玩家的热烈追捧。

三　客户端游戏的美术风格

2019年客户端游戏市场中欧美风格游戏依然占据较大比重，日韩风格和中式风格游戏所占份额较小。但相较2018年，欧美风格游戏和日韩风格游戏占比有所下降，热度较高的依旧是《英雄联盟》《刀塔2》等老牌客户端游戏。中式风格游戏则从较小的占比发展到2019年近乎占据半壁江山，代表作有武侠题材的《剑侠情缘网络版叁》《逆水寒》和西游题材的《梦幻西游2》（见表2），由此看出具有中国传统元素的中式风格游戏越来越受到玩家们的喜爱。

表2　2018~2019年客户端游戏热度排行前十名及其美术风格

排名	2018年	游戏美术风格	2019年	游戏美术风格
1	英雄联盟	欧美风格	刀塔2	欧美风格
2	穿越火线	欧美风格	英雄联盟	欧美风格
3	守望先锋	欧美风格	梦幻西游2	中式风格
4	地下城与勇士	欧美风格	我的世界	欧美风格
5	QQ炫舞	日韩风格	剑灵	日韩风格
6	刀塔2	欧美风格	魔兽世界	欧美风格

续表

排名	2018年	游戏美术风格	2019年	游戏美术风格
7	流放之路	欧美风格	逆水寒	中式风格
8	QQ飞车	日韩风格	剑侠情缘网络版叁	中式风格
9	魔兽世界	欧美风格	守望先锋	欧美风格
10	炉石传说:魔兽英雄传	欧美风格	天涯明月刀	中式风格

资料来源：GPC、伽马数据、IDC、《2018年中国游戏产业报告（摘要版）》、百度指数。

《剑侠情缘网络版叁》（以下简称《剑网3》）是由西山居开发、金山运营的3D武侠风格角色扮演类客户端游戏，于2009年正式公测。其将诗词、歌舞、丝绸、古琴、饮酒文化、茶艺、音乐等多种具有中国传统文化特色的元素融入游戏中，给玩家展现了一个气势恢宏、壮丽华美的大唐世界。公测十年以来，《剑网3》每日平均最高同步用户人数一直保持在同类型游戏中的较高水平，是国内较为"长寿"的国产客户端游戏，其受欢迎程度可见一斑。

《剑网3》的风格偏重写实，采用了在中国文化中有重要地位的武侠题材，故事背景设在唐末。玩家扮演初出茅庐的江湖新人，通过任务和事件不断在江湖中历练，见证各方势力的风起云涌。《剑网3》的武侠故事是在正史的基础上结合野史进行了一定改编。作为中国旧通俗小说的一种重要类型，武侠小说一向是国产游戏的重点题材。自古以来，中华儿女崇文尚武的特点不曾改变，自小阅读武侠小说的人们都崇尚心中的大侠，他们行侠仗义、身怀绝技，替他人伸张正义，游戏恰恰满足了人们的这一心理需求。游戏的高互动性是其他文化载体所不能替代的，角色扮演类游戏具有较强的代入感，使玩家体验到畅快淋漓的江湖恩仇。

《剑网3》的画面呈现是典型的中式风格，早期偏传统写实风格，角色服饰的搭配、场景的搭建都较为质朴。为了迎合大部分玩家的审美需求，中期对写实风格做了一些改变，开始尝试更开放、更时尚的设计，直到后期开始偏重二次元化的设计。以游戏中的五毒门派成年女性服饰变化为例，五毒教位于苗疆地区，再加上其炼毒制毒的技能特性，门派女性成员服饰设计较多结合了苗疆地区的服饰特色，选用了一种主颜色为外观基调，辅之以银饰点缀。早期的"闻花知语套"较为贴合人们心中现实的苗疆服饰风格，配色为蓝黑色，选择了蜡染质感的布料，配以苗疆服饰特有的刺绣衣裙和巾帽，整体较为朴实，偏向便装的写实设计。后期的"潇风掠影套"则融合了更多的时尚元素，宽松的多层布料搭配轻纱的内衬，具有强烈的现代晚礼服风格。配色采用了大面积的门派代表色（紫色），银饰的设计也更符号化，头部形似牛骨的饰品作为银饰有所突出，在视觉效果上更胜一筹。

四　促进中国传统美术风格游戏的发展

从对 2019 年受欢迎的游戏进行美术分析可以发现，好的美术设计往往具有自身的特点，并达到了较高的审美水平，能在很大程度上影响游戏销量甚至产业状况。与此同时，我国的游戏行业在中式风格、国风游戏上具有特长，表现中国传统文化的作品受到了国内玩家的普遍欢迎。然而，国产游戏在最近 20 年突飞猛进的同时，也受到了早期野蛮生长的影响，特别是游戏美术方面的问题需要引起格外重视。

（一）国产游戏美术设计中存在的问题

国产游戏的美术设计自诞生起就受到了外来文化的深远影响。中日韩三国同属东亚文化圈，具有较高的文化相似性，而日韩在游戏创作方面已经形成了自己的特色。比如，日本作品偏向"宅"系，在对角色造型进行抽象的基础上体现出了极为统一的审美，要么是可爱的少男少女，要么是高度理想化的俊男靓女，整体呈现平面化和自然化的视觉特点。同样的问题也发生在对欧美游戏的借鉴上，欧美作品普遍偏向写实基础上的特征突出，不管是在真实比例还是在卡通比例中，欧美角色通常都具有非常鲜明的个人特点，如棱角分明、健壮丰满。欧美日韩文化的全球影响力加之文化上的精微难辨，导致中国自主研发游戏的美术设计容易受其影响，在表现传统文化时发生变形在所难免。

国产游戏的民族化美术设计容易出现模式化、套路化的倾向。比如，场景造型一味追求奇观化，忽视合理性和历史真实度，不同游戏间相互模仿创意，几乎所有仙侠题材的国产游戏中都有"空中楼阁"、悬浮的仙山，几乎所有武侠题材的游戏中都有高耸入云的山门。游戏角色往往过于突出性吸引力，在审美上过于极端，身体比例畸长甚至超过"九头身"，人物貌若天仙但相互间缺少区别度。夸张的视觉效果和过度理想化的造型可能抹杀民族化美术设计的独特优势。

国产游戏美术设计经常缺少坚实的史料基础，呈现"杂糅"感。比如，建筑的风格、工艺、装饰、颜色等都直接反映游戏的背景和世界观，只有与时代背景连接才能构建游戏世界的真实感，提升游戏的审美品质。但在实际设计中，很多游戏都简单照搬或是拼凑元素，导致建筑造型混乱。表现在细节上就是现代和传统元素混杂，东方和西方元素嫁接、色彩和造型浮夸，民族特色难以彰显。特别是在很多玄幻题材的游戏中，各种稀奇古怪、时代跳跃、地域混搭的元素"一锅烩"，设计者普遍缺乏考据意识。

（二）发展中国传统游戏美术风格

数字游戏产业本身就是商业机制和文化产品相互磨合而逐渐形成的，玩家用购买"投票"的方式选出了他们心仪的游戏作品，促使游戏创作者始终围绕玩家的喜好调整和更新作品。2019年的游戏市场中，各种美术风格争奇斗艳，从中可以看出玩家群体的复杂性，游戏设计者既要考虑到玩家的多样化需求，也要看到未来的发展潜力，传承中国传统文化的中式风格广受好评或许就是一个标志。

数字游戏作为一种当代最受欢迎的娱乐媒介，需要坚持经济效益与社会效益的统一。人本主义心理学派奠基人马斯洛（Abraham H. Maslow）提出的需求层次理论模型展示了玩家的五种基本需求，其中最高级的是人的自我实现需求。中国传统文化作为所有国人共同的文化基因，深深地铭刻在我们的思维方式和言谈举止中，是人们自我发展的精神内核，也是最高级的文化追求。因此，数字游戏在进行美术制作的时候要格外重视这一点，满足人们对美好文化生活的需求，创造基于中国传统文化的中式风格游戏沉浸体验。

五 中国传统游戏美术风格的发展对策

在经济与文化全球化的时代语境中，传承和发扬民族文化，提倡本土民族性传统元素在数字游戏设计中的应用，是时代的消费需求和文化趋势。倡导中国传统文化元素与现代文化元素的融合有助于提升文化自信和民族自豪感，这要求在吸收外来先进游戏设计方法的基础上，创造出有鲜明民族审美特色的游戏美术设计和游戏体验。

（一）"禅派游戏"的美术风格

以陈星汉的《风之旅人》为起点，"禅派"游戏的崛起为民族化国产游戏指出了一条新的道路。一款玩法平平无奇的游戏却能带给人强烈的情感冲击和精神震撼。这种探索广袤未知土地的体验，带给玩家一种无拘无束的解脱感，这与禅宗中的禅修有微妙的联系。两个小时简短的游戏流程可以使人静坐调心、静治烦躁，实现由"污染"到"清净"的转变。

2019年6月，陈星汉及其团队历时七年联合网易游戏代理运营的社交冒险游戏《光·遇》在 App Store 正式发行，该游戏延续了《风之旅人》的禅派游戏特点，将着力点放在了社交元素上，制作组希望玩家能进入一个纯真的情感交流状态，而并非体验泛泛的社交元素。从陈星汉的"禅意三部曲"到近几年的《风之旅人》与《光·遇》，再到在全世界迅速升温并大量涌现的"禅派游戏"，中式禅宗意境、空灵缥缈的风格不仅体现在简约的造型中，还存在于游戏性丰富的互动和社交中，从游戏体验的角度提供了中式美术风格游戏的新方向。

现如今中国游戏玩家数量与日俱增，学生和中年白领是手机游戏的主要玩家。加强对游戏的引导和与管控、培养健康文化载体成为新时代我国游戏产业发展的必然要求。随着国家经济实力的提升，人民的物质需求得到满足，精神需求呈现愈加碎片化的特征，人们往往很难沉下心花费一段时间去感受一部优秀的文化作品，这与现如今快餐式的文化消费模式脱离不开。禅派游戏所具有的清净自性、静治烦躁、陶冶情操等特点正符合当下社会的所需。游戏作为文化的一种载体，承担着引导人们走向正确文化消费方式的责任，一味地停留在快节奏的"爽"游戏并不能保证游戏市场的长期良心化发展。在游戏中注重发展类似"禅派游戏"的美术风格，不仅能创造更大的经济效益，还能对真正用心的游戏创作者们产生积极作用。

（二）发展中国传统游戏美术风格的策略和建议

电子游戏最初诞生于科学家们的严肃研究中，游戏是孕育于技术之中、受技术驱动的，它对技术的使用具有极强的包容性和开放性。新媒介技术如早年的体感等，近些年的VR、AR等都被电子游戏轻松接纳，产生了丰富的游戏内容。技术进步曾经推动国产游戏民族化美术从二维到三维、从静态到动态的转变，如今这一变化可能更加剧烈甚至逐渐模糊现实和虚拟的边界。在技术革新的浪潮中，国产游戏更要抓住变革的机遇和红利，积极提升自身的艺术表现力，创造更具沉浸感的游戏视听体验，为中式风格美术设计插上科技的翅膀。

现代审美观念在电影和动漫等数字传播媒介中得到广泛应用，为国产游戏设计提供了有价值的风格参照，奇观化、时尚化、拟像化的发展趋势与游戏美术设计形成同构关系。国产游戏美术设计应注重利用现代审美观念，灵活运用现代绘画、装饰、雕塑、时装、时尚潮流等元素塑造美术设计框架，创造出具有时尚感的中国传统游戏美术风格。

当代中国既取得了举世瞩目的发展成就，也在高速发展中产生了一些社会问题，这些真实的社会境况就是最好的游戏创作灵感来源，是中国传统美术设计的重要源泉。无须担心这样的视觉不够"中国"，担心会缺少中国古典特色，就像国外的创作者以自己的国家为游戏背景一样，中国玩家同样能感受到强烈的民族化视觉风格，现代性已经很自然地成为当代民族性与传统文化的一部分。

我国的高等教育也应该做出更多回应。中国目前只有北京电影学院、中国传媒大学等少数几所高校开办了相关专业，远远不能满足社会对游戏人才的需求。好的游戏美术设计需要经过系统的审美素养培育、游戏理论建构、科学意识养成等，这些都需要树立学科意识并坚持长线培养策略。

美术设计中的传统文化深刻影响了中国自研游戏的发展，二者的融合已经成为国内游戏行业越走越明显、越走越自信的文化路线。中国传统美术风格受到广大消费者的欢迎，同时也有助于增强民族自豪感。回顾《仙剑奇侠传》等里程碑式作品，不难发现，这种经久不衰的魅力源自中国源远流长的传统文化和审美旨趣。只有借鉴中国传统文化的艺术底蕴，中国游戏才能走得更长久，而非仅为一时潮流。只有将中国的民族文化艺术元素融入游戏美术设计中，才能彰显中国气派、中国风格，促进游戏产业的进一步发展。

六　结语

从对2019～2020年游戏美术风格的整体分析出发，发现随着国内游戏市场渐渐壮大，单一的视觉画面风格已经不能再吸引现如今的游戏玩家们，像《风之旅人》《死亡搁浅》《极乐迪斯科》这种带有独特美术风格的游戏更能引起玩家的深思。游戏制作人在制作这类游戏的美术资产时，往往加入了大量创作者的观点，更偏向于艺术品表达。作为民族文化的心理表征，国产游戏中的传统文化、中式题材、民族化呈现是我国文化传播的主要表现，承载着传统文化承上启下、广泛传播的历史使命，肩负着提升大众民族文化审美和艺术素养的艰巨任务，更需要独特并兼具极高审美水平的美术风格的支撑。

近年来，具有中国特色的游戏中不乏佳作，《绘真·妙笔千山》《中国式家长》《风之旅人》等游戏在引发热议的同时，让玩家们看到了带有中国本土元素美术风格的优秀之处，也为之后国产游戏市场的发展留下了伏笔。

国产游戏在经历了数十年的发展后已经来到了一个关键路口：一方面，国际上以陈星汉为代表的"禅派游戏"方兴未艾，国产游戏的中国传统美术风格面临一条独特的发展路径；另一方面，国产游戏对传统艺术的学习要从"杂糅"变得纯粹，从食古不化转向观照国内社会现实，从而真正实现弘扬中国文化、立足世界之林的目的。

参考文献

腾讯WeTest：《2019中国移动游戏质量白皮书》，2019。

艾瑞咨询：《2019年中国移动游戏行业研究报告》，2019。

《伽马数据：2019中国游戏产业年度报告》，中文互联网数据资讯网，2019年12月18日，http://www.199it.com/archives/983442.html。

《极光大数据：2019年手机游戏行业研究报告（附下载）》，中文互联网数据资讯网，2020年2月27日，http://www.199it.com/archives/996955.html。

《App Annie：2019年全球移动游戏市场报告》，中文互联网数据资讯网，2019年6月24日，http://www.199it.com/archives/895720.html。

《2019年中国手机游戏行业发展现状及行业发展趋势分析［图］》，中国产业信息网，2020年2月15日，https://www.chyxx.com/industry/202002/834180.html。

《2019年中国区手游（仅iOS）收入排行榜》，ZOL网站，http://xiazai.zol.com.cn/jiqiao/41193.html。

B.11
2019~2020年游戏题材研究报告[*]

田坤宁 刘洪琛 李晓彬[**]

摘　要： 2019年国内移动游戏形成以科幻、军事和国风题材为主，运动、休闲、魔幻和修真题材为辅的开发方向，个别公司尝试的小众题材如克苏鲁神话也取得优异成绩。客户端游戏排名靠前的作品多以魔幻、国风和探险为题材，网页游戏市场则持续低迷。随着5G建设的大力推进，以及云游戏的热门化，预计未来五年内，中国游戏行业将在国内以及全球市场上继续保持较高的增长率，社会热点问题也将带来新的增长点。本报告对2019年中国市场中受欢迎的游戏题材进行探讨分析，认为国风、科幻和军事题材将在未来一段时间内继续保持优势，并间或出现冷门题材佳作。

关键词： 游戏题材　移动游戏　客户端游戏　网页游戏

一　2019~2020年游戏题材研究概述

2019年中国游戏市场整体规模为2308.8亿元，呈平稳增长的良性态势。相较2018年，实际收入增长了164.4亿元，随着5G建设的大力推进，

---

[*] 本报告系2017年北京市社会科学基金一般项目"类型游戏的形成机制与基本特征研究"（项目编号：17YTB020）的阶段性研究成果。

[**] 田坤宁，北京电影学院动画学院游戏设计方向2019级硕士研究生，主要研究方向为游戏设计；刘洪琛，数字影视动画创作教育部工程研究中心特聘研究员，主要研究方向为游戏设计；李晓彬，北京电影学院动画学院教授，硕士研究生导师，主要研究方向为游戏设计。

以及云游戏的试点，预计2020年游戏行业的发展或将迎来风口。

数字游戏可按照平台细分为：移动游戏、客户端游戏、网页游戏、单机游戏、主机游戏。其中2019年移动游戏市场占比68.5%，客户端游戏占比26.6%，网页游戏占比4.3%，主机和单机游戏各占0.3%。移动游戏是目前中国游戏行业的主要盈利来源——2019年市场销售额高达1581.1亿元，用户多至6.2亿人次。本报告经统计发现，移动游戏中科幻、国风、军事类题材游戏占据较大市场份额，在收入前100的作品中独揽54%，代表作有《王者荣耀》《和平精英》《完美世界》等。随着技术进步和硬件性能的提升，预计2020年的移动游戏市场将再创新高。其次是客户端游戏，产业实际收入为651.1亿元，代表作品为《刀塔2》（DOTA 2）、《英雄联盟》、《梦幻西游》、《我的世界》等，流行的客户端游戏题材为魔幻、国风和探险。再次是网页游戏，实际销售收入为98.7亿元，用户人数缩减至1.9亿人次。代表作品为《灭神》《暗黑大天使》《蓝月传奇》，其形成了以魔幻题材为主流的开发方向。相较而言，主机游戏和单机游戏的销量与用户群规模较小。

二 移动游戏题材研究分析

2019年，中国移动游戏占游戏市场规模比重高达68.5%，实际销售收入为1581.1亿元，同比2018年增长241.5亿元，相比其他平台的游戏，其市场占有率遥遥领先（见图1）。随着适配iOS和Android系统的高性能硬件设备的出现，轻薄便携的移动游戏平台已成为主流。版号政策的调整促使厂商更重视已上线的游戏品牌、尝试新的收费模式并倾向多端联动，由此减少了游戏的跨平台障碍。与此同时，多家国内和跨国企业致力于研发5G、VR、AR等前沿技术，使移动游戏有可能突破原有增长瓶颈。

以iOS平台的排行榜为参考，2019年国内移动游戏形成以科幻、军事和国风题材为主，以运动、休闲、魔幻和修真题材为辅的开发方向，个别公司尝试的小众题材如克苏鲁神话也取得优异成绩（见图2、图3和图4）。相较之下，2018年移动游戏头部产品渗透率由科幻、军事、国风、休闲和运

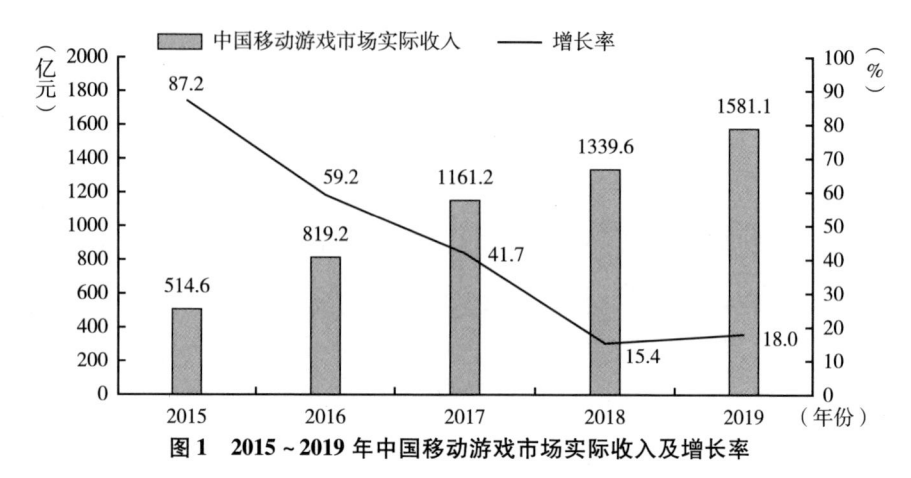

图 1　2015～2019 年中国移动游戏市场实际收入及增长率

资料来源：中国音数协游戏工委编写《2019 年中国游戏产业报告（摘要版）》，中国书籍出版社，2019。

动题材领先，《王者荣耀》和《梦幻西游》交替登顶，麻将棋牌类游戏的渗透率较为可观，为 3.1%～10.1%；除上述题材外，恋爱、魔幻类游戏也频频打入 iOS 畅销榜前 20 名，如《恋与制作人》《命运－冠位指定》等。

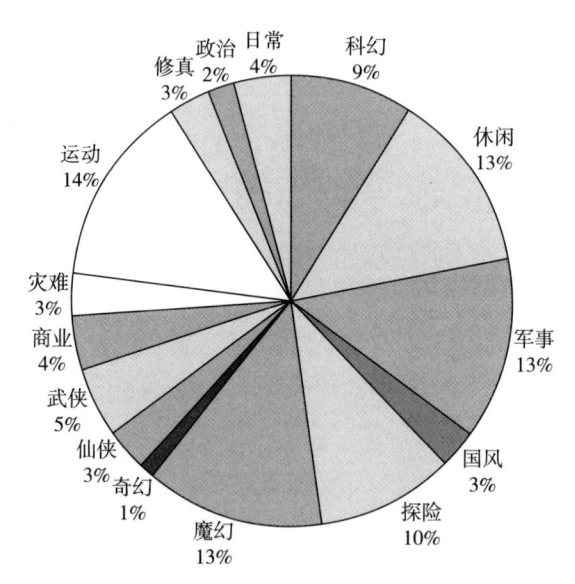

图 2　2019 年 iOS 游戏免费榜各题材登顶天数占比

资料来源：七麦数据《中国 iOS 榜单竞争趋势》。

2019~2020年游戏题材研究报告

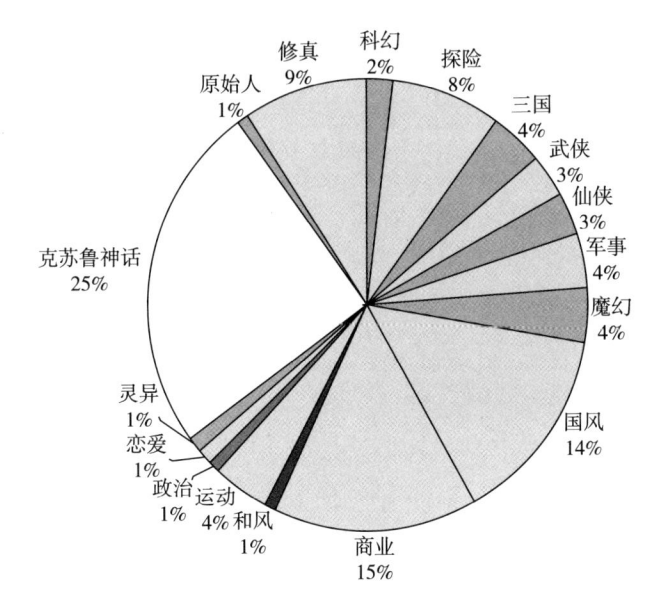

图3 2019年iOS游戏付费榜各题材登顶天数占比

资料来源：七麦数据《中国iOS榜单竞争趋势》。

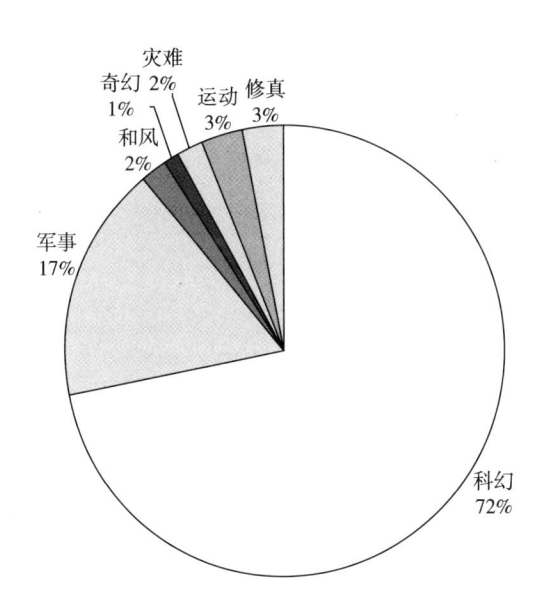

图4 2019年iOS游戏畅销榜各题材登顶天数占比

资料来源：七麦数据《中国iOS榜单竞争趋势》。

2019年的游戏题材范围有所收缩，更加集中于科幻、军事与国风题材，同时修真题材发力，取得靠前名次。

在单个游戏作品方面，《王者荣耀》以蝉联253天的佳绩稳坐iOS游戏畅销榜TOP 1的宝座，《和平精英》以58天的成绩位居其次，第三名是登顶26天的《完美世界》，移动游戏领域的马太效应明显（见图5），可能促使游戏题材总体占比产生一定波动。这一现象在公司层面更加明显，2019年上半年iOS移动游戏收入榜单中的前30款游戏总销售额为251亿元，腾讯占50.19%的份额，网易占30.23%（见图6），两者垄断了前12名的位置。相比之下，第3名及往后的游戏厂商之间的收入差距小到可以忽略不计。

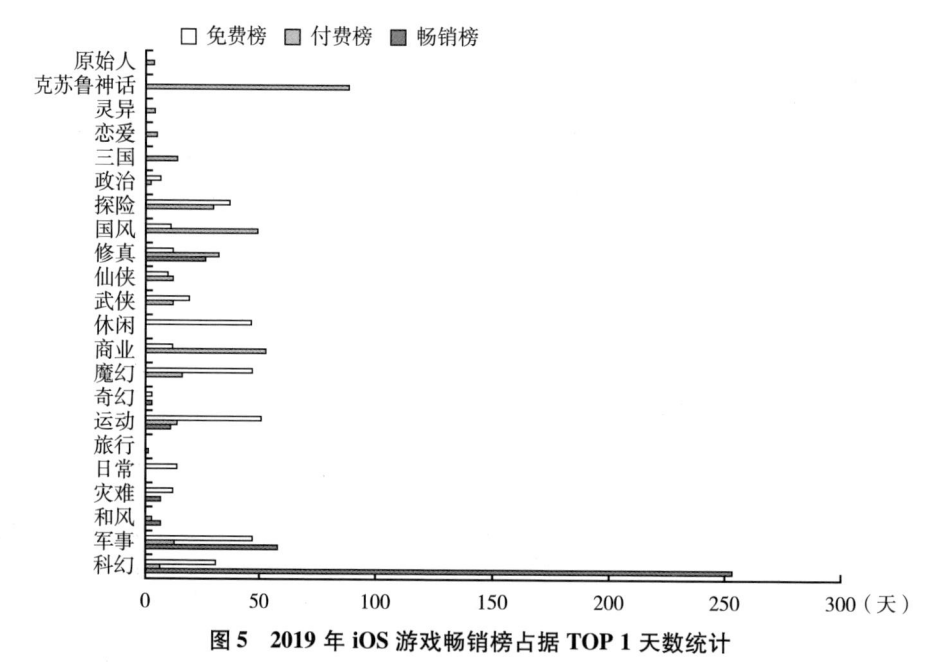

图5　2019年iOS游戏畅销榜占据TOP 1天数统计

资料来源：七麦数据《中国iOS榜单竞争趋势》。

（一）科幻题材

中国科幻热潮方兴未艾，且不再带有明显的模仿欧美舶来品的痕迹，越

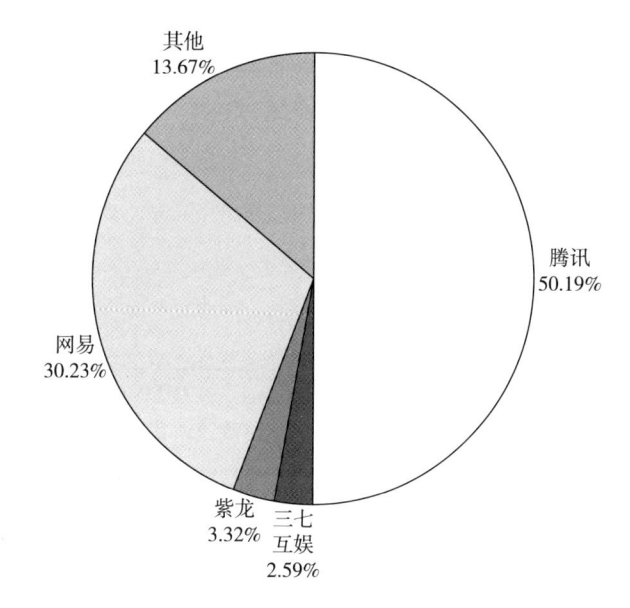

图 6　2019 年上半年 iOS 移动游戏收入 TOP 30 公司占比分布

资料来源：七麦数据《中国 iOS 榜单竞争趋势》。

来越多的国产游戏作品试图摆脱技术奇观堆砌、有意识地探索东方风格及本土化的表达。这种转变得益于我国科技水平的攀升与综合国力的增强，是科教兴国等国家战略的必然表现，侧面反映了人民日益增强的文化自信以及对民族化内涵的认同。在"十三五"提升全民素质指导方针与优惠政策的影响下，科普及带有文教功能的游戏产品未来可期，这也带动了当代科幻热潮与游戏媒介的碰撞融合，该题材的优秀作品层出不穷、成绩斐然。

《王者荣耀》是天美工作室研发的科幻题材类 MOBA 游戏，自 2015 年 11 月公测以来，日活跃人数最高突破 5000 万人次，最高同时在线人数逾 500 万人，总下载数达 2 亿余次。该作品 2019 年上半年登顶 iOS 中国区游戏收入榜单，上半年收入约为 34.9 亿元，月流水近 6000 万元，同时，仅大年三十单日流水便突破 13 亿元，是名副其实的全民游戏（见图 7）。

《王者荣耀》的世界观宏大，充满科幻和未来感：人类滥用科技导致宇宙覆灭，于是，科学家研制大型航空器"方舟"，移民星际避难，然而最终难逃人类灭绝的命运。但部分顶尖科学家将人类的知识和基因保存在方舟

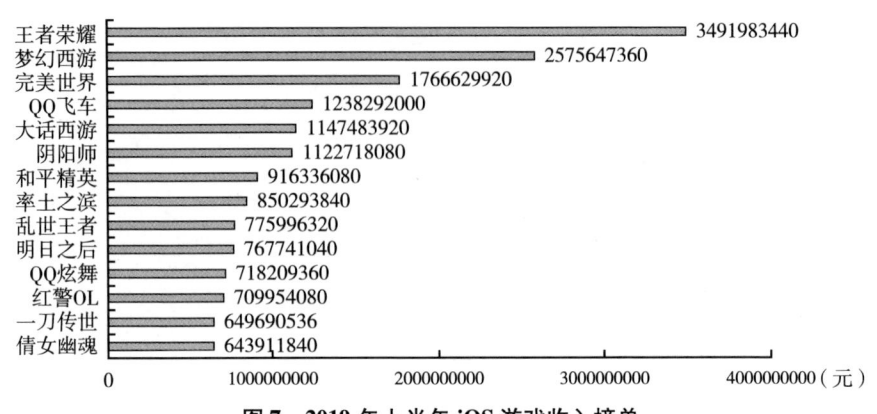

```
王者荣耀     ████████████████████ 3491983440
梦幻西游     ███████████████ 2575647360
完美世界     ██████████ 1766629920
QQ飞车       ███████ 1238292000
大话西游     ██████ 1147483920
阴阳师       ██████ 1122718080
和平精英     █████ 916336080
率土之滨     █████ 850293840
乱世王者     ████ 775996320
明日之后     ████ 767741040
QQ炫舞       ████ 718209360
红警OL        ████ 709954080
一刀传世     ████ 649690536
倩女幽魂     ████ 643911840
```

图 7　2019 年上半年 iOS 游戏收入榜单

资料来源：游戏新知《2019 年上半年 iOS 游戏收入榜》。

上，由此诞生的新生人类便在王者大陆继续传承文明的火种。

《王者荣耀》既涵盖传统文化和民族化内涵，又融合现代人喜闻乐见的科幻题材。该作顺应了自 2014 年兴起的科幻热，并以我国典籍著作中的古典形象为基础设计角色，巧妙杂糅东方文化底蕴和未来科技妙想，用户群基础庞大且接受门槛低。在四年的运营中，该作注重对游戏属性的打造，凭借移动设备的便捷和普及性，逐渐脱离游戏原有的定义局限，发展成一种崭新的社交方式。上述基于科幻题材的精良制作加上 MOBA 游戏的玩法载体，使得该作用较低的使用次数换来极高的使用时长，精准定位 20~24 岁，可自由支配的收入为 3000~8000 元，喜欢音乐、二次元与同城交友的学生用户。① 这类用户忠诚度较高，对科幻题材接受度最高、最富热情。总体而言，科幻题材移动游戏作品在 2019 年呈现热门程度高、生存周期长、潜力巨大的特点。

（二）军事题材

军事题材游戏为生在和平年代的人提供了绝佳途径去体验枪林弹雨、极限求生和孤胆豪情，常具有军事文化宣传和知识普及的作用。例如《绝地

---

① 极光大数据：《王者荣耀研究报告》。

求生》走红之后，即使是军盲和路人玩家都或多或少知道"98K"，军事题材游戏的力量可见一斑。

军事题材的游戏多追求极致还原战场体验，快节奏、硬核向的玩法变种层出不穷，重度用户留存率高，玩家多为19~24岁、中东部省市的男高中生与大学生。军事题材游戏每月都有作品占据移动游戏各大排行榜头部位置，具有可持续发展的潜力，但很少长期占据榜首。当前，军事题材游戏普遍以"吃鸡"类玩法为基础，在运营策略上着重发展社交系统，争取高DAU、低ARPU值，重点引导用户的首次消费与单日高额付费。这使得该题材游戏始终能保持月流水稳中有进的趋势，2019年销售成绩喜人。目前，热门的军事题材游戏多改编自国外经典IP，或直接引进成功产品，根植于我国本土军事文化的游戏寥寥无几，国创军游有待振兴。

《和平精英》由腾讯旗下的光子工作室群研制，改编自蓝洞公司的《绝地求生》，于2019年5月发布。该作蝉联2019年iOS游戏畅销榜榜首58天，仅次于《王者荣耀》，月均流水达5.49亿元，上半年下载量超过2600万次，无愧为该年度最受欢迎的军事题材手游（见图8）。在游戏模式固化、鲜有创新的情况下，《和平精英》以百人大逃杀的模式强调人与人之间的竞技，让游戏乐趣的重心变为难以预测的对手和挑战，而装备全靠捡的设定则弱化了玩家开局的初始差距，让玩家更真实地体验瞬息万变的战况。游戏对武器细节的考究以及随机战况的设计不仅提高了可玩度，还潜移默化地对大众进行军事科普，具有一定教育意义。

（三）国风题材

国风题材的游戏多取材于我国古典名著及传统艺术遗产，有的融合了当代潮流继往开来，也有的追溯历史，经典案例是《梦幻西游》和《绘真·妙笔千山》，前者通过合理改编进行再创，后者考据古画还原山水风情。不论是走二次创作还是艺术考古的路径，两者都取得了优异的销售成绩，可见当代玩家对国风题材的包容度之高、兴趣之强烈。

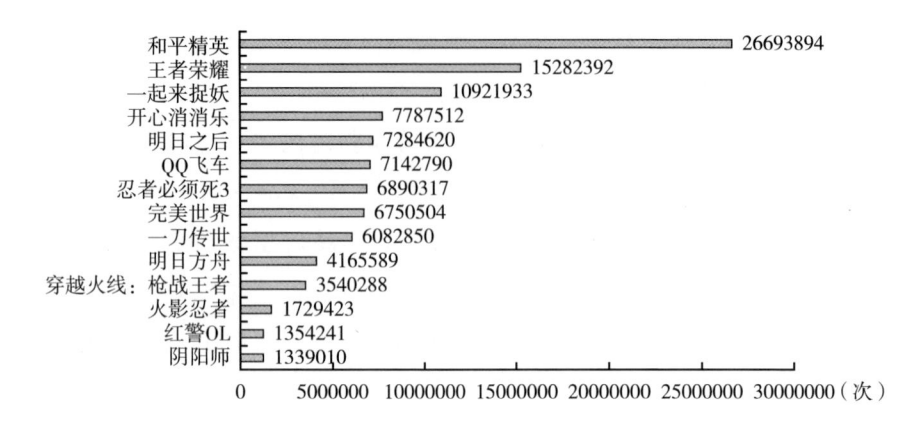

```
和平精英          ████████████████████████ 26693894
王者荣耀          ██████████████ 15282392
一起来捉妖        ██████████ 10921933
开心消消乐        ███████ 7787512
明日之后          ██████ 7284620
QQ飞车            ██████ 7142790
忍者必须死3       ██████ 6890317
完美世界          ██████ 6750504
一刀传世          █████ 6082850
明日方舟          ████ 4165589
穿越火线：枪战王者 ███ 3540288
火影忍者          █ 1729423
红警OL            █ 1354241
阴阳师            █ 1339010
         0  5000000 10000000 15000000 20000000 25000000 30000000（次）
```

图8　2019年上半年iOS游戏下载量榜单

资料来源：游戏新知《2019年上半年iOS游戏收入榜》。

中国风格为全国人民所喜闻乐见，群众基础庞大、接受门槛低，能最大限度地引发共鸣、传达民族文化内涵。国风游戏相对容易体现民族情感，常运用富有民族审美趣味的艺术形式，从而更能反映中华民族的精神风貌，广受玩家的欢迎。目前，市面上的国产国风题材独立游戏多为新兴的功能游戏①，2018～2019年更是功能游戏步入中国公众视野且大放异彩的年份。在国家政策和舆论的引导和激励下，各大企业纷纷挖掘该题材游戏的潜在价值，涌现出《见》《子曰诗云》《尼山萨满》《佳期：踏春》等优秀作品。在各大平台的数据统计结果中，国风题材的游戏往往体现出受欢迎程度高、生命周期长、销量平稳的特点。

《梦幻西游》是由网易公司出品，在端游《梦幻西游》的基础上进行重新设计的一款大型多人在线角色扮演移动游戏，于2015年3月发行，至今仍保持不错的销量——2019上半年热卖26亿元，月均流水超过4.29亿元，稳坐iOS收入榜亚军。该作品以三界弟子大战蚩尤、保卫大唐和平为主线，其间穿插西游取经等脍炙人口的桥段，同时在开头新增现代流行的重生穿越设定，并在台词中添加当下的幽默热词。在这部作品中，古代传说穿插交

---

① 功能游戏又被称作严肃游戏。

织,时尚审美巧妙融入,玩家会为熟悉的元素会心一笑,为精彩的创意折服赞叹。由此可见,民族文化的内核不是凝固、静止的,而是随着时代发展变化的,国风题材游戏的成功绝非偶然,它们做出的传承与改编回应了当代社会和大众对优秀民族文化作品的强烈需求。

(四)修真题材

修真题材游戏的"世界"常常设定为门派林立、"万家争鸣",通常会出现道教、佛教、仙教、魔教等源自不同文化的各色流派。修真题材可以说是中国武侠小说的变种,并因此具有庞大的潜在用户基础、深厚的情怀支撑、独特的用户群体。在此类题材的移动游戏中,男性玩家占比较高,且更加低龄化,尤以24岁以下的未婚用户为主,多分布于二、三、四线城市。在当今快节奏、高强度的现实生活中,现代人往往更倾向沉溺于此类天马行空的世界。玩家在游戏中可以自由扮演各式各样的角色,或行侠仗义或明哲保身,还可以体会古代架空的风土人情,构建属于自己的故事和"第二人生",更能跳脱常识与理性的桎梏、不受压力与琐事的干扰,在虚拟世界中寻求身心的释放与平和。

以iOS游戏排行榜为例,修真题材的作品在各榜占据TOP 1的天数十分可观,畅销榜占比3%、排行第三,付费榜占比9%、占据第四的位置,免费榜占比3%、位居第九。其中比较热门的产品有《完美世界》《斗罗十年》《凡人修真录》等,然而几乎没有单个修真题材的游戏能持续上榜超过两个月,大部分作品陷入开头一鸣惊人、后续生命力不足的困境。可见该题材作品目前生存周期较短、用户黏性一般,持续发展的潜力有待观察。

《完美世界》是2019年修真题材游戏的耀眼之作,由腾讯发行、完美世界研制,于3月开放了不删档测试,并在3~4月共占据畅销榜榜首26天、免费榜榜首11天,刚上线便获得了17.6亿元的收入,月均流水为4.4亿元,在iOS中国区2019年上半年的收入榜单中排行第三。游戏发生在完美大陆上,人、羽、妖三族为争夺领土连年征战,争斗在各族人民习得神赐的修真之法后更是愈演愈烈。某日各地突然出现时空裂缝，从中涌出了穷凶极恶的怨灵，三族也暂时放下私怨、携手应对危机。《完美世界》最初是2006年上线的端游，2019年的手游版保留了次时代电影级画质，最大限度还原了端游视效，具有十分华丽的视觉效果，成为国产游戏画面质量的标杆之作。同时，该作原汁原味地复刻了端游的经典玩法与副本，靠情怀引流端游时代的老玩家，又用错综复杂的剧情吸引喜爱修真题材的新玩家。

三 客户端游戏题材研究分析

2019年中国客户端游戏市场实际收入为615.1亿元，同比2018年下降4.5亿元（见图9）。客户端游戏市场规模受移动游戏市场冲击而缩减，从增量竞争逐渐转型为存量竞争，发展速度有所减缓、行业内部的角逐进入白热化阶段，唯有走精品化路线才能有一线生机。2019年中国客户端游戏用户规模缩减至1.42亿人，2017年后用户规模持续走低，2019年增长率为-5.3%（见图10）。2019年中国客户端游戏排名靠前的作品多以魔幻、国风和探险为题材（见图11）。

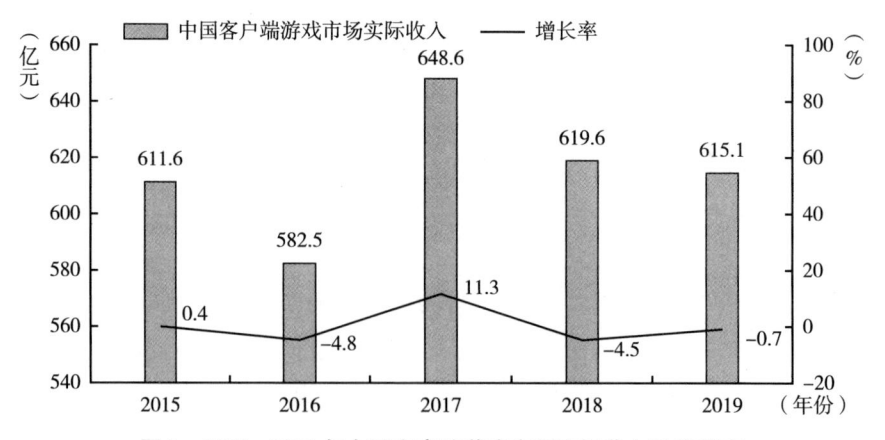

图9 2015~2019年中国客户端游戏市场实际收入及增长率

资料来源：中国音数协游戏工委编写《2019年中国游戏产业报告（摘要版）》。

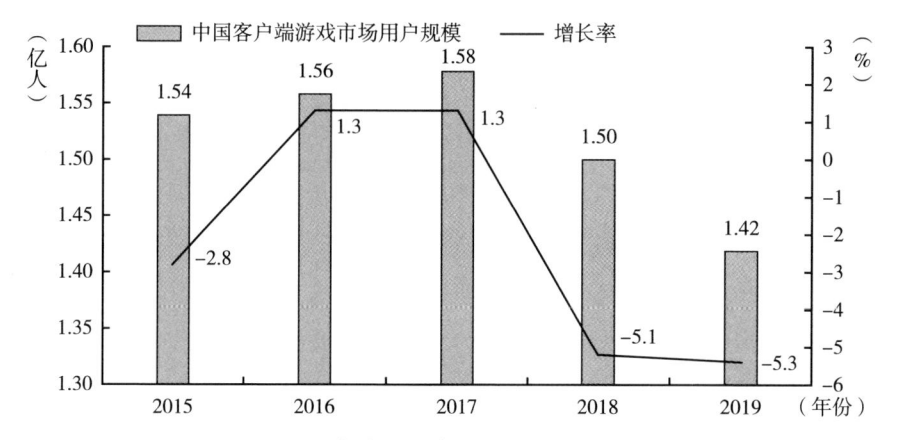

图 10　2015～2019年中国客户端游戏市场用户规模及增长率

资料来源：中国音数协游戏工委编写《2019年中国游戏产业报告（摘要版）》。

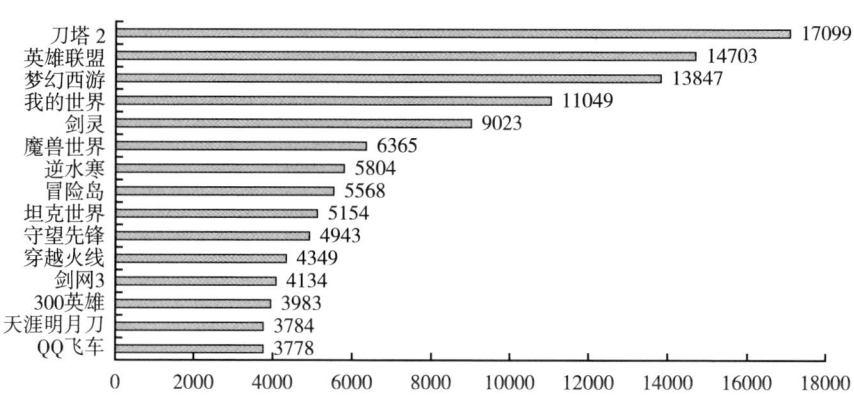

图 11　2019年中国客户端游戏热门指数榜单

资料来源：百度指数。

（一）魔幻题材

在排名前十的热门客户端游戏中，魔幻题材占据三席，属于重点客户端游戏题材。魔幻题材客户端游戏多是 RPG 玩法，其中精灵、天使、龙族是常见的元素，常常具备转职、副本开荒等经典玩法。该题材客户端游戏用户通常具有端游情怀，如曾是《魔兽世界》忠实玩家，喜欢电子竞技与游戏直播，常看《指环王》等魔幻题材的电影，用户以年龄为 20~40 岁的男性为主。魔幻题材客户端游戏作为体量庞大的作品，营销重点一般为深挖用户群存量，走重度游戏路线，同时打造创新、精品化的游戏内容。

《刀塔2》这款魔幻题材客户端游戏由 Valve 开发，是一款免费多人在线战斗竞技游戏，是 Steam 平台上活跃人数最多的游戏之一，最高在线人数超过120万。它有遍及世界的专业比赛，承办国际邀请赛和特锦赛等，其中2018年第八届国际邀请赛总奖金超过2500万美元，目前保持着电子竞技历史上奖金金额最高的纪录。游戏背景设定具有魔幻色彩：创世者厌倦了两种争斗千年的远古智慧，于是降下天罚，将其关进异能水晶做成的球体中。随着两种遗迹文明的发展，双方又开始蠢蠢欲动，试图摧毁对方的能量源，大陆上的英雄们也陆续加入战争。

（二）小众题材

2019年我国客户端游戏继续存量竞争模式，该模式的择优性，在一定程度上消除了过去市场中题材跟风雷同、追逐快餐式消费、创意创新不足的弊病。众多独立游戏工作室成为脱颖而出的黑马，客户端游戏产品的题材角度独特，让人眼前一亮，并取得了绝佳的销售成绩，广受好评。这些创新作品由于题材小众，探索潜力与亮点兼具，处于市场的空白地带，但也存在受众受限、尚未从小众中孕育出全民级游戏的问题。目前国内发行小众题材客户端游戏的平台较少，仅有 TapTap、Steam 等几家，其也成为具有较大开拓潜力的游戏市场。小众题材客户端游戏的发展趋势是广泛拓展用户群，轻量化、游戏时间碎片化，以新颖的题材和独特的游戏机制吸引用户。

《隐形守护者》由大陆独立游戏工作室 New One Studio 开发，是沉浸式真人互动影像游戏，该作于2019年1月在 Steam 平台正式发售，一经发行便反响热烈，并迅速推出移动端的移植版本。该作根据橙光游戏平台的文字推理游戏《潜伏之赤途》改编，采用了当前略显小众的谍战题材，辅以部分历史和政治要素。相较于原作传统、单一的文字游戏形式，《隐形守护者》采用了新颖的"真人影视互动"技术，以少量动态镜头和多数静态画面进行演绎。玩家在游戏中扮演中共地下党员肖途，在抗战爆发后奉命潜伏于日伪机关，与敌人周旋。游戏提供了上百种错综复杂的分支剧情和四条迥异的结局路线，以震撼的视听奇观让玩家体验无名英雄的史诗一生，铭记历史、不忘使命，引人深思。

由墨鱼玩工作室制作、椰岛游戏发行的《中国式家长》是一款以考学为题材的客户端游戏，该作品以"中国应试教育"为主线剧情，忠实还原了中产家庭孩子从出生到高考的全过程，并接地气地加入竞选班干、特长选秀、早恋等元素。中国式考学作为一种社会现象成为游戏创作题材，引起了世界玩家的广泛讨论，并引发了对考学的新一轮审视和反思。该作一度进入Steam畅销榜前10，玩家好评率高达89%。该作在向世界普及国内特殊社会现象的同时，也以戏谑嘲弄的方式，温和地批评了当前应试大环境的不合理之处，呼唤以人为本、因材施教的理想状态，实现了良好的社会效益。

四 网页游戏题材研究分析

受到移动游戏市场的剧烈冲击，我国网页游戏的实际收入自2015年之后持续走低，市场以每年逾10.0%的负增长率逐渐萎缩，2019年收入仅为98.7亿元（见图12）。用户规模也在大幅度下降，2019年我国网页游戏的用户缩减至1.9亿人（见图13）。2019年开服数量前三的研发商分别为三七互娱、360游戏和搜狗游戏，优质开服数共38389组，上述三家研发商的平台共开服13974组，占榜单开服总数的56.53%，整体开服趋势较为稳定。本报告经统计发现，2019年第一季度魔幻题材占据60.0%的热门网页游戏份额，仙侠、武侠题材并列第二，占13.3%（见图14），代表作《灭神》《暗黑大天使》《蓝月传奇》的月流水均在0.8亿元以上。

网页游戏的受众群体多为在三线及以下城市、文化与审美素养欠佳、闲暇时间充裕的"75后"和"80后"男性。网页游戏常常聘请老牌明星或新晋网红代言，并在贴吧、论坛等缺乏理性讨论与专业评价的平台投放广告，以此吸引草根阶层，引起其身份认同与共鸣。这类用户往往渴望追求虚拟世

图12 2015～2019年中国网页游戏实际收入及增长率

资料来源：中国音数协游戏工委编写《2019年中国游戏产业报告（摘要版）》。

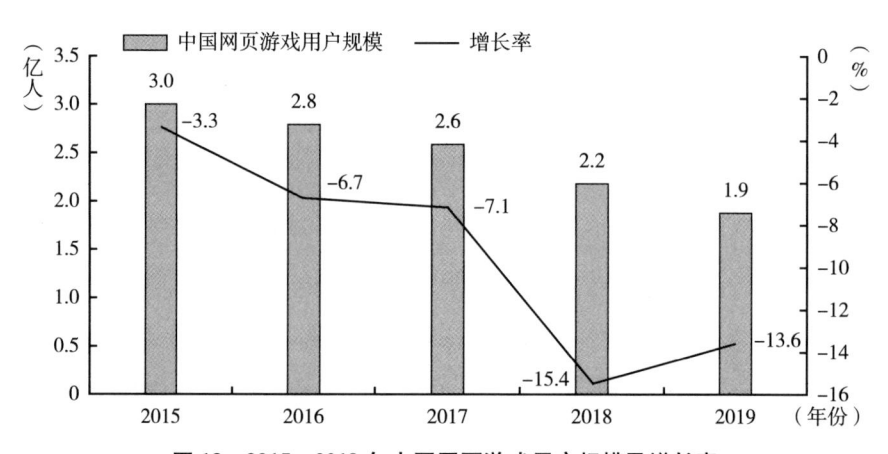

图13 2015～2019年中国网页游戏用户规模及增长率

资料来源：中国音数协游戏工委编写《2019年中国游戏产业报告（摘要版）》。

界中的刺激感、成就感与征服感。较多页游也顺应玩家此类需求，变得操作异常简单粗暴、内涵匮乏，并通过快速变强获得成就感诱导玩家消费。面对行情日益低迷的页游游戏市场，悲观者认为行业寒冬已至，也有人认为恰逢转型之机。随着全民素质修养的提高，靠打"回忆"牌煽情、吃老本只不过是权宜之计，长期粗制滥造且毫无自主原创内核的页游必将失去市场，页游行业今后必须走注重精品创意的发展路线。

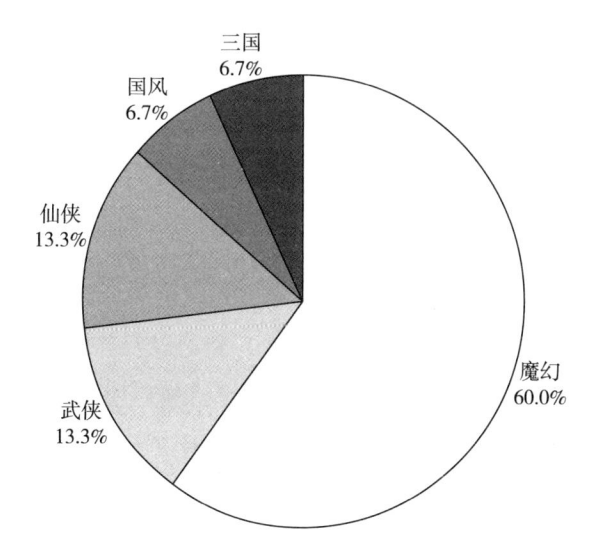

图14　2019年第一季度热门网页游戏题材

资料来源：9K9K《2019年Q1网页游戏数据报告》。

五　游戏题材的发展趋势分析

2019年中国游戏市场整体增长趋势良好，各类题材的游戏均有不同程度的发展，其中尤以移动游戏中的科幻、军事、国风题材最为热门，今后移动游戏也将依然保持游戏研发的主流位置。此外，国内游戏研发商和高新技术企业纷纷合作，云游戏和5G等前端技术的开发如火如荼，国内热门游戏常与漫展、周边、衍生动画等密切联动，产业链愈发成熟。

2019年我国出海的移动游戏总营收为421.1亿元，同比2018年增长30.8%，受国外玩家青睐的题材多为科幻、军事、魔幻、休闲等，且多采用二次元美术风格的形式，如 Arena of Valor、Azur Lane 等。[①] 而从全球的角度来看，2019年苹果App Store公布的年度精选游戏，题材愈发轻量化、叙事

---

① 艾瑞咨询：《2019年中国移动游戏出海行业研究报告》。

愈发简洁化，代表产品如《光·遇》、*Hyper Light Drifter*、*GRIS* 等。① 客户端游戏以 Steam 平台为例，2019 年度最佳、最畅销以及年度收入前 100 的排行榜中，前十名游戏的题材几乎被科幻、军事和魔幻垄断，有个别忍者题材黑马突围，如 *Tom Clancy's Rainbow Six*、《刀塔 2》、*Counter Strike：Global Offensive* 以及 *Sekiro：Shadows Die Twice* 等。②

综上，无论是国内发行、出海，抑或是定位全球的数字游戏作品，在游戏题材上科幻、军事题材均占据重要位置，魔幻以及休闲题材也较为热门。预计这些题材在 2020 年的游戏市场中仍将保持强势地位，小众题材也将出现一批亮点。长远来看，我国游戏市场无论在国内还是出海，仍有较大增长空间，但只是抢占热门题材、企图跟风"赚快钱"的企业必定走不长远，只有稳打稳扎、精益求精、发力创新题材的公司和作品，才能受到玩家的欢迎，获得理想的收益。在我国当前社会文化环境的影响下，科幻、军事及国风题材广受好评，但与此同时，由于某些外部因素影响也会有小众题材间或成为关注焦点。游戏企业应在正确分析玩家需求和题材发展趋势的基础上，主动提升游戏机能，融合前端高新技术并开发创新玩法，注重表现中国传统文化风貌与民族精神内涵。

参考文献

《伽马数据：2019 中国游戏产业年度报告》，中文互联网数据资讯网，2019 年 12 月 18 日，http：//www.199it.com/archives/983442.html。

《极光大数据：2019 年手机游戏行业研究报告（附下载）》，中文互联网数据资讯网，2020 年 2 月 27 日，http：//www.199it.com/archives/996955.html。

《2019 年中国手机游戏行业发展现状及行业发展趋势分析［图］》，中国产业信息

---

① 《Apple 公布 2019 年年度精选 App 和游戏》Apple 官方网站，2019 年 12 月 2 日，https：//www.apple.com.cn/newsroom/2019/12/apple-celebrates-the-best-apps-and-games-of-2019/。

② 《2019 年度最佳、最畅销游戏》，Steam 官网，https：//store.steampowered.com/。

网,2020年2月15日,https://www.chyxx.com/industry/202002/834180.html。

《2019年Q1中国网络游戏季度数据发布研究报告》,艾瑞网,2019年6月17日,http://report.iresearch.cn/report/201906/3385.shtml。

《App Annie:2019年第3季度全球移动游戏季度指数排行榜》,中文互联网数据资讯网,2019年10月11日,http://www.199it.com/archives/948306.html。

B.12
中国与日韩科幻游戏浅析

肖淇元*

摘　要： 2019～2020年在整个科幻产业的发展带动下，亚洲出现了具有一定文化环境特色，以及口碑较好和影响力较大的作品。本报告从中国与日韩科幻游戏产业发展现状、中国与日韩科幻游戏案例分析、中国与日韩科幻游戏未来展望三个方面来对比浅析中国与日韩的科幻游戏产业。

关键词： 科幻产业　电子游戏　移动游戏

一　中国与日韩科幻游戏产业发展现状

《2019年度中国科幻产业报告》显示，2018年科幻产业总产值已经达到了456.35亿元，其中中国科幻电影的产值已超过200亿元，占46%，游戏产业紧随其后达到了195.00亿元的产值，占43%（见图1）。《三体》小说成功和《流浪地球》电影票房大卖并且引发话题讨论，使中国又一轮科幻热潮就此兴起。

中国科幻产业2018年仅上半年就达到了315.64亿元。2018年，在中国科幻产值比例分配上，游戏仅次于电影。2020年上半年大环境对影视行业造成了一定的冲击，但游戏产业面临大量的机遇。根据《2020年第一季度中国游戏产业报告》，2020年第一季度，中国游戏市场实际销售收入达到732.03亿

---

* 肖淇元，湖南大众传媒职业技术学院教师，主要研究方向为影视动画、游戏设计。

元，比 2019 年第四季度增长了 147.43 亿元。① 从这一报告中也可看出，在热门移动游戏中，角色扮演类的游戏较多。另外，《王者荣耀》《明日方舟》这类畅销手游中具备科幻要素的场景和故事设计较多，如前者的长安城设计和后者的部分背景故事设计。随着科幻热潮的再次兴起，科幻游戏市场昭示着巨大的潜力。

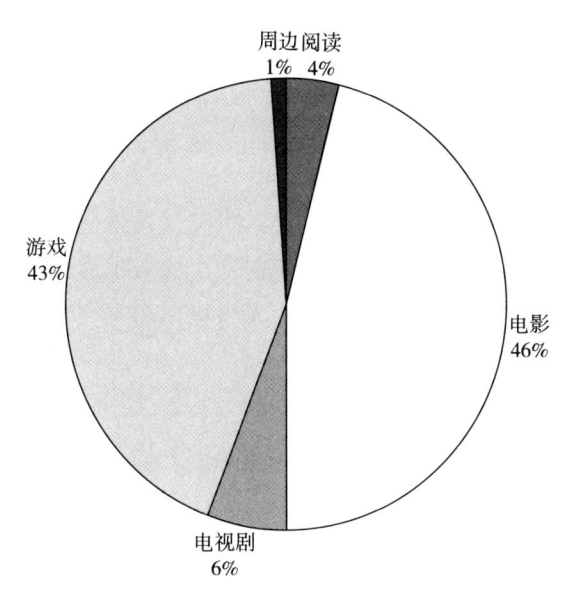

图 1　2018 年中国科幻产值比例分配

资料来源：南方科技大学科学与人类想象力研究中心《2019 年度中国科幻产业报告》。

"电影游戏化，游戏电影化"的趋势在不断发展，这两者正是目前中国科幻产值占比最大的两大类型。另外随着科幻文化的不断分类演化及赛博朋克风格的兴起，在同中国传统文化的碰撞中，中国科幻类游戏作品风格变得多样化，产值不断增加。

在日本科幻产业方面，从 1980 年开始就一直有 SF 大赏，其意在从电影、

---

① 《〈2020 年第一季度中国游戏产业报告〉全文》，人民网，2020 年 4 月 20 日，http://jinbao.people.cn/n1/2020/0420/c432298-31680302.html。

漫画、动画、小说、游戏中发现优秀的科幻作品,也因此培养出了一批喜爱相关科幻作品的受众。在科幻游戏方面,2019年发行的《十三机兵防卫圈》《死亡搁浅》等科幻游戏都有一定的影响力。韩国科幻产业发展相对中日来讲较为缓慢,但是也发行了 Project RTD 这样的游戏。

二 中国与日韩科幻游戏案例分析

(一)中国科幻游戏案例分析

《2019年中国游戏产业报告》显示,2019年,移动游戏市场实际销售收入为1581.1亿元,占比68.5%;客户端游戏市场实际销售收入为615.1亿元,占比26.6%;网页游戏市场实际销售收入为98.7亿元,占比4.3%;移动游戏收入占据游戏市场主要份额(见图2)。

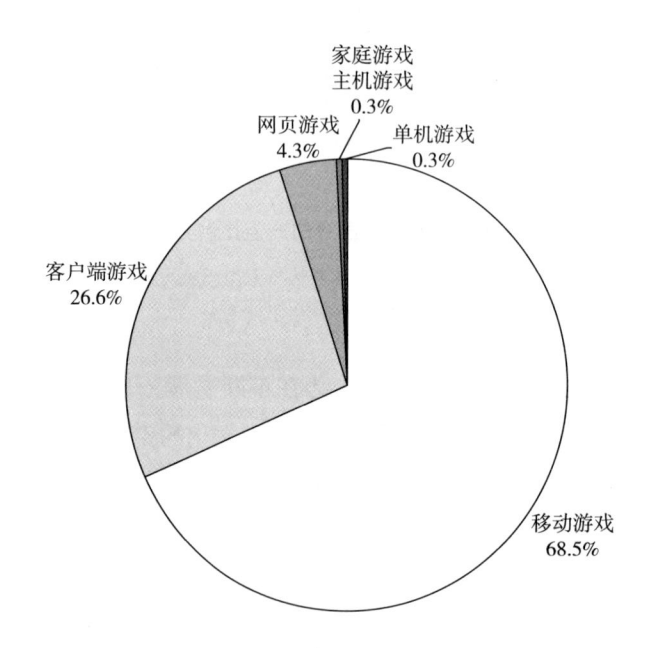

图2 2019年中国游戏产业细分市场收入占比

资料来源:《2019年中国游戏产业报告》。

由于目前人们的碎片时间较多，且手机便于携带，所以移动游戏占有很大的市场。在TapTaP网站中进行标签检索并按热度排序也发现排在热度前列的多为移动游戏如《战双帕弥什》《第二银河》《机动战队》等。不过也有像《迷雾侦探》这样独特的独立科幻游戏，另外像《幻塔》这样的轻量游戏也吸引到了许多玩家。

中国国内主机游戏和客户端游戏受政策和时代变化的影响限制较大，移动游戏则因为其特性而成为中国国内游戏的主要市场。如科幻文化自身的硬科幻和软科幻一样，国内对于科幻游戏本身众说纷纭。故本报告所分析的是在游戏自身描述或标签判定中确认为科幻类的游戏。

1. 移动游戏

《战双帕弥什》是一款末世科幻题材的3D动作移动游戏，于2019年12月5日进行全平台公测，公测后在畅销榜最高排至第8位，近几个月稳定在50～100名。

这款游戏在UI设计和人物建模上受到《明日方舟》及《永远的七日之都》的影响，在战斗的"世界观"上则受到了《尼尔：机械人形》这款科幻游戏的影响，特别体现在敌人子弹弹幕射击及人物击打的镜头设计和帕弥什病毒除人类之外也能感染机械上。但是游戏的玩法和设计也综合了自身特色并进行了一定的改良，如战斗技能有"三消连击机制"以及每个人物除日语、普通话之外，还有粤语配音，玩家可以根据自己的喜好进行调整，因此公测之后在部分玩家中有一定的影响力和流水。

《第二银河》这款游戏于2019年10月23日开始公测，玩家要从四大阵营中选择一个并创造角色、带领飞船畅游在宇宙之中。游戏整体偏向硬科学及太空歌剧感，飞船和宇宙场景光效渲染在手机上运行得相对流畅。该游戏入围了TapTap2019年度游戏大赏最具影响力国产游戏评选。

开始公测后两个月，游戏排名和口碑评价较好，但由于消费设计不够合理及对新手不够友好，口碑开始受到影响，畅销榜排名开始有所下滑，目前畅销榜日常维持在300～400名。

虽然中国市场目前以移动游戏为主，但是单机和客户端游戏仍有一定的市场和游戏玩家，同时国内自主研发的好的独立游戏也在国外产生了一定的影响。

2. 单机游戏

《迷雾侦探》是 2019 年 4 月 30 日在 Steam 上发售的一款游戏，目前正在计划手机"移植"，是一款像素冒险游戏，玩家需要在一个赛博朋克世界中扮演一名侦探，不断冒险解开重重谜团。游戏中的美术画面异常精美，并因此获得许多奖项。解谜有一定的难度，玩家们对此褒贬不一。该作品对中国科幻游戏市场产生了一定的影响。

《妄想破绽》由哔哩哔哩发行出品，于 2019 年 11 月 27 日上线于 Steam 和 PS4 的反乌托邦科幻 AVG，由于发行方所在平台有大量这类游戏的适合玩家，发售之前该游戏就有 50 万份预约，在发售当天就迅速登上 Steam 中国区畅销榜第 7 名。[①] 因为有大量二次元用户玩家，所以其剧情设计和游戏模式更贴近日式 AVG 文字冒险风格，但是在宣传 PV 和游戏的 UI 设计上非常用心，这类文字冒险游戏最看重的是剧情本身，玩家们对此款游戏的剧情评价整体较好，该游戏在 2020 年 5 月 21 日更新了免费 DLC（可下载内容）《妄想破绽：重构篇》。

目前国内单机科幻游戏虽然各具特色，但相较于移动游戏其并未完整地将单机画面及交互上的优势发挥出来，还需要进一步的研究发展。

（二）日韩科幻游戏案例分析

1. 日本科幻游戏案例分析

日本通过星云赏评选不断鼓励优秀科幻作品的出现，不论是游戏、电影还是小说、漫画，每年都会评选出优秀的作品，日本因此有一大批喜欢科幻、相对核心的人群。从科幻文化发展的角度来讲，日本也有如《攻壳机动队》《阿基拉》等优秀的影视作品。另外家用机和掌机在日本也有一定的

---

① 《超 50 万预约：B 站又把一款小众新游推上 Steam 畅销榜第 7》，游戏葡萄网站，2019 年 12 月 2 日，http://youxiputao.com/articles/19006。

市场，所以也有许多优秀的单机科幻游戏。从近几年的具体案例来分析，《死亡搁浅》和《十三机兵防卫圈》不论是在本土还是在世界范围内都有一定的冲击力和影响。

《死亡搁浅》是小岛秀夫工作室进行开发，索尼互动娱乐于2019年11月8日出品的一款开放世界PS4游戏，客户端版预计在2020年7月14日上线。PS4版本发售后《Fami通》周刊统计了10月29日至11月24日日本主机游戏的销量情况，《死亡搁浅》的总销量为345186份，其中数字版销量为109375份，占总数的31.7%。[1]

这款游戏在玩家中有一定的争议，因为玩家对于其整个"世界观"的理解都是来源于一次次送货任务后收到的各种游戏信息及主线的推进。另外，这款游戏中货物的分配称重系统非常真实，可以在搭配好"外骨骼"的情况下进行合理的货物放置。在运送货物过程中与地形的交互给予玩家的体验也非常好。这款游戏中人类处于穴居状态，是一种原有科技已经非常发达但是反而因为外部原因人们的生活受到了一定限制的状态，彼此远离的人们对于"联系"产生了不同的行动。从科幻文化自身发展来说，这个游戏的"世界观"十分值得详细的解析和探讨。

《十三机兵防卫圈》是由香草社（ヴァニラウェア）制作，Atlus发行的一款冒险类游戏，香草社在此之前出品过《奥丁领域》《胧村正》等超级精美的2D画面游戏。

游戏分为崩坏篇、追想篇和纠明篇三个篇章，崩坏篇是选择"操作"13位主角不同类型的机兵来跟敌人进行战斗，追想篇则是通过切换13位主角的视角来展现完整的"世界观"及故事，在探索过程中通过点击关键词的链接来开启相应的剧情。群像剧一直都非常难以控制故事及"世界观"的发展，但是香草社在《奥丁领域》时就已经将群像剧及相应分支的剧情控制得非常完美。这次在《十三机兵防卫圈》中，主角已经多达13人，并

---

[1] 《〈死亡搁浅〉日本首月销量3.4万份 数字版占比约31.7%》，2019年12月30日，游迅网，http://www.yxdown.com/news/201912/463417.html。

且有平行世界跨时代的转换和机器人要素，后期也有一定的宇宙科幻要素。

该游戏企划实际上在2013年就已经立项，但是因为香草社当时还有其他项目需要制作，真正开始制作这款游戏时已经到了2015年，在最终发售时，其中各剧情逻辑和人物及机体在细节上都表现得更有张力。而且主角有13名且性格各异，虽然时代从过去到未来都有，但是主要的时代是19世纪80年代，而这个年代对于日本经济和科幻文化的发展也有一定影响。

在这么高难度的群像剧创作要求下，《十三机兵防卫圈》的故事十分丰满，并令玩家们津津乐道，这是非常难得的。这款游戏也已经进入51届星云奖的评选名单，① 这是对这款游戏科幻创作上的肯定。销量方面，该游戏销量在2020年1月左右已经突破了10万份，该游戏PS4中文版也已经于2020年4月发售。

2.韩国科幻游戏案例分析

韩国整体受《星际争霸》这一科幻游戏影响颇深，至今仍在举办《星际争霸》联赛。该游戏的前电竞选手也参与了 Project RTD 这一科幻背景塔防手游的研发制作。目前韩国有像 2079 Gate Six、SquadFlowM 等自主研发的科幻游戏，也有从科幻漫画改编而来的移动游戏如 Knight Run: Reconquista 等，但是这些游戏并未产生太多话题影响。近年来，韩国也有类似《雪国列车》这样具有影响力且有科幻元素的电影出现，虽然目前科幻要素对于其游戏和影视来讲更多的是作为次要元素，但是预计日后将有更好的发展。

三 中国与日韩科幻游戏未来展望

总体来看，中国和日韩的科幻游戏虽然都依托自身的文化环境孕育出了一些精品，但是现在主要还是偏向小众，而且在现在流行的游戏和电影中，

---

① 《〈十三机兵防卫圈〉入选51届日本星云奖提名名单》，2020年5月11日，机核网，https://www.gcores.com/articles/123667。

科幻本身更依托于剧情,为了扩展受众范围,整体"世界观"的设计也显得相对轻量化,特别是在国内,大多数游戏是依托于二次元要素和机甲设计构建出相对容易理解的"世界观"来吸引更多的玩家。日韩方面虽然也有许多优秀作品,但是创作人员在发售后的访谈中都提到过长时间的研发过程中面临许多危机。

在 2019 年末的第五届中国(成都)国际科幻大会上,亚洲各国的创作者们呼吁进行更多国际化的科幻交流合作,促进亚洲整体科幻产业的发展。2020 年 1 月,完美世界教育与日本立命馆大学签约,致力于促进中日游戏文化的传承。2020 年 5 月 14 日,虚幻引擎发布了"虚幻 5"的预告,其展示了更为接近真实情况的即时演算画面,这样具有沉浸性的画面能够在未来更好地展现更多样化的科幻游戏。

四 总结

虽然中国科幻游戏的数量在不断增多,科幻产业也在不断发展,但是很多科幻游戏的背景设定与我国社会环境和传统文化的结合不够深入,在一定程度上受到日本及欧美科幻要素的影响。随着我国科幻潮的再次兴起和科幻产业的不断发展进步,预计将有更多优秀作品出现。但是目前一段时间内较为轻量化的科幻游戏作品将更为流行。不论是在中国还是在日韩,科幻产业都在不断发展进步,在这样的潮流下科幻游戏不论从画面还是从故事深度上都将不断发展,令玩家们享受到新的视觉盛宴。

参考文献

郭倩:《科幻电影及电子游戏中的赛博空间与符码消费》,《中北大学学报》(社会科学版)2020 年第 2 期。

樊文:《东亚科幻的昨日、今天和未来》,《国际出版周报》2017 年 11 月 20 日,第 9 版。

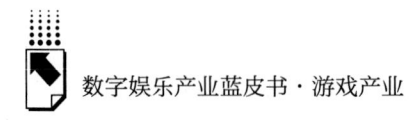

赵依雪:《如何创造"科幻+游戏"的想象空间?》,《国际出版周报》2019年11月25日,第11版。

《科幻迷最应该了解的文学简史以及视觉体系·上》,机核网,2018年3月6日,https://www.gcores.com/radios/96714。

《科幻迷最应该了解的文学简史以及视觉体系·下》,机核网,2018年3月23日,https://www.gcores.com/radios/97139。

Abstract

Annual Report on the Developoment of China's Game Industry (2020) is a professional research report that is led by Beijing Film Academy and jointly compiled by a number of universities from the China University Game Design Industry – University – Research Alliance to comprehensively analyze the development status, problems and trends of China's game industry. This report integrates and analyzes many macro issues such as China's game industry, e-sports industry domestic and foreign output value, industrial technology, industrial policies, and industrial talents from 2019 to 2020. It also focuses on game products, Chinese cultural theme game content. Detailed analysis and research have been conducted on many specific issues such as the type and art style of the game, game play and type. The report comprehensively studied the development status of China's game industry, deeply explored the problems faced by the current industry development, and analyzed and discussed the trend of industry development.

Keywords: Game Industry; Mobile Game; Vocational Education; Game Theme

Contents

I General Report

B. 1 Report on the Development of Chinese Game and E-sports
Industry From 2019 to 2020　　　　　　　　　*Liu Yuejun* / 001

Abstract: This paper focuses on the development of Chinese game and e-sports industry under the global game and e-sports industry environment from 2019 to 2020, combs and analyzes the current development and trend of Chinese game and e-sports industry. We explore the industry highlights and issues. Through the analysis of the overall industrial structure and the key nodes of the ecosystem, including the overall scale and development trend of Chinese game industry, independent research ability, overseas sales revenue, the overall scale and development trend of Chinese e-sports industry, the development status of e-sports industry ecology and key links, representative events, clubs, content and live broadcast of E-sports. In-depth analysis of the development status and trend of mobile games and web games in China. Deeply explore the development status, advantages, disadvantages and existing problems of Chinese game and e-sports industry. This paper explores the potential opportunities, challenges and existing problems in the process of industrial development based on the overall law of the industry development and puts forward necessary suggestions.

Keywords: Game Industry; E-sports; Mobile Game

Ⅱ Industry

B.2 Report on 2019 −2020 VR Game Technology and Industry
Application Development　　　　　*Long Shuyu*, *Liu Yuejun* / 035

Abstract: From 2019 to 2020, VR technology will gradually improve and mature, VR content will continue to develop, which will promote the gradual improvement of the VR industry ecological chain. VR games have become the most prominent form of VR content realization. With more and more enterprises and funds invested in the development of VR games, the quality of VR Games has been greatly improved and brought huge returns. VR games mainly rely on two key technologies: VR hardware technology and VR software technology. VR hardware technology focuses on the human-machine experience effect of VR terminal, while VR software technology focuses on achieving better game content. According to the differences of VR computing platform and experience mode, VR hardware can be divided into two types: the one is based on PC Computing and the other one is based on mobile computing, which can be referred to as PC VR and standalone VR. This paper focuses on the research of VR game technology and discusses the industry application of VR hardware technology, VR game software technology and 5G +cloud VR technology.

Keywords: VR Game; Hardware Technology; Software Technology; 5G + cloud VR

B.3 Report on China Mobile Game Development from
2019 to 2020　　　　　　　　　　　　　　*Liu Mengya* / 063

Abstract: As the ninth art, the development momentum of game is still strong. In recent years, with the continuous popularization and rapid change of

Internet technology and mobile hardware devices, mobile games, as an important branch of electronic games, have become the most important application type in the game industry. In 2019, China's mobile games still maintain a stable growth trend, but some of the phenomena highlighted behind the good development momentum are still grim. This paper starts with the development of China's mobile games in 2019, analyzes the development trend of China's mobile games in 2019 through data research methods, induction methods, case observation methods and comprehensive methods, and explores the development trend of China's mobile games in the development process In addition, the author puts forward five personal suggestions.

Keywords: Mobile Games; Originality; Boutique; Cultural Confidence

B.4 Report on Development of Chinese Indie Games in 2019

Li Mao / 071

Abstract: Chinese iIndie Games products are an important part of Chinese original games. This paper summarizes the relevant public platform data of independent games in 2019 to sort out 24 representative products. These products showed some innovation on the whole, and their quality was recognized in a certain range. Most of the products had multi label attributes, mainly role-playing, strategy, adventure and decryption, and were popular with the distribution base of mainstream game product types in recent years This is the same. Meanwhile, Rogue like elements are also one of the characteristics of various game tagging types; 2D is the main art form, and the number of game players is mainly single player, and most of the games are released on multiple platforms. The changes and growth of regulatory policies, industrial environment, users and developers are conducive to the development and renewal of Indie Games in China.

Keywords: Indie Games; Game Categories; Artistic Form; Game Players

B.5 Report on the Development of AR, LBS and Other Special Technology Application in Mobile Game in 2019

Wang Xiaoge, Liu Yuejun / 084

Abstract: In 2019, the application of AR, LBS and other special technologies in the mobile game market develops steadily, and top games occupy a large share of the market. In terms of platform, hardware and technology, Apple continues to lay out AR. Niantic made efforts to develop offline AR game integration platform to encourage AR game innovation, and Google map also opened the AR game development permission to all developers. However, the current AR games generally rely too much on IP effect, and the gameplay is relatively simple, showing a tendency of homogenization. With the rapid development of 5G technology, as well as the continuous iteration and refinement of hardware and content, AR and LBS mobile games will be more real and experience better, and the future market will also be broader.

Keywords: Augmented Reality; Location Based Services; Mobile Game; 5G

Ⅲ Education

B.6 Report on the Development of Game Design and Related Majors in Chinese Universities *Zhang Boping / 099*

Abstract: Since 2010, the demand for talents in the game industry has intensified. Although the social forces have relieved the pressure of talent demand to a certain extent, they cannot deliver high-end talents with high theoretical level and strong practical ability to the market. To solve the problem of talent demand, it has become the fundamental measure to set up game design major and game development technology major in higher education. This paper analyzes the course of training game professionals. And starting from the current situation of game major in Colleges and universities, it discusses the top-level design of the game professional talent training mode, curriculum system, and practical teaching system and so on. In addition, it constructs a professional construction mode in which the development of college game major depends on domestic large and medium-sized game companies. This mode is conducive to the development of school-enterprise cooperation and mutual benefit. And by this mode we can solve the problem of insufficient teachers for game higher education and discipline development.

Keywords: Higher Education; Specialty Setting; Game Design Major

B.7　Report on the Development of China Game Design Vocational Education and Training in 2019　*Yuan Yilei, Zhou Xuan* / 113

Abstract: The official commercial use of mobile 5G in 2019 brings new development opportunities for game design, and 2019 can be described as a new journey for China's vocational education. The national vocational education reform plan was released, and the "1 + X" certificate system pilot program officially launched the third batch, the construction of high-level vocational colleges with Chinese characteristics, and the new model of precision education by integrating production and education. These measures have brought new development opportunities for game design vocational education. The training of game design talents in China's digital cultural and creative industry brings new momentum to the development of the industry.

Keywords: Game Design; Vocational Education; Integration of Production and Education; Talent Training

Ⅳ Content

B.8 Report on the Development of China Cultural Theme Game
Product in 2019 −2020　　　　*Sun Zhou, Liu Yuejun* / 122

Abstract: This article analyzes the development status of Chinese cultural theme game products by combing through the typical cases of mobile and PC terminals, large game manufacturers and independent game studios from 2019 to 2020, to show that Chinese cultural themes add value to the game brand, inspire innovation, open up the space for game themes, develop potential user markets at home and abroad, and create the long-term potential of national cultural discourse involving markets, ecology, technology, and culture. Combining the advantages and disadvantages of large game manufacturers and independent game studios, and the development status of the domestic game industry, we put forward some suggestions to promote the development of Chinese cultural theme games.

Keywords: Chinese Cultural Theme; Mobile Games; Stand-alone Games; Indie Games

B.9 A Comparative Study on Game Types between China and
Europe and America in 2019 −2020　　　　*Shi Tao* / 142

Abstract: This paper collects and sorts the game industry report of China, Europe and America through literature analysis of 2019 −2020, in addition, using comparative analysis on both sides of the game products from game content, game theme and game platform. According to the research, RPG games occupy a relatively high proportion of the Chinese game market in terms of game content. STG and SPT games account for a relatively high proportion in the Game market in Europe and America. In terms of game themes, Chinese games mainly focus on Chinese fairy tales and Chinese Martial-arts culture. European and American games mainly focus on western mythological theme and modern realistic style competitive theme. In terms of game platforms, the mobile game platforms in China, Europe and the United States are showing an expanding trend. Meanwhile, AR, VR games and cloud game platforms are also in further development. The above research results are influenced by many factors such as economy, humanity and technology. With the progress of information technology, the types of Chinese games will get more balanced development in the future, the focus of The Chinese game industry will change to some extent, and the proportion of Chinese games in the world game market will also be higher and higher.

Keywords: Chinese Games; European and American Games; Game Types

B.10 Report on the Game Art Style Development in 2019 −2020

Sun Xiangyu, Deng Yaping, Liu Hongchen and Li Xiaobin / 160

Abstract: As an important part of game design, the art style of the game plays an important role in presenting the excellent visual effects of the game, expressing the connotation and world structure of the game. Based on the overall analysis of the game market from 2019 to 2020, this article finds that Japanese and Korean styles and Chinese styles account for a relatively large proportion of the mobile game market, while the client game market is dominated by European and American styles. Web games and console games continue to slump. This article believes that the traditional Chinese game art style has great potential for development, and the new Chinese style represented by "Zen-style games" still has a blank in the domestic market, and further proposes strategies and suggestions to promote the development of Chinese traditional game art style.

Keywords: Domestic Games; Game Industry; Game Art; Zen Games; Traditional Culture

Contents

B.11　Research Report on Themes of Games in 2019 −2020

Tian Kunning, Liu Hongchen and Li Xiaobin / 176

Abstract: Domestic mobile games have developed mainly in the direction of science fiction, military and antiquity themes, supplemented by sports, leisure, magic and cultivation themes. Some companies have also made outstanding achievements in niche themes such as Cthulhu. The top works of client-side games mostly focus on magic, antiquity and adventure themes, while web games remain depressed. With the vigorous promotion of 5G construction and the popularity of cloud games, it is expected that in the next five years, China's game industry will continue to maintain a high growth rate in domestic, overseas and global markets, and social hot issues will also bring new growth points. This paper discusses and analyzes the game themes in the Chinese market in 2019, and holds that the national style, science fiction and military themes will continue to maintain their advantages in the future, and occasionally there will be excellent works with less popular themes.

Keywords: Game Theme; Mobile Game; Client Game; Web Game

B.12　Analysis of China, Japan and Korea Science Fiction Games

Xiao Qiyuan / 194

Abstract: From 2019 to 2020, with the development of the entire science fiction industry in Asia, works with certain cultural environment characteristics, and also a certain reputation and influence have appeared in Asia. And this article compares and analyzes the sci-fi games of China and Japan and South Korea from the aspects of the overall development of sci-fi games in China, Japan and South Korea, case analysis of sci-fi games with certain influence in recent years, and prospects for future trends.

Keywords: Science Fiction Industry; Electronic Games; Mobile Games

社会科学文献出版社

皮 书

智库报告的主要形式
同一主题智库报告的聚合

❖ 皮书定义 ❖

皮书是对中国与世界发展状况和热点问题进行年度监测，以专业的角度、专家的视野和实证研究方法，针对某一领域或区域现状与发展态势展开分析和预测，具备前沿性、原创性、实证性、连续性、时效性等特点的公开出版物，由一系列权威研究报告组成。

❖ 皮书作者 ❖

皮书系列报告作者以国内外一流研究机构、知名高校等重点智库的研究人员为主，多为相关领域一流专家学者，他们的观点代表了当下学界对中国与世界的现实和未来最高水平的解读与分析。截至2020年，皮书研创机构有近千家，报告作者累计超过7万人。

❖ 皮书荣誉 ❖

皮书系列已成为社会科学文献出版社的著名图书品牌和中国社会科学院的知名学术品牌。2016年皮书系列正式列入"十三五"国家重点出版规划项目；2013~2020年，重点皮书列入中国社会科学院承担的国家哲学社会科学创新工程项目。

权威报告·一手数据·特色资源

皮书数据库
ANNUAL REPORT(YEARBOOK) DATABASE

分析解读当下中国发展变迁的高端智库平台

所获荣誉
- 2019年，入围国家新闻出版署数字出版精品遴选推荐计划项目
- 2016年，入选"'十三五'国家重点电子出版物出版规划骨干工程"
- 2015年，荣获"搜索中国正能量 点赞2015""创新中国科技创新奖"
- 2013年，荣获"中国出版政府奖·网络出版物奖"提名奖
- 连续多年荣获中国数字出版博览会"数字出版·优秀品牌"奖

成为会员

通过网址www.pishu.com.cn访问皮书数据库网站或下载皮书数据库APP，进行手机号码验证或邮箱验证即可成为皮书数据库会员。

会员福利
- 已注册用户购书后可免费获赠100元皮书数据库充值卡。刮开充值卡涂层获取充值密码，登录并进入"会员中心"—"在线充值"—"充值卡充值"，充值成功即可购买和查看数据库内容。
- 会员福利最终解释权归社会科学文献出版社所有。

数据库服务热线：400-008-6695
数据库服务QQ：2475522410
数据库服务邮箱：database@ssap.cn
图书销售热线：010-59367070/7028
图书服务QQ：1265056568
图书服务邮箱：duzhe@ssap.cn

社会科学文献出版社 皮书系列
SOCIAL SCIENCES ACADEMIC PRESS (CHINA)
卡号：216565794258
密码：

S 基本子库
SUB DATABASE

中国社会发展数据库（下设12个子库）

整合国内外中国社会发展研究成果，汇聚独家统计数据、深度分析报告，涉及社会、人口、政治、教育、法律等12个领域，为了解中国社会发展动态、跟踪社会核心热点、分析社会发展趋势提供一站式资源搜索和数据服务。

中国经济发展数据库（下设12个子库）

围绕国内外中国经济发展主题研究报告、学术资讯、基础数据等资料构建，内容涵盖宏观经济、农业经济、工业经济、产业经济等12个重点经济领域，为实时掌控经济运行态势、把握经济发展规律、洞察经济形势、进行经济决策提供参考和依据。

中国行业发展数据库（下设17个子库）

以中国国民经济行业分类为依据，覆盖金融业、旅游、医疗卫生、交通运输、能源矿产等100多个行业，跟踪分析国民经济相关行业市场运行状况和政策导向，汇集行业发展前沿资讯，为投资、从业及各种经济决策提供理论基础和实践指导。

中国区域发展数据库（下设6个子库）

对中国特定区域内的经济、社会、文化等领域现状与发展情况进行深度分析和预测，研究层级至县及县以下行政区，涉及地区、区域经济体、城市、农村等不同维度，为地方经济社会宏观态势研究、发展经验研究、案例分析提供数据服务。

中国文化传媒数据库（下设18个子库）

汇聚文化传媒领域专家观点、热点资讯，梳理国内外中国文化发展相关学术研究成果、一手统计数据，涵盖文化产业、新闻传播、电影娱乐、文学艺术、群众文化等18个重点研究领域。为文化传媒研究提供相关数据、研究报告和综合分析服务。

世界经济与国际关系数据库（下设6个子库）

立足"皮书系列"世界经济、国际关系相关学术资源，整合世界经济、国际政治、世界文化与科技、全球性问题、国际组织与国际法、区域研究6大领域研究成果，为世界经济与国际关系研究提供全方位数据分析，为决策和形势研判提供参考。

法律声明

"皮书系列"(含蓝皮书、绿皮书、黄皮书)之品牌由社会科学文献出版社最早使用并持续至今,现已被中国图书市场所熟知。"皮书系列"的相关商标已在中华人民共和国国家工商行政管理总局商标局注册,如LOGO( )、皮书、Pishu、经济蓝皮书、社会蓝皮书等。"皮书系列"图书的注册商标专用权及封面设计、版式设计的著作权均为社会科学文献出版社所有。未经社会科学文献出版社书面授权许可,任何使用与"皮书系列"图书注册商标、封面设计、版式设计相同或者近似的文字、图形或其组合的行为均系侵权行为。

经作者授权,本书的专有出版权及信息网络传播权等为社会科学文献出版社享有。未经社会科学文献出版社书面授权许可,任何就本书内容的复制、发行或以数字形式进行网络传播的行为均系侵权行为。

社会科学文献出版社将通过法律途径追究上述侵权行为的法律责任,维护自身合法权益。

欢迎社会各界人士对侵犯社会科学文献出版社上述权利的侵权行为进行举报。电话:010-59367121,电子邮箱:fawubu@ssap.cn。

社会科学文献出版社